AF568788

DIE SUFI-BOTSCHAFT VON

HAZRAT INAYAT KHAN

JUBILÄUMSAUSGABE
BAND 3

DIE KUNST DER PERSÖNLICHKEIT

DIE SUFI-BOTSCHAFT VON

HAZRAT INAYAT KHAN

JUBILÄUMSAUSGABE
BAND 3

DIE KUNST DER PERSÖNLICHKEIT

Die Entwicklung des Charakters
Die Kunst der Persönlichkeit
Ethik
Bewusstsein und Persönlichkeit
Kunst, Künstlerinnen und Künstler
Die Kunst der Musik

IMPRESSUM

Titel der englischen Originalausgabe:
„The Sufi Massage of Hazrat Inayat Khan"
Centennial Edition Volume III: „The Art of Personality"

Hazrat Inayat Khan
Centennial Edition Band 3: Die Kunst der Persönlichkeit
Die Sufi-Botschaft von Hazrat Inayat Khan
Übersetzung: Ischtar Marita Dvořák
Lektorat: Uta Maria Baur. Buchteil Kunst und Musik unter fachlicher Mitwirkung von Aeoliah Christa Muckenheim
Umschlag: Martina Berge, www.martinaberge.de
Innenlayout: Hauke Jelaluddin Sturm, www.designconsort.de
Olivenbaum-Motiv Titelseite: shutterstock.com
1. Ausgabe 2020

Der Verlag dankt allen Förderern und Unterstützerinnen sowie dem Verein Buch und Mystik e. V.. Durch sie wurde die Herausgabe dieses 3. Bandes der Jubiläumsausgabe ermöglicht.

Verlag Heilbronn
D-82398 Polling
Verkehrsnummer 14894
www.verlag-heilbronn.de
info@verlag-heilbronn.de

Kontakt nach dem Produktsicherheitsgesetz:
Verlag Heilbronn
Kaiser-Heinrich-Straße 37
D-82398 Polling
info@verlag-heilbronn.de

ISBN: 978-3-936246-44-5

Gedruckt in Tschechien

INHALT

Einleitung 9

DIE ENTWICKLUNG DES CHARAKTERS 13

1 Willenskraft 14
2 Die Musik des Lebens 19
3 Selbstkontrolle 25
4 Zwischenmenschliche Beziehungen 31
5 Feinsinnigkeit 35
6 Klagen und lächeln 41
7 Im Stillen wirken 48
8 Neugier 52
9 Klatsch und Tratsch 55
10 Großzügigkeit 57

DIE KUNST DER PERSÖNLICHKEIT 63

1 Dankbarkeit 64
2 Die Kunst der Persönlichkeit 69
3 Feingefühl 74
4 Die Neigung, andere zu überreden 79
5 Eitelkeit 84
6 Selbstachtung 91
7 Das Ehrenwort 95
8 Güte 102
9 Ökonomischer Umgang mit Zeit und Energie 105
10 Gerechtigkeit 111
11 Genau hinhören und den richtigen Ton treffen 115
12 Eine freundliche Haltung 120
13 Einigung und Versöhnung 124

ETHIK 129

Teil 1 Das Gesetz der Gegenseitigkeit 130
Gegenseitigkeit 130
Der Umgang mit unseren Freunden und Freundinnen 131
Der Umgang mit unseren Feinden und Feindinnen 132
Verhalten gegenüber Menschen unterschiedlicher sozialer Position 134
Unser Umgang mit Gott 135
Unsere Reaktion auf die Art, wie andere Menschen mit uns umgehen 136
Unsere Reaktion auf die Art, wie unsere Freunde und Freundinnen mit uns umgehen 137
Unsere Reaktion auf die Art, wie unsere Feinde und Feindinnen mit uns umgehen 138
Unsere Reaktion auf die Umgangsweisen anderer gemäß unserem eigenen Entwicklungsstand 139
Gottes Umgang mit uns 140
Teil 2 Das Gesetz der Güte 142
Unser Umgang mit Freunden und Freundinnen 142
Der Umgang mit unseren Verwandten 143
Unser Umgang mit Untergebenen 144
Unser Umgang mit Vorgesetzten 146
Unser Umgang mit Bekannten 146
Unser Umgang mit Nachbarn und Nachbarinnen 148
Der Umgang mit unseren Mitmenschen 149
Unser Umgang mit Übeltätern 150
Unser Umgang mit Feinden und Feindinnen 151
Unser Umgang mit Gott 152
Teil 3 Das Gesetz der Entsagung 154
Leben in Gott 154
Entsagung 1: Rechtzeitig loslassen 156
Entsagung 2: Gewinn und Verlust 156
Habgier und Großzügigkeit 157
Die Notwendigkeit des Verzichts im Leben 158
Die Relativität von Gewinn 159
Entsagung und Verlust 159
Entsagung lernen 160
Das Wesen der Entsagung 162
Der endgültige Erfolg 163

BEWUSSTSEIN UND PERSÖNLICHKEIT 165

1 Bewusstsein und Persönlichkeit 166
2 Vorstellungskraft 167
3 Gedanke und Gefühl 169
4 Schönheit 173
5 Zerbrochene Ideale 175
6 Der Traum 177
7 Die Persönlichkeit als Tropfen im Wasser 179
8 Das Mysterium des Schattens 181
9 Zustände des Geistes 185
10 Der Wille 186
11 Einfluss und Unschuld 187
Unser Einfluss auf andere Menschen 187
Unschuld 188
12 Vairagya 190
13 Können wir unser Schicksal lenken? 193

KUNST, KÜNSTLERINNEN UND KÜNSTLER 201

1 Kunst 202
2 Natur und Kunst 205
3 Nachbilden 1 207
4 Nachbilden 2 208
5 Die Kunst, die Natur nachzubilden 209
6 Verschönern 1 210
7 Verschönern 2 211
8 Die Kunst der Verschönerung 212
9 Das Bedürfnis, die Natur zu verschönern 213
10 Beobachtung 215
11 Illusion in der Kunst 216
12 Symbologie 219
13 Kunst und Religion 221
14 Die göttliche Kunst 227
15 Die Göttlichkeit der Kunst 237

DIE KUNST DER MUSIK 243

1 Indische Musik 1 244
2 Indische Musik 2 247
3 Komposition 249
4 Musik, Astrologie und Alchemie 250
5 Improvisation 251
6 Die Wirkung der Musik 254
7 Innerer und äußerer Rhythmus 256
8 Tanz und Bewegung 257
9 Die Religion der Harmonie 260
10 Die göttliche Kunst der Musik 263
11 Gott als Musiker und Musikerin 264

Hazrat Inayat Khan – Kurzbiografie 265
Das Herz mit Flügeln 267
Der Ölbaum 268
Verzeichnis der verwendeten Namen und Begriffe 270
Quellenangaben 274
Stichwortverzeichnis 276

DANKSAGUNG

Unser Dank gebührt Anna Louise Wirgman, der Leiterin der Nekbakht Foundation in Suresnes, Frankreich. Sie leistete wertvolle Hilfe, indem sie authentisches Quellenmaterial für das Buch „Moral Culture" zur Verfügung stellte und redaktionelle Anregungen gab. Wir danken auch Jeanne Koré Salvato und Nancy Wilkinson für ihre redaktionelle Arbeit an „Character Building" und „The Art of Personality", die 2013 in dem Buch „Creating the Person: A Practical Guide to the Development of Self" veröffentlicht wurden. Weiterhin war die redaktionelle Unterstützung von Muhasaba Wender und ganz besonders von Cannon Labrie, die auch „The Divinity of Art" vom Französischen ins Englische Übersetzte, sehr willkommen.

Sandra Lillydahl, Herausgeberin
der englischen Originalausgabe

EINLEITUNG

Als Diogenes gefragt wurde, warum er bei hellem Tageslicht mit einer Laterne herumlief, antwortete er: „Ich suche nach einem Menschen." Leute findet man überall, aber wo findet man einen Menschen? Die Individualität ist uns vorgegeben, sagt Hazrat Inayat Khan, aber die Persönlichkeit muss von uns entdeckt und erschaffen werden. Der vorliegende Band der „Sufi-Botschaft von Hazrat Inayat Khan" enthält dessen aufschlussreiche Lehren über die Entwicklung der Persönlichkeit.

Individualität beruht auf Nachahmung. Wir sind, was wir sind, aufgrund unserer Konditionierung. Wie ein Spiegel – mag er oft auch rostig sein – reflektiert ein Individuum die Eindrücke, die der Geist zufällig empfangen hat. Freiheit dagegen erfordert den Einsatz des Willens. Hazrat[1] sagt: „Wenn das Herz klar genug ist, um deutliche und vollständige Reflexionen zu empfangen, dann können wir selbst wählen, welche davon wir behalten und welche wir zurückweisen wollen."[2] Diese zielgerichtete Entscheidungsfähigkeit ist ein Anzeichen für die Herausbildung der Persönlichkeit. Persönlichkeit ist expressiv und nicht nachahmend. In einer verwirklichten Persönlichkeit bringt die Seele ihre göttliche Erbschaft in Gedanken, Worten und Taten zum Ausdruck. Hazrat erklärt: „Persönlichkeit ist die Weiterentwicklung der Individualität. In der Persönlichkeit, die sich durch die Entwicklung des Charakters formt, wird der Geist geboren, der nichts anderes ist als die Neugeburt der Seele."[3]

Die Entwicklung des Charakters ist die Essenz des Sufismus. Der Prophet Mohammed mahnte: „Qualifiziere dich selbst mit den Qualitäten Gottes." Dementsprechend beschäftigt sich der Sufismus mit der Kultivierung der göttlichen Eigenschaften, die in der menschlichen Seele angelegt, aber in der Regel inaktiv sind. Abu Hafs al-Haddad definierte den Sufismus deshalb als spirituell eingestimmtes Handeln: „Der Sufismus besteht voll

---

1 Hazrat ist gleichbedeutend mit „Seine Heiligkeit"
2 Hazrat Inayat Khan, „The Complete Works of Pir-o-Murshid Hazrat Inayat Khan: Original Texts, Lectures on Sufism", 1924, vol. 2 (New Lebanon, NY: Omega Publications, 2009), 582
3 Ebd., 1923, vol. 2 (London and the Hague: East-West Publications, 1988), 509

und ganz aus Verhalten; jede Zeit, jeder Ort und jeder Umstand hat eine eigene Qualität."[4] Ähnliches sagte Abul-Hasan an-Nuri: „Der Sufismus beruht nicht auf Übungen und Wissenschaft, sondern auf Moral."[5]

Die ersten zwei Bücher in diesem Band, „Die Entwicklung des Charakters" und „Die Kunst der Persönlichkeit", bestehen aus Vorträgen, die Hazrat Inayat Khan 1923 in Suresnes, Frankreich, während der Sommerschule gehalten hat. Diese zwei Werke bilden zusammen ein bemerkenswertes *futuvvat-nama*, das heißt ein Handbuch ritterlicher Tugenden der Sufis. Sie beschreiben eine Reihe von Eigenschaften und Leistungen des Geistes und des Herzens, die das Wesen eines Menschen verfeinern und reifen lassen, sofern sie in der Kontemplation sorgfältig betrachtet und gewissenhaft eingesetzt werden. Die Erkenntnisse, die diese zwei Bücher vermitteln, bilden einen lehrreichen Rahmen und Zugang zu den Eisernen, Kupfernen, Silbernen und Goldenen Regeln, die Hazrat im Vadan[6] aufgestellt hat.

Das dritte Buch, „Ethik", ist eine Zusammenstellung von Vorträgen, die Hazrat zwischen 1915 und 1920 gehalten hat. Die drei Teile des Buchs – über Gegenseitigkeit, Güte und Entsagung – korrespondieren mit Entwicklungsstufen, die traditionell als das Gesetz (*shariat*), der Weg (*tariqat*) und die Wahrheit (*haqiqat*) bezeichnet werden. Aus einem weiteren Blickwinkel betrachtet, entsprechen die Buchteile den drei Stadien, die Hazrat Konzentration, Kontemplation und Meditation nennt. Das vierte dieser Stadien blieb in dieser Zusammenstellung unbearbeitet. Es ist die „Entsagung der Entsagung", die mit Weisheit (*marifat*) und Realisation korrespondiert. An anderer Stelle beschreibt Hazrat dieses letzte Stadium so: „Am Ende erfahren wir dann das, was als *baqa* bezeichnet wird. *Baqa* ist ein Zustand, in dem das falsche Ich aufgelöst und mit der wahren Persönlichkeit verschmolzen ist, die in Wahrheit eine Spielart darstellt, in der Gott sich auf wundersame Weise selbst zum Ausdruck bringt."[7]

---

4 Ali B. Uthman Al-Jullabi Al-Hujwiri, Kashf Al-Mahjub of Al-Hujwiri: „The Oldest Persian Treatise on Sufism", trans. Reynold A. Nicholson (London: Gibb Memorial Trust, 1976), 41-2. Abu Hafs al-Haddad (gest. circa 878-79) wird als einer der größten Sufis von Khorasan im 9. Jahrhundert bezeichnet.

5 Ebd., 42. Abul-Hasan an-Nuri (gest. 907-8) war ein bedeutender persischer Mystiker und Sufi-Heiliger. Er ist bekannt durch seinen Ausspruch: „Ich liebe Gott, und Gott liebt mich."

6 Hazrat Inayat Khan, Gayan Vadan Nirtan, Aphorismen, Verlag Heilbronn, Heilbronn 1996

7 Hazrat Inayat Khan, unveröffentlichte Schriften

Die weiteren Bücher im vorliegenden Band III enthalten bisher nicht zusammengestellte Vorträge über verschiedene Themen, die sich auf die Persönlichkeit und Ästhetik beziehen. Für Hazrat ist die Kunst in all ihren Formen eine kreative Manifestation des Entfaltungsprozesses der menschlichen Persönlichkeit. Er stellt fest: „Die Natur ist das, was Gott als Gott macht, und die Kunst ist das, was Gott als Mensch macht."[8]

Ein machtvoll wirkendes Kunstwerk kann uns helfen, die Natur und die Welt um uns herum mit neuen Augen zu sehen. Aber die Kunst, die uns am stärksten berührt und überwältigt, können wir nicht auf Leinwänden, die mit leuchtenden Farben bemalt wurden, oder in den Seiten einer Partitur mit melodiöser Musik finden. Wir können sie nur in der Persönlichkeit von Menschen entdecken, die die wundervolle Offenbarung der Selbsterkenntnis erlangt haben. Da begegnen wir einem wahren menschlichen Wesen.

Pir Zia Inayat-Khan

8 Hazrat Inayat Khan, unveröffentlichte Schriften

Der Inhalt des Buches „Die Entwicklung des Charakters" („Character Building") stammt aus einer Reihe von Vorträgen, die Hazrat Inayat Khan während der Sommerschule in Suresnes, Frankreich, vom 11.-27. August 1923 gehalten hat. Diese Vorträge wurden zuvor unter dem Titel „Creating the Person: A Practical Guide to the Development of Self" (New Lebanon, NY: Suluk Press, 2013) veröffentlicht. Jeanne Koré Salvato und Vakil Nancy Wilson, die Herausgeberinnen von „Creating the Person", stellten den Text auf der Grundlage authentischen Quellenmaterials zusammen, wie es in „The Complete Works of Pir-o-Murshid Hazrat Inayat Khan: Original Texts: Lectures on Sufism", 1923, vol. 2 (London: East-West Publications, 1988) zu finden ist.

DIE ENTWICKLUNG DES CHARAKTERS

WILLENSKRAFT

In der Entwicklung des Charakters spielt die Willenskraft eine große Rolle. Wir schwächen unsere Willenskraft, wenn wir jeder kleinen Neigung, Laune und Lust nachgeben. Wenn wir jedoch gegen unsere flüchtigen Stimmungen und Neigungen angehen, lernen wir, mit uns selbst zu kämpfen. Das ist der Weg, Willenskraft aufzubauen. Haben sich unsere Vorlieben, Neigungen und Launen in unserem Leben stärker entwickelt als unsere Willenskraft, dann machen wir die Erfahrung, dass sich in unserem eigenen Selbst etliche Feinde eingenistet haben, die zu bekämpfen uns schwer fällt. Denn sind unsere Neigungen, Launen und Gelüste erst einmal mächtig geworden, lassen sie nicht mehr zu, dass unsere Willenskraft ihnen entgegenwirkt. Wir müssen also üben, unsere Willenskraft zu stärken. Sofern es so etwas wie Selbstverleugnung gibt, ist diese Übung eine Praxis der Selbstverleugnung. Mit der Zeit gewinnen wir dann eine Kraft, die als Selbstbeherrschung bezeichnet werden kann.

In den kleinen Begebenheiten des alltäglichen Lebens vernachlässigen wir solche Erwägungen. Wir denken: „Es sind doch meine Neigungen, meine Launen, meine Stimmungen, und wenn ich sie berücksichtige, nehme ich Rücksicht auf mich selbst, wenn ich sie beachte, achte ich mich selbst." Wir vergessen dabei, dass das, was wir „ich" nennen, nicht unser Selbst ist. Das Selbst hat etwas mit unserem Willen zu tun. Deshalb wird im christlichen Gebet gelehrt: „Dein Wille geschehe"[1]. Das bedeutet „Dein Wille, der durch mich wirkt, wird geschehen" oder anders ausgedrückt „mein Wille, der Dein Wille ist, wird geschehen." Diese trügerische Vermischung dessen, was uns eigen ist, mit unserem Selbst ist die Ursache aller Illusionen und hält uns Menschen von der Selbsterkenntnis ab.

Das Leben ist ein ständiger Kampf. Wir kämpfen mit äußeren Dingen und geben damit den Feinden in unserem inneren Sein die Möglichkeit, sich zu entfalten. Deshalb ist es im Leben in erster Linie notwendig, zunächst mit der Außenwelt Frieden zu schließen, damit wir uns auf den Krieg vorbereiten können, den wir in unserem Innern ausfechten müssen. Haben wir einmal mit uns selbst Frieden geschlossen, so gewinnen wir

1 Matthäus 6:10, Vaterunser

ausreichend Kraft und Stärke, um sie im inneren und im äußeren Lebenskampf einzusetzen.

Selbstmitleid ist die schlimmste Armut. Wenn wir voller Selbstmitleid sagen „Ach, ich bin ...", so haben wir, bevor wir noch ein weiteres Wort sprechen, schon zur Hälfte das, was wir sind, entwertet. Und alles, was wir weiter sagen, wertet uns dann vollends ab. Danach ist nichts mehr von uns übrig. Es gibt so viel Bedauernswertes auf der Welt, dem wir mit Recht unser Mitleid schenken können. Wenn aber unser eigenes Ich all unsere Zeit für sich beansprucht, sind wir nicht mehr in der Lage, uns der Situation, in der sich andere Menschen auf dieser Welt befinden, zuzuwenden. Das Leben ist eine lange Reise, und je weiter wir unser Ich hinter uns lassen, desto näher kommen wir unserem Ziel. Wahrlich, wer das falsche Selbst verliert, wird das wahre Selbst entdecken.

***

Frage: Warum liegt für uns im Selbstmitleid eine gewisse Befriedigung?

Antwort: Der Grund ist, dass wir von Natur aus in der Liebe Befriedigung finden. Und wenn wir in uns selbst gefangen sind, beginnen wir, uns selbst zu lieben. Wir entwickeln Selbstmitleid für unsere Begrenzungen. Aber die Selbstliebe bringt immer Unzufriedenheit mit sich. Denn das Selbst ist für die wirkliche Liebe bestimmt, deren grundlegende Voraussetzung darin besteht, dass wir unser Selbst vergessen. Wir können eine andere Person nicht lieben, wenn wir gleichzeitig uns selbst lieben. Die Bedingung der Liebe ist, sich selbst zu vergessen. Erst dann wissen wir, wie man wirklich liebt. Wenn wir aber sagen: „Gib mir einen Sixpence, und ich werde dir einen Schilling geben", das ist eine andere Art von Liebe.

Frage: Wenn Sie sagen: „... dass wir unser Selbst vergessen", meinen Sie damit das falsche Selbst, das Ego?

Antwort: Ja, mit dem Selbst meine ich das falsche Ego, das täuschende Ego, wenn jemand sich selbst als Ego verkleidet hat. Der Grund liegt darin, dass das menschliche Ego ein falsches Ego ist. Was ist das eigentliche Ego? Es ist die Linie, die Gott und den Menschen verbindet. Ein Ende dieser Linie ist der Mensch, das andere Ende ist Gott. Das Ende, das das menschliche Ego darstellt, ist falsch, weil wir es mit dem falschen Ego bedeckt haben. Das Ego ist wahr. Es ist göttlich, es kann nichts anderes sein. Aber der Mensch bedeckt es mit Illusionen und nennt es „Ich", „Ich selbst". Wenn diese falsche Vorstellung durch Wissen, Liebe, Weisheit oder Meditation zerbricht, dann ist es, wie wenn die Wolkenschichten, die die Sonne verdecken, aufbrechen. Dann kommt das wahre Ego zum Vorschein, das einzige Ego, das existiert.

Frage: Ist es leicht zu sagen: „Dein Wille geschehe"?

Antwort: Es gibt zwei Sichtweisen darauf: die Sicht des Meisters oder der Meisterin und die Sicht des oder der Heiligen. Die Sicht von Heiligen ist „Dein Wille geschehe", die meisterliche Sicht ist „mein Wille geschehe". Am Ende werden beide Ansichten zu einer. Aber zu sagen: „Dein Wille geschehe" bedeutet volle Hingabe.

Frage: Ist es möglich, dass ein Ego auf die Erde kommt und niemals von Wolken der Illusion verdeckt wird?

Antwort: Nein. Die Schönheit liegt gerade darin, sich von der Illusion zu befreien. Wären wir von vornherein weise, gäbe es die Freude nicht, aus der Illusion herauszukommen. Die Freude liegt im Entschleiern. Die Frage ist: Was ist das Ego? Es ist das Ego in uns, das „ich" sagt. Es ist das Ego, das behauptet: „Das ist mein." Wenn wir sagen: „Es tut mir leid", was ist es in uns, das da spricht? Es ist unser Ego, nicht unsere Hand, unser Auge, unser Ohr.

Frage: Ist der Unterschied zwischen dem falschen und dem wahren Ego gleichzusetzen mit dem Unterschied zwischen Selbstbezogenheit und Selbstlosigkeit?

Antwort: Ja, Selbstlosigkeit ist das Ergebnis der Verwirklichung des wahren Egos. Sie ist eine natürliche Auswirkung davon. Je mehr wir im falschen Ego gefangen sind, desto selbstsüchtiger sind wir.

Frage: „Es tut mir leid" auszusprechen ist ein Akt des Mitgefühls. Wie kann das falsche Ego so etwas sagen?

Antwort: Das wahre Ego kennt kein Bedauern. Es ist einfach nur glücklich. Wir sehnen uns nach Glück, weil unser wahres Wesen Glück ist. Gott ist Glück. Es gibt viele Menschen, die sich nicht nach Gott, wohl aber nach Glück sehnen. Glück ist dasselbe wie Gott. Atheisten zum Beispiel sagen, es gäbe so etwas wie Gott nicht, aber sie haben ein Verlangen nach Glück. Gott ist Glück.

Frage: Was ist „Charakter" in Wirklichkeit?

Antwort: Charakter ist sozusagen ein Bild mit Linien und Farben, das wir in unserem Innern entwerfen. Und es ist wunderbar zu sehen, wie sich der Impuls zum Aufbau des Charakters schon in der Kindheit zeigt. Es ist genau so, wie wenn man bei einem Vogel den Instinkt wahrnimmt, ein Nest zu bauen. Das kleine Kind beginnt, alles bei den Erwachsenen zu beobachten, und es ergreift alles, was ihm besonders gut erscheint. Es übernimmt von den Erwachsenen, was für sein eigenes Gemüt das Beste ist: Worte, Verhaltensweisen, Bewegungen, Ideen. Das Kind zieht alles an sich und errichtet daraus sozusagen ein Gebäude, seinen Charakter. Und es baut sein ganzes Leben lang weiter daran.

Das hilft uns auch zu verstehen, dass eine Person, die ganz in ihrem Ich aufgeht, keine Zeit mehr hat, die anderen zu sehen. Für sie gibt es keine anderen. Wenn wir dagegen uns selbst vergessen, haben wir Zeit, uns umzuschauen, hierhin und dorthin zu blicken. Dadurch bereichern wir auf natürliche Weise unseren Charakter. So wird der Charakter aufgebaut. Wir brauchen uns nicht anzustrengen, unseren Charakter zu formen, wir müssen uns nur selbst vergessen. Wenn zum Beispiel die großen Schauspieler und Schauspielerinnen mit ihrer außergewöhnlichen Begabung sich nicht selbst vergessen, können sie nicht gut spielen, obgleich sie eigentlich die Fähigkeit dazu haben. Ebenso wenig sind Musikerinnen und Musiker, die sich während ihres Spiels nicht vergessen können, in der Lage, zufriedenstellend zu musizieren. Dasselbe gilt auch für Kunstschaffende, die dichten oder malen. Bedenken wir also: Die ganze Arbeit, uns selbst und alles andere aufzubauen, hängt davon ab, inwieweit wir fähig sind, unser Ich zu vergessen. Hierin liegt der Schlüssel zum ganzen Leben, dem materiellen wie dem spirituellen Leben, und zum Erfolg. Es scheint so einfach zu sein, und doch ist es so schwer.

Es ist wunderbar, dass ich auf meinen Reisen immer wieder Menschen begegnete, die Großartiges leisteten im Denken, in der Kunst, Wissenschaft, Religion, Philosophie und worin sonst ihre Arbeit bestand. Und ich erkannte, dass sie ihre Größe mit genau dieser Qualität, der Qualität, sich selbst zu vergessen, erreicht hatten. Es ist immer und überall dasselbe.

Andererseits habe ich auch Menschen mit beachtlichen Fähigkeiten getroffen, die aber so sehr mit sich selbst beschäftigt waren, dass sie es nicht schafften, das Beste aus ihrem Leben zu machen. Ich kannte jemanden, der die Vina spielte. Er strengte sich so an, spielte täglich sechs bis neun Stunden auf seinem Instrument, aber wenn er dann zu den versammelten Zuhörern ging, wurde er total nervös, weil er an sich selbst dachte. Er bezog alle Eindrücke der Menschen auf sich. Dann nahm er sein Instrument, packte es ein und lief davon. Trotz all seiner Fähigkeiten hatte er nie eine Chance, großartig zu werden.

Selbstbewusstsein ist eine gute Sache, aber Selbstvergessenheit ist noch besser.

Ich habe Sarah Bernhardt erlebt. Sie sang ein sehr einfaches Lied, die Nationalhymne Frankreichs. Sobald sie die Bühne betrat, gewann sie die Herzen aller Anwesenden. In jenem Augenblick war sie die Nation. Mit dieser Einstimmung in ihren Gefühlen und Worten war sie in jenem Augenblick Frankreich – weil sie sich voll darauf konzentrierte.

DIE MUSIK DES LEBENS

Um unseren Charakter zu entwickeln, müssen wir zunächst lernen, wie man der Welt mit all ihren Kümmernissen und Sorgen, ihren Freuden und Leiden entgegentritt. Es ist sehr schwierig, die eigenen Gefühle vor der Welt zu verbergen, und doch ist es weise, nicht alles, was wir in jedem Augenblick fühlen, zu zeigen. Menschen reagieren für gewöhnlich ganz mechanisch auf jeden äußeren Einfluss und jeden inneren Impuls. Auf diese Weise können sie sich oft nicht an das Gesetz der Musik des Lebens halten.

Für weise Menschen ist das Leben Musik, eine Sinfonie, in der sie einen bestimmten Part zu spielen haben. Manchmal sind wir gefühlsmäßig so niedergeschlagen, dass unser Herz in einer tieferen Tonlage erklingt. Wenn das Leben aber in diesem Moment eine höhere Tonlage von uns verlangt, dann merken wir, dass wir versagt haben, unseren vorgesehenen Part in der Musik des Lebens angemessen zu spielen.

Wir gehen durch eine Prüfung, in der sich der Unterschied zwischen einer alten und einer kindlichen Seele zeigt. Die kindliche Seele gibt jedem Gefühl nach, die alte Seele schlägt trotz all der Schwierigkeiten einen höheren Ton an. Es gibt Augenblicke, in denen das Lachen unterdrückt werden muss, und zu anderen Zeiten muss man die Tränen zurückhalten. Und wenn Menschen so weit gekommen sind, dass sie den Part im Drama des Lebens, der für sie bestimmt ist, richtig und gut spielen können, haben sie auch Kontrolle über ihren Gesichtsausdruck. Sie können sogar ihre Tränen in ein Lächeln und ihr Lachen in Weinen verwandeln. Da könnte die Frage aufkommen: „Ist es nicht Heuchelei, wenn man sich nicht natürlich verhält?" Menschen, die ihre Natur zu beherrschen wissen, sind mehr als natürlich. Sie sind nicht nur natürlich, sondern meistern ihre Natur. Wer keine Macht über die Natur hat, ist schwach, trotz aller Natürlichkeit.

Außerdem ist es wichtig zu verstehen, dass wahre Kultur gleichbedeutend mit Lebenskunst ist. Worin besteht diese Kunst? Im Wissen um die Musik des Lebens. Ist eine Seele erst einmal erwacht und vernimmt die ununterbrochene Musik des Lebens, so wird sie es als ihre Verantwortung, ihre Pflicht betrachten, ihre Rolle im äußeren Leben zu spielen, auch wenn sie ihrer augenblicklichen inneren Verfassung nicht entspricht. So zu handeln erfordert Wissen.

Wir müssen in jedem Moment unseres täglichen Lebens wissen, was das Leben von uns verlangt, welche Fragen es uns stellt und wie wir auf seine Ansprüche antworten sollen. Dazu müssen wir in voller Wachheit die jeweiligen Lebensumstände wahrnehmen. Wir brauchen Einsicht in das Wesen des Menschen und die Fähigkeit, auch unseren eigenen Zustand klar zu erkennen. Einfach zu sagen: „Ich bin, wie ich bin. Wenn ich traurig bin, bin ich traurig, wenn ich froh bin, bin ich froh“, das reicht nicht aus. Nicht einmal die Erde wird diejenigen tragen wollen, die den Anforderungen des Lebens nicht nachkommen. Ebenso wenig wird der Himmel diejenigen dulden und wird das Weltall denjenigen Raum bieten, die nicht bereit sind, dem Leben zu geben, was es von ihnen verlangt. Wenn das wahr ist, dann ist es am besten, bereitwillig und klug in diesem Sinne zu handeln.

Im Orchester gibt es einen Dirigenten und viele Musikerinnen und Musiker. Sie alle müssen einen Beitrag zur Aufführung leisten. Wenn die Spieler eines Instruments falsch spielen, ist es ihre Schuld. Der Dirigent hört nicht, dass sie falsch spielen, weil sie traurig oder besonders fröhlich waren. Ihn interessiert ihre Traurigkeit oder Fröhlichkeit nicht, sondern nur der Part, den die einzelnen Musiker und Musikerinnen in der ganzen Sinfonie zu spielen haben. Das ist die Natur unseres Lebens. Je weiter wir uns entwickeln, desto schwieriger und wichtiger wird unser Part in der gesamten Sinfonie. Und je stärker wir uns unserer Verantwortung bewusst werden, desto mehr wächst unsere Fähigkeit, unseren Teil in der Sinfonie des Lebens zufriedenstellend zu bewältigen.

Was ist also notwendig, um uns selbst in der Gewalt zu haben? Wir müssen Kontrolle über unser inneres Selbst gewinnen, denn jegliches Verhalten im Außen ist nichts anderes als eine Reaktion auf unseren inneren Zustand. Deshalb geht es in erster Linie darum, uns selbst zu kontrollieren, unser inneres Selbst. Das erreichen wir, wenn wir unsere Willenskraft stärken und das Leben besser verstehen.

***

Frage: Sind die Wesen, die auf anderen Planeten leben, Menschen oder Engel?

Antwort: Unser Planet ist die Erde, und in jedem Erdteil leben Menschen. Zweifellos gibt es Unterschiede in der Evolution der Wesen, die auf verschiedenen Planeten leben. Aber auf allen Planeten gibt es engelgleiche Menschen und solche, die das Gegenteil sind.

Frage: Auf welche Weise tragen und beherbergen die Erde, der Himmel und das Weltall Menschen nicht, die den Anforderungen des Lebens nicht nachkommen?

Antwort: Haben Sie möglicherweise einmal von einer Person gehört, die von vielleicht fünf verschiedenen Ländern vertrieben wurde und dann in ein sechstes Land ging, wo sie auch nicht aufgenommen wurde? Die Erde kann diese Person nicht tragen. Die anderen Menschen würden sie am liebsten ins Wasser werfen oder sie verbrennen, weil die Erde nicht will, dass diese Person auf ihr herumläuft. Es ist wie ein Fluch. Der Fluch wirkt auf verschiedene Weise. Er begleitet diese Person überall. Sie mag vom Südpol bis zum Nordpol wandern. Wenn die Erde sie nicht will, dann will sie diese Person nicht, gleich wohin sie geht. Unter Eingeborenen ist sie in Gefahr, gegessen zu werden, denn die Erde kann sie nicht tragen.

Für außergewöhnliche Seelen gilt ein außergewöhnliches Gesetz. Es kann mit gewöhnlichen Begriffen und Worten nicht erklärt werden. Große Seelen wandern auch von einem Ort zum andern, jedoch nicht weil die Erde sie nicht trägt, sondern weil die Menschen sie nicht ertragen.

Frage: Wie wird denn die Zukunft derer aussehen, die die Anforderungen des Lebens nicht erfüllt haben? Müssen sie zurückkommen, um ihre Lektion erneut zu lernen?

Antwort: Wir müssen alle genau jetzt unsere Lektion lernen. Sie mögen zurückkommen oder nicht – das ist eine andere Frage. Aber das Thema stellt sich uns genau jetzt. Das Leben stellt seinen Anspruch genau jetzt, nicht erst nach unserem Tod. Wir sind in jedem Augenblick unseres Lebens aufgefordert, eine bestimmte Pflicht zu erfüllen, eine bestimmte Arbeit zu leisten – in allem, was wir tun. In jedem Moment erfüllen wir eine bestimmte Aufgabe, bewusst oder unbewusst. Sich dieser Aufgabe bewusst zu werden und sie angemessen und rechtmäßig zu erfüllen, das ist die wahre Religion.

Frage: Was meinen sie mit älteren und jüngeren Seelen?

Antwort: In diesem Fall meinte ich reife und unreife Seelen. Die ältere Seele ist wie ein älterer Bruder oder eine ältere Schwester, die jüngere wie ein jüngerer Bruder oder eine jüngere Schwester.

Frage: Der letzte Satz Ihres Vortrags lautete: „... und das Leben besser verstehen". Was ist die weiseste Art, das Leben besser zu verstehen?

Antwort: In diesem letzten Satz wollte ich ausdrücken, dass wir die Anforderungen des Lebens verstehen, wenn wir das Leben besser verstehen. Wenn wir das Leben nicht besser verstehen, können wir auch nicht voll begreifen, was das Leben von uns fordert. Einige Menschen erfüllen die Ansprüche des Lebens nicht, weil sie nicht wissen, was das Leben von ihnen verlangt. Andere wissen, was das Leben von ihnen verlangt, aber sie sind in ihrer Entwicklung noch nicht genügend weit fortgeschritten, um es auch in die Tat umsetzen zu können. Um zu wissen, was das Leben verlangt, muss man das Leben besser verstehen.

Frage: Wenn das, was unser äußeres Leben verlangt, sich ziemlich von dem unterscheidet, was das innere Leben fordert, worauf sollen wir dann hören?

Antwort: In der Bibel finden wir eine wunderbare Antwort auf diese Frage: „Gib dem Kaiser, was der Kaiser will, und Gott, was Gott will."[1] Wir müssen erfüllen, was das äußere Leben von uns verlangt, und ebenso, was das innere Leben fordert.

Ein Murshid[2] war mit drei oder vier seiner Murids[3] auf Reisen. Es war in dem Zeitraum, als die Leute im Osten etliche Tage fasteten. Sie fasteten jeden Tag. Der Murshid besuchte in einem Dorf das Haus eines Bauern. Der Bauer war so glücklich, dass der Murshid mit seinen Schülern gekommen war. Seine Freude hatte kein Ende. Er ging auf den Markt und kaufte all die guten Sachen, die er bekommen konnte, und bereitete ein Mittagessen, ohne den Murshid oder dessen Schüler vorher zu fragen. Dann wurde das Essen auf den Tisch gebracht.

1 Matthäus 20:21
2 Ein Murshid oder eine Murshida sind erfahrene Lehrer und Lehrerinnen bzw. Wegbegleiter für Schüler und Schülerinnen auf dem spirituellen Weg.
3 Murids sind Schüler und Schülerinnen, die eine Einweihung empfangen haben.

Nach dem religiösen und auch dem spirituellen Gesetz ist es sehr schlimm, das Fasten zu unterbrechen. Es ist ein heiliges Gesetz, ein religiöses Gesetz. Deshalb lehnten alle Murids ab, zum Essen zu kommen. Der Bauer konnte nicht verstehen, warum sie ablehnten. Sie wollten sich mit ihrer religiösen Lebensweise nicht hervortun, deshalb sagten sie nicht, dass sie gerade fasteten. Aber sie wollten ihr Gelübde auch nicht brechen. Als der Bauer den Murshid zum Essen bat, sagte dieser: „Ja“ und setzte sich fröhlich mit der Familie zu Tisch. Der Bauer war darüber hocherfreut, und gleichzeitig bedauerte er, dass all die jungen Männer nicht essen wollten. Sie aber dachten: „Unser Murshid hat es vielleicht vergessen; vielleicht ist er ganz in seinen Träumen gefangen.“

Als sie ihr Mahl beendet hatten, war der Bauer sehr glücklich. Dann verließ der Murshid mit seinen Schülern das Haus. Einer seiner mutigen Schüler ging zu ihm und sagte: „Murshid, es ist mir unangenehm zu fragen, aber haben Sie vielleicht vergessen, dass wir fasten?“ Er antwortete: „Nein, mein Kind, ich habe es nicht vergessen, aber ich breche lieber das Fasten, so heilig es auch ist, als das Herz eines Menschen, der so liebevoll ein Essen für mich zubereitet hat.“ Das war seine Lehre. Es geht darum, die Anforderungen des Lebens angemessen zu beantworten. In jenem Augenblick hatte das Leben verlangt, dass der Murshid sein Fastengelübde nur innerlich einhielt.

Frage: Wenn man nicht an irgendeiner grundlegenden Ebene festhält und dadurch in alle möglichen unglücklichen Umstände gerät, wie kommt man da am besten wieder heraus?

Antwort: Wir müssen nicht für irgendeine besondere Ebene erwachen und uns dort festhalten. Unser Bewusstsein wird für jede Ebene erwachen, während wir auf unserer Lebensreise voranschreiten. Es ist notwendig, während des ganzen Lebens hellwach zu sein und zu schauen, was Bekannte, Freunde und Freundinnen, Nachbarn oder Fremde, die mit uns reisen, von uns brauchen.

Es geht darum, immer aufmerksamer und rücksichtsvoller zu werden und immer klarer wahrzunehmen, was die anderen von uns erwarten. Wir müssen uns ständig fragen: Verletzen wir jetzt die betreffende Person oder unterstützen wir sie? Sind wir freundlich zu ihr oder herzlos? Denn im ganzen Leben haben wir alle ein bestimmtes Ziel vor uns, und während wir auf dieses Ziel zugehen, tendieren wir dazu, nicht darauf zu achten, wen wir wegstoßen, wem wir schaden, wen wir treten, wen wir ungerecht und unfreundlich behandeln. Wer nicht achtsam genug ist, macht vielleicht hunderte von Fehlern. Das soll nicht heißen, dass wir völlig frei von Fehlern sein können. Trotzdem, wenn wir neunhundert von tausend Fehlern vermeiden, dann ist das schon etwas.

Frage: Mir scheint, das Schwierigste ist nicht, sich den traurigen und fröhlichen Menschen anzuschließen, sondern mit denen zu gehen, die in eine andere Richtung streben und andere Dinge wollen. Was lehrt uns die Weisheit in dieser Hinsicht, sodass wir nicht in Streit mit ihnen geraten und trotzdem unsere Richtung beibehalten?

Antwort: In die eigene Richtung zu gehen ist gut, sofern wir unsere eigene Richtung und unseren Willen verstehen. Aber nichts, so gut es auch scheinen mag, ist eine Tugend, wenn es nicht aus freiem Willen getan wird. Denn in der Bereitwilligkeit, ein Opfer zu bringen, spüren wir den Atem der Freiheit. Eine Tugend, die uns oder anderen aufgezwungen wird, ist keine Tugend. Sie verliert dadurch ihre Schönheit. Wir müssen tun, was uns richtig erscheint. Ob wir nun das Festhalten an unseren eigenen Ideen für eine Tugend halten oder es uns als Tugend erscheint, unsere eigenen Ideen aufzugeben und den Ideen anderer zu folgen, solange unsere innere Bereitschaft dazu vorhanden ist, ist es eine Tugend. Tugend darf nicht erzwungen werden.

SELBSTKONTROLLE

Im täglichen Leben ist es äußerst wichtig, das eigene Sprechen und Handeln unter Kontrolle zu haben. Sonst passiert es uns leicht, dass wir, ausgelöst durch einen inneren Antrieb, Worte fallen lassen und hinterher das Gefühl haben, wir hätten sie besser nicht gesagt oder vielleicht anders gesagt. Dasselbe gilt für unsere Handlungen. Nachdem wir etwas getan haben, kommt das Gefühl auf: „Ich hätte das nicht tun dürfen" oder „Ich hätte es anders machen sollen." Aber was getan ist, kann man nicht rückgängig machen.

In der Natur des Menschen liegt ein innerer Drang, sich auszudrücken. Dieser Drang stößt sozusagen ein Wort aus uns heraus, noch bevor wir es bedacht haben. All dies weist auf mangelnde Selbstbeherrschung hin. Es ist auch ein Zeichen von Nervosität. Sehr oft versuchen wir, jemandem zu antworten, bevor er oder sie ausgesprochen hat. Der Satz ist noch nicht beendet, und schon ist unsere Antwort da. Eine solche Antwort auf eine unvollständige Aussage ist oft nicht richtig. Was in all diesen Fällen geschieht, ist, dass wir uns alle Dinge im Leben, die von außen kommen, zu sehr zu Herzen nehmen. Wir lassen zu, dass äußere Ereignisse und Einflüsse uns tiefer berühren als nötig. Auf diese Weise werden wir empfindlich und nervös.

Um im täglichen Leben Selbstkontrolle in allem, was wir tun, zu üben, ist es am besten, in unserem Wesen ein gewisses Maß an Gleichmut zu entwickeln. Wir müssen nicht alles, was uns gesagt wird, so wichtig nehmen, dass es unser Gemüt gänzlich aus der Fassung bringt, unser Gleichgewicht stört und unsere Willenskraft schwächt. Es gibt Dinge im Alltag, die tatsächlich wichtig sind, aber sehr viele Dinge haben keine große Bedeutung. Oft neigen wir dazu, ihnen zu großes Gewicht zu geben.

Gleichmut führt zu Unabhängigkeit. Das bedeutet jedoch nicht, dass wir uns nicht um das, was andere sagen und tun, kümmern sollen. Es heißt lediglich, dass wir zwischen wichtigen und unwichtigen Dingen des täglichen Lebens unterscheiden lernen und dass nicht alle nötigen und unnötigen Dinge gleichermaßen unsere Aufmerksamkeit, unser Denken und Fühlen so sehr beanspruchen dürfen.

Politische Ökonomie ist zu einem Lehrfach im Bildungsbereich geworden. Geistige Ökonomie aber ist das Hauptfach der Religion. Alles, was wir sagen und tun, was wir denken und fühlen, bedeutet für Geist und Seele eine gewisse Anstrengung. Darum ist es weise, jedes Risiko, unser inneres Gleichgewicht zu verlieren, zu meiden. Wir müssen ruhig, aber entschlossen allen Einflüssen entgegentreten, die sich störend auf unser Leben auswirken.

Wir haben von Natur aus die Neigung, uns gegen alle Angriffe von außen zu wehren. Das führt jedoch dazu, dass wir unser inneres Gleichgewicht verlieren. Deshalb ist Selbstkontrolle der Schlüssel zu Glück und Erfolg. Viele Menschen fühlen sich gezwungen und verpflichtet, etwas zu sagen oder zu tun, was andere von ihnen verlangen. Das macht sie schwächer und schwächer. Andere kämpfen vehement gegen die Anforderungen anderer an. Beide sind auf einem Irrweg. Nur diejenigen, die es schaffen, ihr Gleichgewicht aufrecht zu erhalten, ohne ärgerlich oder unruhig zu werden, gelangen zur Meisterschaft, die für die eigene Entwicklung im Leben notwendig ist.

Keine Richtlinie muss blind befolgt werden. Auch die geistige Ökonomie ist nicht immer eine Tugend. Wenn sie die Harmonie stört, unseren Fortschritt auf irgendeine Weise behindert oder uns in eine schwierige Situation bringt, dann ist sie keine Tugend mehr. Und doch ist es dringend notwendig, die Wissenschaft der geistigen Ökonomie zu kennen; zu wissen, wie wir uns im täglichen Leben gegen alle Einflüsse schützen können, die unsere innere Ruhe und den Frieden unserer Seele stören könnten.

***

Frage: Was bedeutet das Symbol des Fisches?

Antwort: Das Symbol des Fisches ist das Zeichen des Herzens. So wie der Fisch sich ohne Wasser fehl am Platz, unwohl und gefährdet fühlt, so fühlt sich auch das Herz fehl am Platz, wenn es nicht voll und ganz in der Liebe lebt, sich in der Liebe bewegt und darin aufgeht. Alles Unbehagen und alle Beschwerden im Leben erwachsen aus diesem Mangel.

Frage: Bitte erklären Sie uns den Glauben, der in der Kirche gelehrt wird, dass Jesus gestorben ist, um uns zu erlösen.[1]

Antwort: Ja, außer denen, die keine Anhänger des christlichen Glaubens sind, gibt es auch viele Christen, die bezweifeln, ob in dieser Lehre Wahrheit steckt. Es ist jedoch ganz einfach zu verstehen, dass die Seele Jesu, des Gottesbewussten, wahrhaftig „in Gott lebte, sich bewegte und ein Leben in Gott führte“[2]. Jedes seiner Worte, jeder Gedanke und jede Tat war auf den Dienst an der Menschheit ausgerichtet. Er scheute kein Opfer für die Menschen, er gab sogar sein Leben für sie hin. Daher wird kein empfängliches Herz in dieser Frage die Tatsache leugnen können, dass Jesus sein Leben opferte, um die Menschen zu retten. Hierin bringen wir am besten unsere Wertschätzung und Dankbarkeit für diese selbstaufopfernde Seele zum Ausdruck, die das ganze Leben lang die Göttlichkeit bezeugt hat.

Frage: Was macht die Seele in der Nacht, wenn der Körper schläft?

Antwort: Die arme Seele – von der armen Seele wird so viel gefordert. Wenn der Körper wach ist, muss sie mit dem Körper umherwandern, wohin immer er geht. Wenn der Körper schläft, muss sie mit dem Geist gehen, wohin der Geist sie führt. Natürlich denken wir in diesem Zusammenhang an den Satz in der Bibel: „Wo dein Schatz ist, da ist dein Herz.“[3] Nicht das Herz, sondern die Seele ist da, wo der Schatz ist. Ist der Schatz im Himmel? Dann ist die Seele im Himmel. Ist er auf der Erde? Dann ist die Seele auf der Erde. Liegt der Schatz im Portemonnaie, dann ist sie dort. Wenn der Schatz in der Musik, Dichtung, Philosophie oder im Denken ist, dann finden wir auch die Seele dort. Die Seele ist in allem, was wir im Leben bewundern, schätzen und lieben. Lieben wir die Traurigkeit, so ist die Seele in Trauer; ziehen wir die Erfahrung der Freude vor, so ist die Seele voller Freude. Alles, wonach wir streben, bezeichnet den Ort, wo auch die Seele hingeht.

Gleichzeitig aber hat die Seele Berührung mit allen Sphären, von der niedrigsten zur höchsten. Sogar die Seelen der niederträchtigsten Menschen berühren alle Sphären, nur spüren sie nicht die Wohltat darin, weil sie sich dessen nicht bewusst sind. In ihrem Bewusstsein spüren sie

1 Römer 5:8
2 Apostelgeschichte 17:28
3 Matthäus 6:21

nur Niedertracht. Wenn eine Seele die höchste Sphäre berührt, sich dessen aber nicht bewusst ist, worin liegt dann der Sinn? Wie ich schon in „The Message of Spiritual Liberty"[4] erwähnt habe: Es gibt viele Wege, auf denen wir zum selben Ziel gelangen, sogar solche, die wir uns niemals vorstellen können – und wir wären entsetzt, würden wir diese Wege kennen. Doch liegt der Segen des Lebens im Bewusstsein dieses Segens. Wenn man sich des Segens nicht bewusst ist, dann hat er keinen Wert. Selbst wenn ein Kätzchen das Privileg hat, sein Leben lang im Buckingham Palast zu wohnen und auf dem königlichen Sofa zu sitzen – solange ihm dieses Privileg nicht bewusst ist, ist es nicht privilegiert.

Frage: Würden Sie uns sagen, inwieweit es richtig ist, das individuelle Naturell und Temperament beim Aufbau des Charakters mit in Betracht zu ziehen?

Antwort: Ich persönlich, wenn ich mir selbst einen Rat geben sollte, würde alle erdenklichen Maßnahmen treffen, um die Individualität geschmeidig und formbar zu halten und sie nicht auf ein bestimmtes Temperament festzulegen. Ohne Zweifel beruht die Individualität auf einem bestimmten Temperament; aber ich persönlich würde es nicht zulassen, sie auf dieses Temperament zu fixieren. Einer anderen Person würde ich allerdings solch drastische Maßnahmen nicht anraten.

Ich erzähle Ihnen von einer Erfahrung aus meinem eigenen Leben. Es war zu der Zeit, als ich mit meiner musikalischen Arbeit begann. Wenn unter den fünf, zehn, zwanzig Zuhörern und Zuhörerinnen eine einzige Person war, die kein Verständnis für meine Musik hatte oder sie sogar ablehnte, spürte ich mit all meiner Empfindsamkeit als Künstler, wie sich meine Brust verengte und es mir den Atem nahm, sodass ich nichts mehr tun konnte. Das habe ich ein, zwei, drei Mal erlebt. Wie aber konnte ich unter dieser Voraussetzung meine Arbeit tun? Beim nächsten Mal sagte ich mir: „Ich werde es einfach abschütteln, mich nicht darum kümmern. Ich werde nur für mich selber singen. Auch wenn es keinem gefällt, werde ich weitersingen. Es reicht vollkommen, wenn es mir gefällt." Als dieses Gefühl sich in mir ausbreitete, fiel das empfindsame Künstlertemperament in sich zusammen und zeigte sich nie wieder. So kämpft man gegen sein eigenes Naturell.

4 „A Sufi Message of Spiritual Liberty", das erste Buch mit den Lehren von Hazrat Inayat Khan, das im Westen 1914 veröffentlicht wurde.

Was ist Temperament? Es ist eine Natur, die wir selber erschaffen. Was macht eine Natur aus? Wir haben etwas davon; wir genießen es, die Natur zu erschaffen. Wenn wir über etwas sagen: „Ich hasse es, ich kann es nicht ausstehen, nicht ertragen“, dann wissen wir nicht, was wir tun. Wir engen uns ein, begrenzen uns auf unsere Schwächen. Warum kann ich etwas nicht ausstehen? Wenn ich so rede, kann ich mich selbst nicht ausstehen. Wenn wir sagen: „Ich kann es nicht ertragen“, dann wird ein Tag kommen, da können wir uns selbst nicht mehr ertragen.

Es ist ein schrecklicher Kampf, wenn wir gegen unser Naturell angehen. Unser Ich fängt dann an, Tag und Nacht zu weinen. Unser Ich sagt: „Du bist mein schlimmster Feind auf Erden, du bist so grausam, du hast kein Mitleid mit mir“, weil es sich zermalmt und niedergeschmettert fühlt. Aber wenn es einmal zerschmettert und unter die Kontrolle unserer Willenskraft gelangt ist, dann beginnen wir zu spüren, dass das Reich Gottes nahe ist. Manchmal hindert uns das Gefühl, dass wir ungerecht, unfair, zu herzlos zu uns selbst sind, im Kampf gegen unser Naturell. Hinzu kommt noch die Schwierigkeit, dass auch die Nachbarn finden, wir würden uns selbst zu grausam behandeln. Von niemandem erhalten wir in dieser Hinsicht Unterstützung.

Frage: Der Kampf der Menschen mit asketischer Veranlagung ...?

Antwort: Wir sollten nicht gegen unser Glück angehen. Aber es gibt einige Menschen mit asketischer Veranlagung, die mit sich selbst kämpfen. Darin liegt ein großer Gewinn. Es gibt nicht viele, die das tun. Wir dürfen den Kampf mit sich selbst aber nicht als allgemeine Richtlinie festsetzen, wenn wir diesen Kampf gar nicht ertragen können. Es gibt Menschen, die geborene Kämpfer sind, und diese Menschen kämpfen mit sich selbst.

Frage: Was ist mit den Menschen, die geborene Kämpfer sind und mit sich selbst kämpfen?

Antwort: Es gibt eine Geschichte über den spirituellen Stolz. Ein Derwisch saß auf einem Felsen in der Wüste in einer bequemen Haltung, als Akbar, der Herrscher von Delhi, kam, um ihm seine Ehrerbietung zu erweisen. Der Derwisch sah, dass König Akbar seinen Minister mitgebracht hatte. Er blieb in seiner bequemen Haltung sitzen. Akbar störte sich natürlich nicht daran, aber der Minister teilte dessen Sichtweise nicht. Er hatte das Gefühl, wenn er sich tausend Mal vor König Akbar verneigen musste, warum nicht auch dieser Derwisch. So fragte er sehr höflich: „Seit wann sitzt du mit ausgestreckten Beinen?" Er dachte, die Sitzhaltung des Derwischs sei vielleicht eine Art Gelübde. Der Derwisch antwortete: „Seitdem ich meine Hände zurückgezogen habe. Als ich noch Mangel litt und meine Hände gierig waren, nahm ich alles, was ich von der Welt haben wollte. Jetzt gibt es nichts mehr, was ich haben will, und jetzt strecke ich meine Beine aus. Selbst wenn der Kaiser kommt, mache ich keinen Unterschied." Das ist spiritueller Stolz. Aber spiritueller Stolz ist etwas Heikles und nicht leicht zu verstehen. An dem Stolz, der sagt: „Ich bin so spirituell" ist nichts Spirituelles. Das ist persönlicher Stolz, denn in der Spiritualität gibt es kein „Ich bin".

ZWISCHENMENSCHLICHE BEZIEHUNGEN

Für die Entwicklung des Charakters ist es sehr wichtig, sich die Beziehung zu jeder Person, der wir auf der Welt begegnen, sowie die Pflicht und Schuldigkeit ihr gegenüber bewusst zu machen und keine Drittperson in die Verbindung, die wir zu jemandem hergestellt haben, hineinzuziehen. Wir müssen alles, was uns von einem anderen Menschen im Leben anvertraut wurde, als schützenswertes Gut betrachten. Wir müssen wissen, dass es unsere heilige Pflicht ist, uns des Vertrauens anderer Menschen würdig zu erweisen. Auf diese Art stellen wir eine harmonische Verbindung zu anderen her, und die Harmonie mit ihnen stimmt unsere Seele auf die Unendlichkeit ein.

Ein gründliches Studium der menschlichen Natur und viel Takt sind erforderlich, um mit jedem Menschen im Leben eine harmonische Beziehung aufrecht zu halten. Wenn wir eine Person bewundern oder ärgerlich über sie sind, so ist es besser, es ihr direkt zu sagen, anstatt viele Bekannte und Verwandte mit hineinzuziehen. Nicht nur unter Freunden und Freundinnen, auch unter Bekannten ist diese Rücksicht nötig, um das zarte Band sorgfältig zu schützen, das zwei Seelen – in welcher Beziehung oder Funktion auch immer – miteinander verbindet. *Dharma* bedeutet in der Sprache der Hindus „Religion“, doch die wörtliche Bedeutung dieses Wortes ist „Pflicht“. Die Bedeutung für die Hindus weist uns darauf hin, dass unsere Beziehung zu einer jeden Person auf der Welt unsere Religion ist, und je gewissenhafter wir mit dieser Beziehung umgehen, desto gründlicher verwirklichen wir unsere Religion.

Unsere heiligste Pflicht besteht darin, das Geheimnis unserer Freunde, Freundinnen und Bekannten zu hüten, auch wenn wir uns zeitweise über sie ärgern. Haben wir einmal unsere Beziehungen als Religion erkannt, würden wir es dann noch richtig finden, jemand anderem von dem Unrecht oder den Verletzungen zu erzählen, die ein Freund oder eine Freundin uns zugefügt hat? Niemals. Auf diese Weise lernen wir Selbstverleugnung, nicht nur durch Fasten und Rückzug in die Wüste. Diejenigen, die gewissenhaft ihre Pflicht und Schuldigkeit ihren Freundinnen und Freunden gegenüber erfüllen, sind religiöser als jemand, der allein in der Abgeschiedenheit der Wildnis sitzt. Einsiedler dienen nicht Gott, sondern nur sich selbst, denn sie genießen die Freuden der Einsamkeit. Diejenigen aber, die sich allen Menschen gegenüber, denen sie begegnen, als vertrauenswürdig erweisen und die ihre Beziehung zu ihnen, sei sie lose oder fest, als heilig betrachten, erfüllen mit Sicherheit das spirituelle Gesetz derjenigen Religion, die das Herz aller Religionen ist.

Fehler? Jeder Mensch hat Fehler. Wir selbst, unsere Freundinnen und Freunde, unsere Feinde, alle sind mit Fehlern behaftet. Wer möchte, dass die eigenen Fehler nicht aufgedeckt werden, muss natürlich anderen dasselbe zugestehen. Würden wir doch nur begreifen, was Freundschaft zwischen zwei Seelen bedeutet, die Zartheit dieser Verbindung, ihre Innigkeit, Schönheit und Heiligkeit, wir könnten das Leben in seiner Fülle genießen! Dann wären wir nämlich wirklich lebendig, und in der gleichen Weise würden wir eines Tages mit Gott verbunden sein. Dieselbe Brücke, die zwei Seelen auf Erden miteinander verbindet, wird – in ihrer Verlängerung – der Weg zu Gott. Es gibt auf dieser Welt keine größere Tugend als freundlich, verlässlich und vertrauenswürdig gegenüber unseren Mitmenschen zu sein.

In dieser Leitlinie zeigt sich der Unterschied zwischen einer reifen und einer unreifen Seele. Die unreifen Seelen kennen nur sich selbst und ihre eigenen Bedürfnisse, sie gehen ganz in ihrem eigenen Vergnügen und Missvergnügen auf und sind Gefangene ihrer ständig wechselnden Stimmungen. Die reifen Seelen dagegen achten auf ihre Beziehung zu jedem einzelnen Menschen, sie kommen sorgfältig ihren Verpflichtungen jeder Person gegenüber, die sie kennen, nach. Sie verbergen die Wunden derer, die verletzt sind, vor den Augen anderer und ertragen alles, um ihre Pflichten gegenüber ihren Mitmenschen so gut wie möglich zu erfüllen.

Eine Geschichte in dem Buch „Tausendundeine Nacht“ ist zwar schwer verständlich, aber sie erklärt in übertriebener Form das Thema, über das ich gesprochen habe. Es war einmal ein König. Auf seinem Streifzug durch den Wald schlug er sein Zelt dort auf, wo Räuber lebten. Ein Räuber entdeckte das Zelt und schlich sich in der Nacht hinein, als der König schlief. Er suchte unter dem Kopfkissen nach dem Ring des Königs. Als er ihn fand und einstecken wollte, wachte der König auf. Er sah den Dieb an und fragte: „Wer bist du?“ Der Dieb antwortete: „Ich bin ein Räuber.“ „Warum bist du hergekommen?“ „Um nachzusehen, ob ich irgendetwas von dir mitnehmen kann." „Und was hast du gefunden?" „Ich habe deinen Ring gefunden. Hier ist er. Soll ich dir den Ring zurückgeben?" Der König antwortete: „Nein, behalte ihn." Darauf der Räuber: „Dann erzähle niemandem davon." „Gewiss nicht", sagte der König.

***

Frage: Können Sie uns sagen, warum es im Talmud eine Legende gibt, die berichtet, dass Moses an Gottes Kuss gestorben ist?

Antwort: Ich würde sagen, dass jeder Mensch am Kuss Gottes sterben muss. Im Gayan[1] heißt es: „Sonnentau, warum stirbt jedes Insekt sofort, wenn es dich küsst?" „Ich liebe es so sehr, dass ich es verschlinge." Das ist die Erklärung. Gott und die, die Gott wahrhaft lieben, befinden sich in der gleichen Situation: Entweder lebt der bzw. die Geliebte oder der bzw. die Liebende. Deshalb sagt Rumi: „Der Geliebte ist alles in allem, der Liebende verhüllt nur den Geliebten; allein die Liebe lebt, der Liebende ist tot."[2]

Frage: Was sollen wir tun, wenn andere Menschen unsere Freundschaft missachten und unsere Sichtweise auf das Leben nicht schätzen? Müssen wir immer weiter mit ihnen im Kontakt bleiben, wenn wir mit ihnen auf irgendeine Weise verbunden sind?

Antwort: Ich würde nie zu jemandem sagen: „Geh hin zu dem Freund, der dich schlecht behandelt hat", sondern: „Tu, was du für das Beste hältst." Es kann keine Vorschrift geben, die alle befolgen sollten. Für jeden Einzelnen gibt es eine besondere Richtlinie. Jedoch ist es hilfreich, die wesentlichen Prinzipien für die Formung des Charakters zu berücksichtigen. Das bedeutet nicht, dass wir diese Prinzipien für die Charakterbildung genau einhalten müssen. Aber wenn wir sie kennen, können sie uns eine große Hilfe sein, den besten Weg für den Umgang mit unserem Leben zu wählen. Wer sich an diese Leitlinien hält (sich Menschen, die uns verletzt haben, wieder zuzuwenden), befindet sich ganz gewiss auf dem Pfad der Heiligen, weil dieser Weg große Opfer und viel Selbsthingabe erfordert. Nur ein selbstloser Mensch kann diesen Weg gehen.

---

1 Eine Sammlung von Aussprüchen von Hazrat Inayat Khan, zuerst 1923 veröffentlicht. Vgl. „Gayan Vadan Nirtan, Aphorismen", Verlag Heilbronn, 1996

2 Jalal ad-Din Rumi, „Masnavi". Rumi war ein persischer Sufi-Heiliger und Dichter.

Frage: Sie haben über das Verbergen der Schwächen anderer gesprochen. Gilt das auch für die eigenen Schwächen?

Antwort: Ja, das ist eine noch höhere Form.

Frage: Kann das Leben mit dem Symbol einer Leiter beschrieben werden?

Antwort: Ja.

Frage: Ist es die Leiter, die Jakob sah[3]?

Antwort: Ja, die Entwicklung im Leben ist wie eine Leiter. Jeder Mensch befindet sich auf einer anderen Sprosse.

Frage: Wie können wir verstehen, dass sowohl Jesus als auch Buddha alle Beziehungen zu ihren Eltern, Freunden und Freundinnen abgebrochen haben und aus der Einsamkeit als Fremde zurückkehrten? Buddha betont besonders, dass niemand *nirvana* erreichen kann, solange er oder sie noch menschliche Beziehungen unterhält.

Antwort: Ja, aber bei dieser Frage geht es um Entsagung. Die Frage der Charakterformung ist ein anderes Thema. Das Leben gleicht einer Leiter. Die Regeln für die eine Sprosse sind nicht die Regeln für eine andere. Auf jeder Sprosse gilt eine spezielle Regel. Außerdem befolgen diejenigen, die sich über alle mitmenschlichen Bindungen erhoben haben, das Gesetz der Beziehungen gewissenhafter als alle anderen. Sie achten nicht nur sehr genau auf ihre Verpflichtungen gegenüber ihren Mitmenschen, sondern ebenso gegenüber jedem kleinen Insekt und jeder Mikrobe. Ihre Beziehungen sind weiter gefasst und intensiver als die üblichen.

Der Anspruch, gute zwischenmenschliche Beziehungen herzustellen, ist eine Sache, die Pflege von Beziehungen mit allen Lebewesen liegt auf einer anderen Entwicklungsstufe. Wer sie erreicht hat, hat das Stadium der Charakterformung hinter sich gelassen. Diese Menschen stehen darüber, sie können nicht mit anderen verglichen werden.

3 1. Mose 28:10-15

FEINSINNIGKEIT

Das, was intelligente Menschen auszeichnet, ist die Feinsinnigkeit in ihrem Wesen. Schlagen Menschen den richtigen Weg ein, machen sie guten Gebrauch von diesem Reichtum an Intelligenz. Gehen sie in die falsche Richtung, können sie diese große Gabe missbrauchen. Eine von Natur aus feinsinnige Person gleicht einem Fluss, dagegen ist eine andere, der Feinsinnigkeit fehlt, wie ein Berg. Die feinsinnige Person ist so fügsam und wendig wie fließendes Wasser. Alles, was ihr begegnet, spiegelt sich in ihr so klar wie ein Spiegelbild in reinem Wasser. Die starre, steinerne Persönlichkeit, der die Feinsinnigkeit fehlt, ist wie ein Felsblock, der nichts reflektiert.

Viele bewundern eine unverblümte Ausdrucksweise. Der Grund ist, dass ihnen das Verständnis für die Feinheit des Ausdrucks fehlt. Kann man alles in Worte fassen? Gibt es nicht noch etwas Feineres, Subtileres als gesprochene Worte? Wer zwischen den Zeilen lesen kann, macht ein ganzes Buch aus einem einzigen Buchstaben. Feingefühl in Wahrnehmung und Ausdruck ist ein Merkmal der Weisen.

Die Weisen zeichnen sich durch Feinheit aus, die Dummen durch Starrheit. Wem die Feinsinnigkeit fehlt, möchte die Wahrheit in einen Stein verwandeln. Die Feinsinnigen dagegen werden sogar einen Stein zu Wahrheit machen. Wollen wir spirituelles Wissen erwerben, Inspiration empfangen und das eigene Herz für die innere Offenbarung vorbereiten, so müssen wir versuchen, unser Denken und Fühlen beweglich wie Wasser und nicht starr wie einen Felsen werden zu lassen. Denn je weiter wir auf dem Pfad des Mysteriums des Lebens vorankommen, desto feinsinniger und feinfühliger müssen wir werden, um das Mysterium des Lebens wahrzunehmen und zum Ausdruck zu bringen. Gott ist ein Mysterium. Das Wissen um Gott ist ein Mysterium. Das Leben ist ein Mysterium. Die menschliche Natur ist ein Mysterium. Kurz gesagt: Die Tiefe aller Erkenntnis ist ein Mysterium. Das gilt auch für die Kunst oder die Wissenschaft: Je tiefer man in einen Erkenntnisbereich vordringt, umso geheimnisvoller wird alles.

Die Prophetinnen, Propheten und Meister aller Zeiten haben dem Mysterium in Worten, Taten, Gedanken und Gefühlen Ausdruck verliehen.

Aber den größten Teil des Mysteriums offenbarten sie im Schweigen. Damit belassen sie es an seinem angestammten Ort, denn das Mysterium hat seinen Platz im Schweigen. Das Mysterium auf die Erde herabzuziehen ist so, wie wenn ein König von seinem Thron auf den Boden gezerrt würde. Aber das Mysterium an seinem eigenen Platz, in den Sphären des Schweigens, zu belassen bedeutet, der Hoheit, der alle Verehrung gebührt, unsere Ehre zu erweisen.

Abgesehen von den Mysterien des Lebens, auch in den kleineren Dingen des täglichen Lebens, ist es umso vorteilhafter, je weniger Worte wir machen. Erklären mehr Worte mehr? Nein, ganz und gar nicht. Es ist nichts weiter als Nervosität, die uns dazu verleitet, hundert Worte zu gebrauchen, um etwas darzulegen, was sehr wohl auch in zwei Worten erklärt werden kann. Aufseiten der Zuhörenden ist es ein Zeichen von mangelnder Intelligenz, wenn sie hundert Worte hören müssten, um Dinge zu verstehen, die sich ebenso gut in einem Wort erklären lassen. Viele Menschen denken, dass mehr Worte den Sachverhalt besser beschreiben. Sie wissen nicht, dass allzu oft mit jedem zusätzlichen Wort ein weiterer Schleier über die Idee geworfen wird. Und am Ende ist man nicht klüger als zuvor.

Respekt, Rücksicht, Hochachtung, Güte, Mitgefühl, Anteilnahme, Vergebung und Dankbarkeit – all diese Tugenden werden noch schöner durch die Feinsinnigkeit des Ausdrucks. Wenn wir uns bedanken, müssen wir keinen Tanz aufführen. Ein einziges Wort des Dankes genügt völlig. Wir müssen nicht die Trommel rühren und verkünden: „Ich habe jemandem vergeben." Es ist nicht nötig, laut heraus zu posaunen: „Ich habe Mitgefühl mit Ihnen, lieber Freund." Hier geht es um feine, zarte Dinge, die erfühlt werden wollen. Sie lassen sich nicht mit viel Lärm zum Ausdruck bringen. Lärm nimmt ihnen nur ihre Schönheit und ihren Wert.

Im Umgang mit spirituellen Ideen und Gedanken ist Feinsinnigkeit noch notwendiger als irgendwo sonst. Wollten spirituelle Menschen ihre Erkenntnisse auf den Marktplatz tragen und mit jeder Person, die gerade vorbeikommt, über das, was sie glauben und nicht glauben, diskutieren, wohin würde das führen?

Worauf gründet sich die Fähigkeit eines spirituellen Menschen, mit allen Leuten auf der Welt in Einklang zu sein? Der Schlüssel zur Kunst des harmonischen Ausgleichs und zur Versöhnung, den geistige Menschen besitzen, ist die Feinsinnigkeit in Wahrnehmung und Ausdruck. Ist Feinsinnigkeit ein Mangel an Offenheit? Bedeutet Feinsinnigkeit Heuchelei?

Nicht im Geringsten. Es gibt viele Menschen, die geradeheraus alles aussprechen und nicht zögern, anderen die Wahrheit zu sagen oder ihnen sogar einen Schlag auf den Kopf zu versetzen. Sie verteidigen ihre Direktheit, indem sie sagen: „Es macht mir nichts aus, wenn es jemanden betrübt oder ärgerlich macht. Ich sage doch nur die Wahrheit." Wenn die Wahrheit so hart wie ein Hammer ist, so ist es besser, sie wird nie ausgesprochen. Möge niemand auf dieser Welt einer solchen Wahrheit folgen!

Worin besteht aber dann jene Wahrheit, die Frieden und Heilung schenkt, die jedes Herz und jede Seele tröstet und besänftigt? Jene Wahrheit, die unsere Seele erhebt, die Harmonie und Schönheit hervorbringt, aus welchem Schoß wird sie geboren? Diese Wahrheit wird aus der Feinsinnigkeit der Intelligenz, der Gedanken, Worte und Handlungen geboren, aus der Feinheit unseres Wesens, die Freude, Zufriedenheit, Schönheit, Harmonie und Frieden hervorbringt.

***

Frage: Würden Sie erklären, wieso das Herz des Menschen das Herz des Universums ist?

Antwort: Im Herzen des Menschen wird das ganze Universum gespiegelt. Und da das Universum im Herzen des Menschen reflektiert wird, lässt es sich als Herz des Universums bezeichnen.

Frage: Was ist das Herz, und was ist die Seele?

Antwort: Stellen Sie sich vor, wir würden eine Lampe, eine brennende Lampe, als Bild für den Menschen benutzen. Dann ist das Leuchten in der Glühbirne die Seele und die Glühbirne das Herz. Das heißt, der innere Teil der Glühbirne wird das Herz, der äußere Teil das Gemüt genannt. Und der Lampenschirm ist der Körper.

Frage: Erklären Sie bitte den Unterschied zwischen einer Kinderseele und einer Erwachsenenseele.

Antwort: Der Unterschied ist derselbe wie zwischen einer reifen und einer unreifen Frucht. Eine erwachsene Person hat mehr Erfahrung im Vergleich zu einem Kind, und durch die größere Erfahrung hat sie mehr gelernt und verstanden. Ebenso kann eine Seele, mag sie auch als Person noch jung sein, ein größeres Verständnis haben, weil die Seele reif ist.

Frage: Wie können wir diese Feinsinnigkeit entwickeln? Ich dachte, sie wäre angeboren und könnte nicht erworben werden.

Antwort: Wenn wir doch nur wüssten, wie wunderbar das Leben eines Menschen ist! Gott sagt: „Ich habe den Menschen nach meinem eigenen Bild erschaffen."[1] Gibt es irgendetwas, das nicht in Gott ist? Wenn aber alle Dinge in Gott sind, dann sind sie auch in den Menschen, die nach Gottes eigenem Bild geformt wurden. Zweifellos können wir jedoch die Dinge, die schon in uns angelegt sind, durch unser Bemühen, sie erwerben zu wollen, noch besser entwickeln. Die Dinge hingegen, um die wir uns nicht bemühen, entwickeln sich nicht weiter.

Oft beobachten wir intelligente Menschen mit einem leistungsfähigen Gehirn, die jedoch nicht willens sind, ihr Gehirn zu sehr anzustrengen. Es geht nicht darum, dass sie Dinge nicht verstehen könnten, sie wollen sich nur nicht die Mühe machen. Wenn jemand es ihnen leicht macht und ihnen die Sachen erklärt, brauchen sie sich nicht selbst anzustrengen. Das sieht man sehr oft. Feinsinnigkeit ist eine sehr subtile Qualität. Sie kann durch die Liebe zur Feinheit erworben werden, nicht nur im menschlichen Charakter, sondern in allem.

Wenn Künstler und Künstlerinnen das Feine und Subtile nicht lieben würden, bliebe ihre Kunst lediglich an der Oberfläche. Sie wird erst lebendig, wenn sie Feinsinnigkeit in ihrem Wesen haben. Wenn Dichter und Schriftstellerinnen lediglich Worte schreiben, die nichts enthalten, so vermitteln sie kein Leben, es bleibt alles nur Struktur. Was macht einen Vers schön? Eine überraschende Redewendung. Die eine Person kann fünf Zeilen schreiben und die Seele des Lesers oder der Leserin mit dem Scharfsinn und der Zartheit ihres Ausdrucks zum Tanzen bringen. Eine andere Person schreibt hundert Zeilen, und es bewirkt nichts. Es sind zu viele Worte, und sie lösen lediglich Müdigkeit aus. Rumis Buch[2] ist schon seit vielen hundert Jahren lebendig, und das Interesse daran wächst stetig. Warum? Weil es von Anfang bis Ende voller Feinsinn und Zartheit ist.

1 Genesis 1:27

2 „Masnavi", das große Spätwerk Rumis, geschrieben 1258-1273, eines der einflussreichsten Bücher des Sufismus.

Wenn wir die Mühe scheuen, Feinsinnigkeit in unserem Wesen, Subtilität in unserer Wahrnehmung und unserem Ausdruck zu entwickeln, sind wir wie trotzige Kinder, die verlangen, dass ihnen das Essen in den Mund geschoben wird. Die Kinder wollen sich nicht die Mühe machen, selber zu essen. Feinsinnige Menschen hingegen sind gewissenhaft, bemüht und wachsam. Sie gehen mit dem Leben um wie mit einem Pferd, halten die Zügel fest in der Hand und lassen es tanzen oder langsam gehen, je nach dem, was sie gerade wollen. Ob wir tanzen, dichten oder singen, in allem, was wir tun, und für alle Aspekte unseres Tuns gilt: Feinsinnigkeit ruft Schönheit hervor. Feinsinnigkeit ist die Locke der Geliebten, ein symbolischer Ausdruck, den Omar Khayyam und die meisten Sufi-Poeten verwenden.[3]

Frage: Wie lässt sich das periodische Kommen und Gehen von bestimmten Ereignissen, Katastrophen, Kriegen etc. erklären, ebenso die Möglichkeit einer rein mathematisch abgeleiteten Deutung des gesamten Lebens in der Astrologie? All diese Dinge sprechen zugunsten der Vorstellung, dass das ganze Leben wie eine automatisch laufende Uhr ist und es keine Freiheit des Denkens und Handels gibt. Bezüglich des frühen Todes eines Babys oder kleinen Kindes, was ist der Sinn dahinter, wenn ein menschliches Wesen stirbt, bevor es eine bestimmte Entwicklung durchlaufen hat? Es hat eher den Anschein einer großen Energieverschwendung und eines tiefen, vergeblichen Schmerzes.

Antwort: Die erste Frage ist, ob das ganze Universum wie ein Automatismus abläuft und kein freier Wille existiert. Die Antwort darauf ist: Ja, der Mensch wird in ein Universum hineingeboren, das automatisch abläuft, und er bzw. sie wird als hilfloses Wesen geboren. Es ist wahr, das ist die Situation. Aber womit wird ein Kind geboren? Mit dem Verlangen, zu tun, was es will. Dieses Verlangen ist der Beweis dafür, dass ein freier Wille existiert, ein freier Wille, der auf die Probe gestellt wird angesichts all der widrigen Umstände und Einflüsse, die auf die Seele einwirken und gegen den freien Willen arbeiten. Sich über all die widrigen Einflüsse zu erheben und den freien Willen voll zum Ausdruck zu bringen, das führt unsere Seele zur Erfüllung ihres Aufenthalts auf Erden.

---

3 In „The Hand of Poetry: Five Mystic Poets of Persia“ (New Lebanon, NY: Omega Publications, 2012) sind einige Vorträge von Hazrat Inayat Khan über die persischen Sufi-Dichter zu finden.

Bei der zweiten Frage geht es um die Gründe für viele Dinge, die ihren Ursprung in diesem automatisch ablaufenden Universum haben, zum Beispiel für den frühen Tod eines Babys kurz nach der Geburt. Wir vermögen den Sinn dahinter nicht zu sehen. Aber in diesem Fall müssen wir verstehen, dass, obwohl es äußerlich gesehen ein automatischer Ablauf ist, im Innern Gott am Wirken ist. Es gibt keinen Mechanismus ohne Ingenieur. Nur dass der Ingenieur nicht dauernd neben der Maschine steht und auch nicht ständig betont, dass er der Ingenieur ist, weswegen wir die Vorstellung haben, dass die Maschine ohne den Ingenieur läuft. Selbst wenn wir wüssten, dass es den Ingenieur gibt, was können wir als kleiner Teil der Maschine über den Plan und das Programm wissen, die für die Wirkung des gesamten Universums entworfen wurden? Wenn jemand davon überhaupt etwas versteht, dann sind es die erwachten Seelen, aber wie viel verstehen sie wirklich? Sie verstehen nur sehr wenig. Und wie und was verstehen sie? Sie können darüber nur das aussagen, was sie sagen können, nämlich dass alles, wie immer gerecht oder ungerecht es uns an der Oberfläche erscheinen mag, am Ende vollkommen ist und sich ins Ganze einfügt – am Ende, wenn das Wirken des ganzen Universums zusammengefasst wird. Ein Spruch, der diese Aussagen bestätigt, findet sich im Vadan[4].

4 Der Spruch lautet: „Wenn du inmitten dieser Welt stehst und das Leben betrachtest, findest du überall Ungerechtigkeit und Chaos. Wenn du dich aber darüber erhebst und von oben herabschaust, so ist alles gerecht und vollkommen und alles scheint am rechten Platz zu sein." (Hazrat Inayat Khan, „Gayan Vadan Nirtan", Verlag Heilbronn, 1996, S. 319, Nr. 1288)

KLAGEN UND LÄCHELN

Zwei unterschiedliche Haltungen teilen die Menschen in die Gruppe der ewig Klagenden und die Gruppe der immer Lächelnden. Das Leben bleibt sich gleich, ob man es nun gut oder schlecht, richtig oder falsch nennt. Es ist, wie es ist, und kann nicht anders sein.

Menschen klagen, um das Mitgefühl anderer zu gewinnen, um ihnen ihre guten Seiten zu zeigen, und manchmal, um zu verdeutlichen, dass sie gerechter, intelligenter als andere und im Recht sind. Sie beklagen sich über alles, über Freund und Feind, über die, die sie lieben, und noch mehr über die, die sie hassen. Sie jammern vom Morgen bis zum Abend und finden kein Ende. Es kann so weit gehen, dass ihnen das Wetter, die Luft und die Atmosphäre nicht behagen. Sie hadern mit der Erde und dem Himmel.

Alles, was andere tun, ist falsch. Das steigert sich zu einem solchen Grad, dass sie sogar ihre eigenen Worte und schließlich sich selbst nicht leiden können. Auf diese Weise wenden sie sich gegen andere Menschen, gegen äußere Umstände und am Ende gegen sich selbst.

Denken Sie nicht, dass dieser Charakter auf der Welt nur selten vorkommt. Im Gegenteil, er ist recht häufig anzutreffen. Wer eine solche Haltung einnimmt, ist gewiss sein eigener schlimmster Feind. Diejenigen mit der rechten Geisteshaltung versuchen, selbst aus Unrecht Recht zu machen, während diejenigen mit einer falschen Geisteshaltung alles, sogar das Recht in Unrecht verkehren.

Jede Seele braucht Magnetismus. Fehlt diese Energie, wird das Leben zur Last. Die Neigung, alles als falsch anzusehen, beraubt uns größtenteils jenes Magnetismus, den wir so sehr im Leben benötigen. Denn es liegt im Wesen des Lebens, dass es von Natur aus nur diejenigen aufnimmt, die mit der Kraft des Magnetismus ausgestattet sind, und alle anderen, die ebenso dazugehören möchten, zurückweist. Anders ausgedrückt, die Welt ist ein Ort, den wir ohne eine Eintrittskarte nicht betreten können, und diese Eintrittskarte ist Magnetismus. Wer sie nicht besitzt, wird überall abgewiesen.

Es gibt viele Menschen, die ständig über ihren Gesundheitszustand klagen. Sie mögen einen Grund haben, doch manchmal ist der Grund sehr geringfügig, in der Tat zu geringfügig, um überhaupt erwähnt zu werden. Und wer sich einmal angewöhnt hat, in negativer Weise auf die wohlwollende Frage „Wie geht es dir?" zu antworten, begießt mit dem Hang zum Klagen die Pflanze der Krankheit im eigenen Innern.

Angesichts all der Begrenzungen und Einschränkungen in unserem Leben auf der Erde, angesichts der wechselvollen und unbeständigen irdischen Annehmlichkeiten und Freuden und der Unwahrhaftigkeit, auf die wir überall stoßen – wollten wir über all das klagen, so würde unser ganzes Leben dafür nicht ausreichen. Es wäre zu kurz. Jeder Augenblick unseres Lebens wäre angefüllt mit Jammern. Der Ausweg heißt: Schau auf die heitere, die freundliche Seite des Lebens. Besonders für diejenigen, die Gott und die Wahrheit suchen, gibt es etwas anderes, worüber sie nachdenken können. Sie brauchen nicht zu überlegen, wie schlecht eine Person ist. Wenn sie stattdessen bedenken, wer hinter dieser Person steht, wer sich im Herzen dieser Person befindet, dann werden sie das Leben voller Hoffnung betrachten. Wenn uns alles verkehrt und falsch erscheint, brauchen wir nur daran zu denken, dass hinter allem Geschehen Gott steht, die göttliche Gerechtigkeit und Vollkommenheit. Dann wird ganz sicher die Hoffnung in uns erwachen.

Heilige zeichnen sich dadurch aus, dass sie auf alles mit einem Lächeln blicken. Ein Lächeln ist der Schlüssel zum Herzen der Menschen. Ein Lächeln für Freundinnen und Freunde, aber auch für Feinde. Auch sie können am Ende mit einem Lächeln gewonnen werden. Wie der Sonnenschein von außen die ganze Welt erhellt, so erleuchtet die Sonne, wenn sie in unserem Inneren aufgeht, das ganze Leben, all seinen scheinbaren Unzulänglichkeiten und Begrenzungen zum Trotz. Gott ist Glück, die Seele ist Glück, Spiritualität ist Glück. Im Reich Gottes gibt es keinen Platz für Traurigkeit. Alles, was uns unseres Lebensglücks beraubt, raubt uns auch Gott und die Wahrheit.

Wir können lernen zu lächeln, indem wir selbst das geringste Gute, das uns im Leben begegnet, wertschätzen und über alles Schlechte, das wir nicht gern sehen wollen, hinwegschauen. Am besten, wir kümmern uns nicht zu viel um unnötige Dinge im Leben, die uns nur Verdruss bereiten, sondern betrachten das Leben aus einer hoffnungsvollen Geisteshaltung und mit optimistischem Blick. Diese zuversichtliche Einstellung wird uns die Macht geben, Unrecht in Recht zu verwandeln und Licht dorthin zu bringen, wo nichts als Dunkelheit herrscht. Heiterkeit bedeutet Leben, schlechte Laune und Verdrießlichkeit bedeutet Tod. Das Leben wirkt anziehend, der Tod abstoßend. Der Sonnenschein, der aus unserer Seele strahlt, durch unser Herz aufsteigt und seinen Ausdruck in einem Lächeln findet, ist in Wahrheit das Licht des Himmels. In diesem Licht blühen viele Blumen und reifen viele Früchte.

***

Frage: In der Bibel steht: „Du sollst nicht töten" und „Liebe deinen Nächsten wie dich selbst".[1] Hat der Staat dennoch das Recht, jemanden zum Tode zu verurteilen?

Antwort: Diese Gebote richten sich nicht an den Staat, sondern an das Individuum. Das Gesetz ist nicht das gleiche. Der Staat ist für viele Individuen verantwortlich, und deshalb sind seine Rechte und Gesetze andere. Nehmen wir an, es wäre den Menschen in den christlichen Ländern möglich gewesen, dieses Gesetz einzuhalten, dann hätte es keine Art von Tötungsdelikten oder Kriegen gegeben. Und nehmen wir an, die Regierung würde es zulassen, dass ein jeder einen Dieb oder Räuber töten könnte, der Staat aber würde sagen: „Wir haben den Befehl, nicht zu töten." Was würde geschehen? Das Töten würde zunehmen, ständig würde es zunehmen.

Außerdem ist zu bedenken, dass die menschliche Natur aus der animalischen Natur hervorgegangen ist. Nicht jeder lebt nach dem Gesetz der Heiligen Schrift. Jeder Mensch ist von Geburt an egoistisch. Jeder Mensch möchte alles bekommen, was er oder sie haben will, selbst um den Preis des Lebens anderer Menschen. Es wäre wunderbar, wenn Revolver oder Schwerter nie mehr gebraucht würden, aber was würde dann geschehen? Würden dann alle Menschen wie Heilige denken? Das Gesetz, das Jesus Christus seinen Jüngern gegeben hat, richtete sich an diejenigen, die auf der Suche nach Gott und der Wahrheit waren. Aber bemühen sich alle Menschen, Gott und die Wahrheit zu finden? Für alle geht es um den Lebenskampf. Deswegen gilt in jedem Fall, dass das Gesetz, das einzelnen Individuen gegeben wurde, nicht auf alle anwendbar ist. Gleichwohl können wir die Schönheit der Lehre nicht leugnen, und sie wird ganz sicher denen helfen, die den Weg der Wahrheit einschlagen auf der Suche nach Liebe und Güte.

---

1 2. Mose (Exodus) 20:13 und Markus 12:31

Ich möchte noch etwas Weiteres sagen. An einer Stelle heißt es in der Bibel: „Du sollst nicht töten." An einer anderen Stelle spricht Jesus davon, das Schwert aus der Scheide zu ziehen.[2] Diesen Hinweis gäbe es nicht, wenn von dem Schwert kein Gebrauch gemacht worden oder seine Verwendung sogar verboten gewesen wäre. Aber abgesehen davon frage ich: Kann man dem Schwert sein Verdienst an der Tatsache absprechen, dass sich die Religion Jesu Christi überall auf der Welt verbreitet hat? Ohne das Schwert hätte sich die christliche Religion nicht verbreitet. Das Blut der Märtyrer und Märtyrerinnen ist das Fundament der Kirche, das Blut derer, die für die Sache, für die Botschaft einstanden. Ohne sie würde die Welt von der Botschaft Jesu nichts wissen. Nur wenigen wäre sie bekannt geworden, und sie wäre erloschen. Aber sie war dazu bestimmt, zu leben.

Das Schwert hat seinen Platz in der Verbreitung der Botschaft. Es spielt eine Rolle in der Übermittlung der Lehre aller Botschafter und Botschafterinnen, nicht nur im Leben Jesu Christi und für seinen Auftrag, sondern auch für den Auftrag der großen Hindu-Lehrer Rama und Krishna. Auch Moses, der weit vor Jesus lebte, musste das Schwert gebrauchen. Heutzutage ist das Schwert nicht mehr so wichtig im Einsatz für die Religionen, aber in der Zeit, als es notwendig war, konnte es nicht geächtet werden. Und selbst heute, würden alle Nationen die Entscheidung treffen, dass es keine Waffen mehr geben dürfte, müsste die Polizei trotz allem Schwerter einsetzen. Die jetzige Situation auf der Welt und die menschliche Natur erlauben nicht, dass die Welt ohne ein Schwert auskommt. Trotzdem müssen wir weiter hoffen, dass die Menschheit sich in der Zukunft fortentwickelt, damit keine Notwendigkeit mehr für das Schwert besteht. Zum augenblicklichen Zeitpunkt ist ein Verzicht darauf jedoch nicht praktikabel.

Wenn wir über moralische Grundsätze diskutieren, dürfen wir die Psychologie nicht unberücksichtigt lassen. Ethische Richtlinien lehren uns, freundlich zu sein und Vergebung zu üben. Wir sollen sogar unser Leben für die Liebe, Wahrheit und Güte einsetzen, wenn es gefordert ist. Aber bedeutet das, dass wir uns vor einen Löwen hinstellen und sagen: „Hier ist mein Leben, eine Beute für dich. Bitte, komm und friss mich"? Der Löwe wird niemals die ethischen Richtlinien verstehen, sondern sich einfach nur freuen und uns verschlingen.

2 „Ich bin nicht gekommen, Frieden zu schenken, sondern das Schwert." (Matthäus 10:34)

Es gibt Menschen, die schlimmer sind als Löwen. Eher wird der Löwe sich an die moralischen Grundsätze halten als diese Menschen. Und es gibt viele solcher Menschen. Was machen wir mit ihnen? Sie werden uns das Leben nehmen und dazu alles, was wir besitzen. Der Löwe lässt wenigstens die Knochen zurück, nicht aber diese Menschen. Sie verwerten jedes Stück von uns, sogar unsere Haut. Gleichgewicht ist nötig: Wir müssen sowohl die Moral als auch die Psychologie verstehen. Wenn es eine Diskrepanz zwischen Moral und Psychologie gibt, dann gerät auch die Religion aus dem Gleichgewicht. Religion ist nicht nur für Heilige. Heilige brauchen sie nicht. Religion muss ausgewogen sein. Sie wird von Zeit zu Zeit allen Menschen als Botschaft überbracht, damit sie erkennen, was für sie richtig ist und was Gott wirklich von ihnen verlangt.

Frage: Wenn eine Person mit einer heiteren Gesinnung mit einer anderen Person zusammenlebt, die eine mürrische Geisteshaltung hat, und sie sieht, dass die eigene Fröhlichkeit die andere Person sogar ärgerlich macht, was kann sie tun? Ist Takt die einzige Lösung?

Antwort: Sehen Sie, Verdrießlichkeit ist eine Eigenschaft der Kinderseele. Die traurige Seele ist keine Erwachsenenseele. Behandeln Sie die Kinderseele wie ein Kind. Nehmen Sie es sich nicht zu Herzen, nehmen Sie es nicht zu ernst. Betrachten Sie selbst die Tränen dieser Person als Blütenblätter, die von einer Blume abfallen. Ein Kind weint sehr leicht, und das gilt auch für die betreffende Person. Heitern Sie sie in dem Augenblick, wenn sie weint, nur auf. Wenn Sie Mitgefühl zeigen, verstärken Sie nur ihren Trübsinn. Übernehmen Sie nicht ihre Traurigkeit, sagen Sie nur: „So schlimm ist das gar nicht. Alles wird gut."

Und dann noch etwas: Es geht darum, das Bewusstsein der anderen Person aufzuhellen. Ihr Bewusstsein ist in einer Art Netz gefangen. Heben Sie es hoch. Es gleicht einem gefangenen Vogel. Heben Sie es aus diesem Netz heraus. Lassen Sie nicht zu, dass Ihr eigenes Gemüt davon infiziert wird. Wenn Sie es zulassen, dann übernehmen Sie den Erreger dieser Krankheit, und langsam, aber sicher wird sich diese Krankheit in Ihnen ausbreiten. Der Weg, sich davor zu bewahren, ist, stets Stimmungen wie Traurigkeit oder Depression von sich zu weisen, in sich selbst und in anderen.

Frage: Warum sagen die Bauern, dass die Saat bei zunehmendem Mond gesät werden muss und nicht bei abnehmendem Mond? Übt der Mond tatsächlich einen Einfluss aus und warum?

Antwort: Die Sufis sagen das Gleiche wie die Bauern: „Starte jedes Vorhaben bei Neumond, nicht bei abnehmendem Mond." Denn auf diese Weise sind wir in Harmonie mit der Natur. Bei Neumond entfaltet die Natur ihre Kräfte, bei abnehmendem Mond zieht sie ihre Kräfte zurück. Neumond ist der anbrechende Tag der Natur, der abnehmende Mond ist ihre Nacht. Tagsüber ist Arbeit angesagt, nachts Ruhe.

Frage: Könnten Sie uns die Bedeutung der Zeile aus dem Vaterunser „Und führe uns nicht in Versuchung"[3] erklären? Führt uns Gott jemals in Versuchung?

Antwort: Es ist nur eine Sache der Interpretation. Wir müssen verstehen, dass Jesus diese Worte dreihundert Jahre vor ihrer endgültigen Kanonisierung ausgesprochen hat. Zudem gab es verschiedene Versionen und Interpretationen in unterschiedlichen Sprachen. All diese Dinge gilt es zu bedenken. Wenn ich diese Worte interpretieren soll, würde ich sagen: „Gib, dass wir nicht in Versuchung geführt werden."

Frage: „Vergib uns unsere Schuld, wie auch wir vergeben unseren Schuldigern."[4] Wie sollen wir das verstehen? Und was ist, wenn wir nicht vergeben?

Antwort: Hier ist ein Vorschlag: „Vergib uns unsere Schuld, wie auch wir vergeben unseren Schuldigern" bedeutet nur „Wir bemühen uns, anderen ihre Schuld zu vergeben, und daher erwarten wir, dass Du uns ebenso vergibst." Es heißt nicht, dass wir es schon getan haben, sondern nur, dass wir versuchen, es zu tun. Wir müssen bedenken, dass wir die Vergebung Gottes nicht erwarten können, sofern die Vergebung noch nicht in unserem Herzen erwacht ist. Die psychologische Erklärung dafür ist, dass die Vergebung Gottes angezogen und aktiviert wird vom Geist der Vergebung, der in unserem Herzen erwacht ist. Abgesehen von der Beziehung zwischen Gott und Mensch, auch in der Beziehung zwischen Menschen gilt dieses Prinzip: Wenn zum Beispiel diejenigen, die in ihrem eigenen Leben uns gegenüber Vergebung praktiziert haben, einmal ein Unrecht begehen, so

3 Matthäus 6:13
4 Ebd.

werden wir ihnen bereitwillig verzeihen. Sie haben uns vergeben, und wir tun gerne dasselbe für sie. Bei anderen Menschen, die uns nicht verziehen haben, fällt es uns hingegen – trotz guten Willens – eher schwer, denn sie machen es uns nicht leicht zu vergeben. Ist dieses Beispiel nicht auch eine gute Erklärung dafür, dass wir Gott helfen, uns zu vergeben, wenn wir uns selbst vergeben?

IM STILLEN WIRKEN

Arbeiten, ohne viel Aufhebens davon zu machen, ist die beste Art zu arbeiten. Das gilt für alle Bereiche des Lebens, daheim und außerhalb des Hauses. Die meisten Menschen wissen die Arbeit in der Stille nicht genug zu schätzen, und doch ist sie so notwendig, um Ordnung, Harmonie und Frieden im Leben zu schaffen. Oft wird wenig getan und viel darüber geredet. Die Leute machen meist viel Lärm um jede erledigte Kleinigkeit. Dadurch ziehen sie aber eher Schwierigkeiten an, anstatt eine Sache erfolgreich abzuschließen.

Das Wichtigste in der Entwicklung des Charakters ist, dass wir das Geheimnis und die Merkmale der menschlichen Natur verstehen. Wir müssen wissen, dass alle Menschen auf Erden ihr eigenes Lebensziel, ihre eigenen Interessen und ihren eigenen Standpunkt haben und dass sie um sich selbst kreisen. Wenn wir sie für unsere Angelegenheiten interessieren oder ihnen unsere Sichtweise aufzwingen wollen, stören wir ihren Frieden. Mögen sie uns auch noch so nahe und lieb sein, es ist ihnen unangenehm. Nur sehr wenige Menschen berücksichtigen das. Stattdessen neigen sie dazu, ihre eigenen Sorgen und Schwierigkeiten über andere auszuschütten, die ihnen nahe stehen, weil sie denken: „Alle haben das gleiche Interesse an meiner Sache wie ich selbst" und „alle sehen die Dinge wie ich selbst" und „alle werden sich freuen, mir zuzuhören."

Es gibt dazu eine Geschichte über eine Person, die jemanden neu kennengelernt hatte und anfing, von ihren Vorfahren zu erzählen. Sie redete so lange, bis die Geduld des Zuhörers völlig erschöpft war und er schließlich das Gespräch mit der Bemerkung beendete: „Ich interessiere mich nicht einmal für meine eigenen Vorfahren, was gehen mich dann die Ihrigen an?"

Viele Menschen berichten ihren Nachbarn begeistert von jedem Schnupfen und Husten, der sie befallen hat. Jeden kleinsten Gewinn oder Verlust möchten sie am liebsten mit Pauken und Trompeten verkünden. Sie verhalten sich wie Kinder. Diese Neigung verrät eine unreife Seele. Manchmal schreckt ihr Mitteilungsbedürfnis befreundete Menschen ab und bietet ihren Feinden einen Vorteil.

Menschen, die viel Lärm um ihr Wirken machen, erreichen wenig. Mit ihrem Lärm locken sie zehn weitere Menschen an, die kommen und sich einmischen und die Arbeit behindern, die eine einzige Person mit Leichtigkeit selbst vollenden könnte. Der Grund für all das Getue ist eine innere Unruhe, und diese Unrast ist ein Zeichen von *tamas*, dem Rhythmus der Zerstörung. Wer es im Leben zu Erfolg brachte, hat im Stillen gearbeitet. In allen Lebensbereichen, in Handel und Industrie, in Kunst und Wissenschaft, in Bildung und Politik erweist sich als klug, wer in der Stille arbeitet und von den Dingen redet, wenn der rechte Zeitpunkt gekommen ist, nicht vorher. Wer über seine Vorhaben spricht, bevor sie vollendet sind, ist wie ein Koch, der seine Speisen in der ganzen Nachbarschaft anpreist, noch bevor sie gekocht sind.

Eine Geschichte aus dem Orient erzählt von einem eifrigen Diener. Sein Herr hatte Kopfschmerzen und beauftragte den Diener, eine Medizin aus der Apotheke zu holen. Der Diener fand, es wäre nicht ausreichend, nur die Medizin zu besorgen. Er bestellte den Arzt und sprach auf dem Heimweg noch beim Beerdigungsunternehmer vor. Zu Hause fragte sein Herr: „Warum kommst du so spät?" Der Diener antwortete: „Herr, ich habe alles arrangiert." Eifer ist zwar sehr hilfreich im Leben, Eifer ist kreativ und ein Schlüssel zum Erfolg. Aber Übereifer verdirbt oft alles.

Je weiser Menschen sind, desto behutsamer gehen sie mit allem um, was sie tun. Im Englischen bedeutet „Gentleman" wörtlich „ein Mann mit Zartgefühl". Ein „Gentleman" ist ein Mann, der alles in der Stille macht. In einer Fabel heißt es, dass ein Esel zu einem Kamel ging und sagte: „Gevatter, lass uns Freunde sein und zusammen auf der Weide grasen." Das Kamel antwortete: „Kind, ich gehe lieber allein." Darauf erwiderte der Esel: „Ich möchte aber so gerne mit dir gemeinsam gehen." Da willigte das gutmütige Kamel ein, und sie begaben sich zusammen auf die Weide. Lange bevor das Kamel mit dem Grasen fertig war, hatte der Esel schon damit aufgehört. Jetzt brannte er darauf, vor lauter Freude zu schreien. Er sagte: „Gevatter, ich habe das Bedürfnis zu singen, wenn es dir recht ist." Das Kamel antwortete: „Tu das bitte nicht, es wird für uns beide schlimme Folgen haben. Außerdem habe ich meine Mahlzeit noch nicht beendet." Aber der Esel hatte keine Geduld. Er konnte seine Freude nicht länger beherrschen und begann zu singen. Da kam der Bauer, der das Geschrei hörte, mit einem langen Knüppel angelaufen. Der Esel rannte davon, sodass das Kamel die ganzen Prügel abbekam. Als am nächsten Morgen der Esel das Kamel erneut zum gemeinsamen Grasen einlud, sagte das Kamel: „Ich bin zu übel zugerichtet. Meine Art und deine Art passen nicht zusammen. Von heute an trennen sich unsere Wege."

Der Unterschied zwischen einer lärmenden und einer stillen Person ist beträchtlich. Die eine ist wie ein unruhiges Kind, die andere wie ein Erwachsener. Die eine zerstört, die andere baut auf. Es gilt, das Wirken in der Stille in jeder Form und in allen Bereichen zu üben. Wenn wir viel Lärm um nichts machen, bringen wir Unruhe und Störungen in die Atmosphäre. Es ist eine nutzlose Aktivität ohne irgendein Ergebnis. Auch die Neigung zur Übertreibung, wenn wir versuchen, aus einer Mücke einen Elefanten zu machen, ist lautes Getue. Bescheidenheit, Demut, Behutsamkeit, Milde – all diese Tugenden zeichnen diejenigen aus, die ihr Leben lang im Stillen wirken.

***

Frage: Sind *jalal, jamal* und *kamal* dasselbe wie *rajas, sattva* und *tamas*?[1]

Antwort: Ja, *jalal* ist *rajas, jamal* ist *sattva* und *kamal* ist *tamas.*

Frage: Gibt es überhaupt keinen Unterschied zwischen ihnen?

Antwort: Doch, es gibt einen Unterschied, aber nur einen sehr kleinen.

Frage: Wenn *kamal* Trägheit ist, heißt das, dass alles Augenblicke der Ruhe hat, und wenn das so ist, wie oft gibt es diese Ruhepausen?

Antwort: Die Ruhephase zwischen dem Leben und dem Jenseits wird als Fegefeuer bezeichnet. Entsprechend gibt es auch zwischen Tätigkeiten immer eine Lücke. Zum Beispiel besteht zwischen zwei Schritten eine Lücke, ebenso wie zwischen dem Ausatmen und Einatmen. Deshalb gibt es in jedem Moment, in jedem Atemzug einen Augenblick von *kamal.*

Beim Atmen tritt alle Dreiviertelstunde eine kurze Zeitspanne auf, in der sich der Atem verändert. Auch da ist *kamal* wirksam. Zu gewissen Tageszeiten fühlt man sich träge, schwermütig oder verworren: ein Ergebnis von *kamal. Kamal* zeigt keine Neigung zu Aktionen. Ebenso gibt es bestimmte

1 Jalal ist Stärke, jamal ist Schönheit und kamal ist Gleichgewicht. Rajas, sattva und tamas sind im Hinduismus die drei gunas, die grundlegenden Kräfte, aus denen die Welt und alles, was erfahrbar ist, besteht.

Tage in der Woche, an denen man trotz aller Einsatzfreude nicht arbeiten mag: wiederum *kamal*.

Kamal kann einige Menschen ihr ganzes Leben lang befallen. Sie sehen keinen Ausweg, sie empfinden das ganze Leben als Stillstand, alles erscheint ihnen still und bewegungslos. Das ist ein bedauernswerter Zustand, der in eine Art von psychischer Krankheit mündet. Die Menschen entwickeln schließlich das Verlangen, Selbstmord zu begehen. Eine andere Form dieser Störung ist der Hang, mit anderen zu streiten. Hier besteht Hoffnung, weil noch Aktivität vorhanden ist. Der Grund für diese Krankheit ist eine Störung des Atems. Würden diese Menschen richtig atmen, könnten sie geheilt werden. Sie brauchen mehr Gleichmäßigkeit im Atem.

Es gibt auch einen guten Typus von *kamal*. Er beschreibt die Ausgeglichenheit, wie sie bei Weisen zu sehen ist. Wenn man auf den Lichtschalter drückt, geht das elektrische Licht aus. Ebenso stellen die Weisen, wenn sie im *kamal*-Zustand sind, für eine gewisse Zeit die Aktivität ihres Geistes ab. Sie tun es absichtlich und bewusst, weil sie eine Ruhezeit brauchen. Wenn jedoch ganz gewöhnliche Menschen diese Trägheit des *kamal*-Zustands spüren, dürfen sie ihr nicht nachgeben, denn es würde sich für ihr Gemüt wie der Tod anfühlen.

Frage: Müssen wir uns nicht gegen diese Trägheit wehren?

Antwort: Nein, es hat keinen Zweck, gegen die Trägheit anzukämpfen. Stattdessen sollten wir unseren Geist auf unsere Interessen lenken. Die Welt bietet uns so viele schöne Dinge wie Poesie, Musik und die Natur.

NEUGIER

Zur menschlichen Natur gehört eine Eigenschaft, deren Ursprung in der Wissbegierde liegt. Die Wissbegierde ist der Wunsch, Wissen zu erwerben. Wenn diese Wissbegierde missbraucht wird, entwickelt sie sich zur Neugier. Es ist wunderbar, dass auf dem Grund all unserer Schwächen eine gute Eigenschaft liegt. Erst der falsche Gebrauch der guten Eigenschaft macht aus ihr eine Schwäche.

Sobald uns bewusst wird, wie kurz unser Leben hier auf Erden ist, wird jeder Augenblick für uns kostbar, und wir erkennen, dass wir unsere Zeit Dingen widmen sollten, die es wirklich wert sind. Geben wir hingegen der Neugier großen Raum in unserem Leben, um über die Angelegenheiten anderer Leute Bescheid zu wissen, verschwenden wir unsere Zeit. Wir hätten sie für weitaus sinnvollere Zwecke einsetzen können.

Das Leben bringt zahlreiche Verantwortlichkeiten und Pflichten mit sich. Es gibt so vieles, was wir an uns selbst verbessern können. So viel von dem, was wir getan haben, müssen wir wiedergutmachen. Wir müssen uns um unsere eigenen Angelegenheiten kümmern und unser Leben in Ordnung bringen. Auf diesem Hintergrund erscheinen uns Menschen wie betrunken, wenn sie alle Verantwortlichkeiten und Pflichten beiseiteschieben und stattdessen ihren Geist und ihre Ohren in den Dienst der Neugier stellen. Uns wurde der freie Wille gegeben, damit wir unsere eigenen Pflichten erfüllen, unsere eigenen Ziele erreichen und unsere eigenen Angelegenheiten erledigen. Wenn wir den freien Willen einsetzen, um etwas über andere herauszufinden, über ihre Schwächen, Mängel und Fehler, dann missbrauchen wir ganz klar den freien Willen.

Manchmal sind die Menschen wissbegierig, weil sie ein echtes Interesse am Leben ihrer Mitmenschen haben, aber oft genug sind sie neugierig aus krankhaften Motiven. Sie interessieren sich nicht wirklich für die Sache der anderen, sondern ziehen einfach nur Befriedigung daraus, alle möglichen Dinge über andere zu hören und zu erfahren. Doch ist nicht die Kenntnis über das Leben anderer das Ideal der Philosophen, sondern Selbsterkenntnis.

In der Persönlichkeitsentwicklung gibt es zwei Phasen. In der einen Phase schauen wir auf andere, in der zweiten auf uns selbst. Wenn die erste Phase beendet ist und die nächste einsetzt, dann starten wir unsere Reise zu dem ersehnten Ziel. Rumi sagt: „Zerbrich dir nicht den Kopf über andere, denn du hast genug zu tun, über dich selbst nachzudenken."

Zudem ist es ein Zeichen großen Respekts gegenüber Älteren und gegenüber Menschen, die wir verehren, nicht mehr über sie wissen zu wollen, als sie uns gestatten. Sogar in sehr engen Verwandtschaftsbeziehungen wie zwischen Eltern und Kindern zeugt es von großem Takt, wenn beide Seiten die Privatsphäre der jeweils anderen respektieren. Die Neigung, immer alles von unseren Mitmenschen wissen zu wollen, verrät sehr oft einen Mangel an Vertrauen. Wer vertraut, hat es nicht nötig, etwas zu enthüllen oder aufzudecken, was verdeckt ist. Wer das Verlangen spürt, etwas zu enthüllen, möchte es erkennen. Aber wenn es etwas gibt, das wir zuallererst erkennen sollten, dann ist es unser eigenes Selbst.

Die Zeit, die wir damit verbringen, andere zu erforschen, ihr Leben, ihre Fehler und Unzulänglichkeiten, können wir ebenso gut nutzen, um unsere eigene Seele zu erforschen. Die Wissbegierde ist der Seele angeboren, nur sollten wir unterscheiden, was wissenswert ist und was nicht. So viele Dinge sind es einfach nicht wert, sich darüber Gedanken zu machen. Wenn wir unsere Zeit und unser Denken einsetzen, etwas wissen zu wollen, was wir nicht wissen müssen, verspielen wir im Leben die Chance, das Wesen und das Geheimnis der Seele zu entdecken. Aber genau darin liegt die Erfüllung unseres Lebenszwecks.

***

Frage: Sie erwähnten neulich, dass es so etwas wie Traurigkeit nicht gibt. Aber warum sagte Jesus dann: „Meine Seele ist voller Traurigkeit"[1] und auch: „Mein Gott, mein Gott, warum hast du mich verlassen?"[2] Ist das nicht tragisch? Und gibt es keine Tragik im Leben?

Antwort: Wir müssen neben der göttlichen Seite in allererster Linie die menschliche Seite im Leben des Meisters kennenlernen. Wäre die menschliche Seite nicht so wichtig, warum würde Gott eine Botschaft an die Menschheit von einem Menschen übermitteln lassen? Warum nicht von Engeln? Weil nur ein Mensch die Menschen und die menschlichen Begrenztheiten kennt. Die menschliche Seite ist das Schönste im Leben

1 Markus 14:34
2 Matthäus 27:46

des Meisters. Würde er keine Traurigkeit spüren, wie könnte er dann Mitgefühl mit anderen haben? Wäre er ganz und gar vollkommen gewesen, warum wäre er dann auf Erden geboren?

Der Sinn dahinter ist, dass wir uns aus der Begrenzung hin zur Vollkommenheit entwickeln. Wären wir alle von Kindheit an weise, warum sollten wir dann auf die Erde kommen? Die Schönheit liegt doch gerade darin, Weisheit zu erlangen, indem wir Fehler machen und Misserfolge erleben. Alles Leiden im Leben ist wertvoll und trägt dazu bei, dass wir den Sinn unseres Aufenthalts auf Erden erkennen.

KLATSCH UND TRATSCH

Erinnern wir uns, dass der Hang zu Klatsch und Tratsch einen Mangel an edler Gesinnung in unserem Charakter anzeigt. Es ist zwar natürlich und doch ein großer Charakterfehler, der Neigung, über andere zu reden, nachzugeben. Bemerkungen über andere hinter ihrem Rücken zu machen, zeugt erstens von einer sehr schwachen Persönlichkeit. Zweitens richtet es sich gegen das, was wir als Offenheit bezeichnen, und obendrein fällen wir damit ein Urteil über andere, was nach der Lehre Jesu Christi ein Unrecht ist. Er sagt: „Richtet nicht, auf dass ihr nicht gerichtet werdet."[1]

Wenn wir nicht gegen diese Impulse in uns angehen, entwickeln wir Gefallen an übler Nachrede. Das ist ein sehr weit verbreiteter Charakterfehler. Sobald sich zwei Menschen begegnen, die beide diese Neigung haben, beginnen sie über andere zu tratschen. Eine Person ermuntert und stimuliert die andere. Und wenn zwei Personen dasselbe tun und sich gegenseitig darin bestätigen, dann wird dieses Verhalten notwendigerweise zu einer Tugend, wenn auch nur für den Moment.

Allzu oft vergessen wir, wenn wir über eine dritte Person sprechen, dass zwar diese Person abwesend, Gott aber gegenwärtig ist. Gott hört alles und weiß alles. Gott als schöpferische Kraft kennt alle Geschöpfe, ihre Tugenden und ihre Fehler. Es missfällt Gott, von Mängeln und Schwächen seiner bzw. ihrer Geschöpfe zu hören, ebenso wie es Künstlerinnen und Künstlern missfällt, wenn über ihre Werke abfällig gesprochen wird. Auch wenn sie die Mängel in ihrer Kunst nicht leugnen, möchten sie doch lieber selbst diese Mängel herausfinden, anstatt von anderen davon zu hören.

Wenn jemand über eine andere Person herzieht, mögen die Worte diese Person vielleicht nicht erreichen, wohl aber die Gefühle. Sensible Personen spüren, wenn Menschen schlecht über sie gesprochen haben. Und wenn sie ihnen dann begegnen, können sie all die abfälligen Bemerkungen in ihren Gesichtern lesen, falls sie empfindsam genug sind und einen klaren Blick haben.

---

1 Matthäus 7:1-3

Die Welt gleicht einem Haus voller Spiegel. Einer spiegelt sich im anderen wider. In dieser Welt, wo so vieles verborgen erscheint, bleibt in Wirklichkeit nichts verborgen. Früher oder später tritt es zutage und offenbart sich unserem Blick. Nur wenige Menschen wissen, welche Wirkung es auf unsere eigene Persönlichkeit hat, wenn wir schlecht über andere sprechen, und welchen Einfluss es auf unsere Seele ausübt.

Nicht nur dass unser Ich im Innern einem Kuppelgewölbe gleicht, wo alles, was wir sagen, ein Echo hat; dieses Echo wirkt auch schöpferisch und macht das Gesprochene zur Wirklichkeit. Wir entwickeln in unserem Wesen alles Gute und Schlechte in dem Maße, wie wir uns dafür interessieren. Solange unsere Fehler klein sind, bemerken wir sie nicht, und so kommt es, dass sie anwachsen können, bis Enttäuschung und Misserfolg daraus resultieren.

Das Leben ist so kostbar, und es wird umso wertvoller, je klüger und vernünftiger wir werden. Jeder Augenblick des Lebens kann für ein höheres Ziel eingesetzt werden. Das Leben ist eine Chance. Je mehr wir das erkennen, desto mehr werden wir uns bemühen, das Beste aus dieser Chance, die uns das Leben bietet, zu machen.

GROSSZÜGIGKEIT

Der Geist der Großzügigkeit in unserem Wesen bahnt einen Weg zu Gott, denn Großzügigkeit ist expansiv und spontan. Es liegt in ihrer Natur, dass sie einem weiten Horizont entgegenstrebt. Deswegen kann Großzügigkeit auch als Herzensgüte bezeichnet werden. Großzügigkeit muss nicht notwendigerweise und immer in Form von Geldspenden zum Ausdruck kommen. Sie kann sich auch in ganz kleinen Dingen zeigen.

Großzügigkeit ist eine Haltung, die in jede kleinste Wohltat einfließen kann, die wir Menschen erweisen, mit denen wir im Alltag in Berührung kommen. Ein Lächeln, ein freundlicher Blick, ein warmer Händedruck, ein ermutigendes, anerkennendes, liebevolles Schulterklopfen für einen jungen Menschen, in solchen Gesten können wir unsere Großzügigkeit zum Ausdruck bringen. Sie zeigt sich auch, wenn wir unseren Mitmenschen einen Gefallen tun, sie willkommen heißen oder von Freunden und Freundinnen liebevoll Abschied nehmen. In Gedanken, Worten und Taten, auf jede Art und Weise kann sich unsere großzügige Gesinnung offenbaren. Sie ist ein Zeichen für *wali*, die Gottgefälligen.

Großzügigkeit wird in der Bibel mit dem Wort „Nächstenliebe" bezeichnet. Aber wenn ich das Wort Großzügigkeit interpretieren sollte, würde ich es „Seelenadel" oder „Edelmut" nennen. Weder Rang, Stellung noch Macht kann jemandem Adel verleihen. Wahrhaft edel sind diejenigen, die großzügig im Herzen sind. Was also ist Großzügigkeit? Sie ist edle Gesinnung, sie ist Weite des Herzens, Großherzigkeit. Je großherziger wir werden, desto weiter wird unser Horizont, und wir entdecken immer größere Räume, in denen wir das Reich Gottes aufbauen können.

Depression, Verzweiflung und jede Art von Kummer und Traurigkeit sind die Folge eines Mangels an Großherzigkeit. Woher kommt die Eifersucht, woher Herzschmerz und Neid? Das alles erwächst aus mangelnder Großzügigkeit.

Menschen mögen keine einzige Münze mehr in der Tasche haben, und doch können sie großzügig und edelmütig sein. Dazu brauchen sie nur ein großes Herz voll freundlicher Gefühle. Das Leben hier auf Erden bietet uns unabhängig von unserer Position so viele Gelegenheiten, unsere Großherzigkeit unter Beweis zu stellen.

Die Unberechenbarkeit und Unaufrichtigkeit der menschlichen Natur, die Rücksichtslosigkeit und Gedankenlosigkeit derer, denen wir im Leben begegnen, der Egoismus, die Habgier und Korruption, die unsere Seele verstören und quälen – all diese Situationen sind Prüfungen und Herausforderungen, die jede Seele mitten im weltlichen Leben durchstehen muss. Wenn wir in all diesen Prüfungen und Herausforderungen am Grundsatz der Nächstenliebe festhalten und geradewegs auf unseren Bestimmungsort zugehen, ohne uns durch die aus allen vier Ecken der Welt kommenden Einflüsse auf unserer Reise zum Ziel aufhalten zu lassen, dann lernen wir, das Leben zu beherrschen und zu steuern. Dann haben wir unser Leben im Griff, auch wenn wir am Ende unserer Reise keine einzige Münze mehr besitzen. Was uns reich macht, ist nicht der irdische Reichtum. Wahren Reichtum erwerben wir, wenn wir die Goldmine entdecken, die im menschlichen Herzen verborgen ist und aus der sich die großzügige Lebenshaltung entwickelt.

Der Prophet wurde einmal gefragt, wer die größte Tugend besitze: die Frommen, die unablässig beten, die Reisenden, die eine heilige Wallfahrt unternehmen, diejenigen, die Tage und Nächte lang fasten, oder diejenigen, die die Heilige Schrift auswendig lernen. „Keiner von allen", antwortete der Prophet, „hat so viel Größe wie die menschliche Seele, die ihr ganzes Leben lang Nächstenliebe aus ihrem Herzen verströmt."

***

Frage: Wer sind die größten Heiligen, diejenigen, die ihren Willen an Gottes Willen ausrichten, oder diejenigen, die das stärkste Mitgefühl mit ihren Mitmenschen haben?

Antwort: Letztere.

Frage: Die Geschichte vom Engel Iblis und die vom Engel Luzifer, sind das sinngemäß die gleichen Geschichten?

Antwort: Ja.

Frage: Ist in dem Ausdruck „Einflüsse, die aus allen vier Ecken der Welt kommen" irgendeine Symbolik verborgen? Was meinen Sie damit?

Antwort: Sie kommen von allen Seiten.

Frage: Wenn alles eine eigene Bedeutung hat, gibt es dann einen Grund, warum der Schrei eines Esels so fürchterlich melancholisch klingt?

Antwort: Damit wird ausgedrückt, dass Geschrei ein Zeichen von Dummheit, Stille hingegen ein Zeichen von Weisheit ist.

Frage: Gibt es irgendeinen Zusammenhang mit der Tatsache, dass der Esel ein Kreuz auf dem Rücken hat?

Antwort: Ja, der Grund dafür ist, dass der Esel alle Lasten auf seinem Rücken trägt. Das Kreuz ist ein Zeichen für seine Ergebenheit. Er unterwirft sich dem Willen seines Herrn, indem er ihm seinen Rücken zur Verfügung stellt.

Frage: Besteht auch ein Zusammenhang mit der Tatsache, dass Jesus am Karfreitag auf dem Rücken eines Esels nach Jerusalem einzog?

Antwort: Das ist das Privileg derer, die dienen. Wer dient, wie bescheiden die Leistung auch sein mag, erhält damit das Vorrecht, sogar Gott zu dienen. Es ist sehr schwer herauszufinden, was jemanden berechtigt, Privilegien zu bekommen. Manchmal scheint es, als ob diejenigen Privilegien erhalten, die es am wenigsten verdienen.

Eine Geschichte erzählt vom Übergang des Propheten in das Jenseits. An dem Tag, an dem Mohammed diese Welt verließ, ging er vorher in die Moschee, um dort an den letzten Gebeten teilzunehmen. Nachdem die Gebete beendet waren, hielt er eine Ansprache. Er teilte den Gläubigen mit, er habe einen Ruf von oben empfangen, dass er seine Mission erfüllt habe und nun diese Welt verlassen müsse. Diese Nachricht löste bei seinen Anhängern eine große Panik aus. Viele waren ihm sehr treu ergeben. Dann sagte er noch, wenn er jemals zu irgendeiner Zeit auch nur das Geringste gesagt habe, womit er das Missfallen irgendeiner Person ausgelöst habe, möge sie es ihm hundertfach vergelten. Oder wenn er irgendetwas von irgendwem ausgeliehen habe, solle der oder diejenige ihn jetzt bitten, es zurückzugeben, bevor er sich auf die Reise begebe. Wenn er irgendwelche Personen beleidigt habe, so mögen sie es hundertfach erwidern. Und wenn er in irgendeiner Weise Menschen verletzt oder geschädigt habe, möchte er dasselbe von ihnen erleiden, bevor er diese Welt verlassen würde. Seine Anhänger und Schülerinnen hatten so großen Respekt vor dem Propheten und waren ihm so ergeben, dass sie alle sprachlos waren, geschweige denn seinen Aufforderungen nachkommen konnten. Sie fanden keine Worte, um dem Propheten ihre Dankbarkeit auszudrücken.

Nur einer, ein ungehobelter, aber ehrgeiziger Mann, stand auf und sagte: „Prophet, ich erinnere mich, dass du mich eines Tages mit einer Peitsche geschlagen hast. Da du es so willst, werde ich deinem Befehl nachkommen." Der Prophet erwiderte: „Ich erinnere mich nicht mehr daran, aber ich freue mich, wenn du mir zehn Mal mehr Schläge versetzt als ich dir." Da wurde die Panik in der Moschee noch größer. Der Mann näherte sich dem Propheten mit seiner Peitsche und erklärte: „Ich erhielt die Hiebe damals auf meinem bloßen Rücken." Also zog der Prophet sein Hemd aus. Aber anstatt ihm Peitschenhiebe zu versetzen, küsste der Mann den Rücken des Propheten. Er glaubte nämlich, dass ein Siegel des Prophetentums auf Mohammeds Rücken lag. Das war sein Glaube, und um das Privileg zu erhalten, den Rücken des Propheten berühren zu dürfen, erfand er diese Geschichte. Nach außen erscheint sein Verhalten wie eine Anmaßung, doch in seinem Innern war es Ergebenheit. Oft erwerben Menschen also Privilegien mit Methoden, die falsch erscheinen. Aber Hingabe erweist sich immer als wahrhaftig, in welcher Form sie auch zum Ausdruck kommt.

Frage: Was bedeutet der Glaube, dass ein Glas, wenn es ohne sichtbaren Grund zerbricht, den Tod einer geliebten Person ankündigt, die in weiter Ferne lebt?

Antwort: Sehr oft ist das wahr. Manchmal ist es eine Gedankenform, die es bewirkt, manchmal der Einfluss eines Geistwesens, manchmal auch der Einfluss des Todes selbst, der seine Schwingungen durch alles hindurch verbreitet. Wenn das Glas zufällig von diesen Schwingungen getroffen wird und dieser Strom mit hoher Intensität das Glas berührt, dann bricht es. Aber es bedeutet nicht, dass wir immer, wenn ein Glas zerbricht, es als Warnung ansehen müssen. Das wäre ja schrecklich.

Frage: Ich dachte, das Zerbrechen eines Glases bringe Glück.

Antwort: Ich würde zumindest annehmen, dass der Gedanke „Scherben bringen Glück" auf jeden Fall viel Unglück von uns fernhält, wenn wir so denken.

Der Inhalt des Buchs „Die Kunst der Persönlichkeit“ („The Art of Personality“) stammt aus einer Reihe von Vorträgen, die Hazrat Inayat Khan während der Sommerschule in Suresnes, Frankreich, vom 14. Juli - 12. September gehalten hat. Diese Vorträge wurden zuvor unter dem Titel „Creating the Person: A Practical Guide to the Development of Self" (New Lebanon, NY: Suluk Press, 2013) veröffentlicht. Jeanne Koré Salvato und Vakil Nancy Wilson, die Herausgeberinnen von „Creating the Person“, stellten den Text auf der Grundlage authentischen Quellenmaterials zusammen, wie es in „The Complete Works of Pir-o-Murshid Hazrat Inayat Khan: Original Texts: Lectures on Sufism, 1923“, vol. 2 (London: East-West Publications, 1988) zu finden ist.

DIE KUNST DER PERSÖNLICHKEIT

DANKBARKEIT

Dankbarkeit im Charakter ist wie der Duft in einer Blüte. Im Charakter der Menschen, die keine Dankbarkeit zeigen, wie gebildet und kompetent sie auch sein mögen, fehlt die Schönheit, die einer Persönlichkeit Duft verleiht.

Dankbarkeit heißt, jede noch so geringe Wohltat, die uns jemand erweist, bewusst wahrzunehmen. Wenn wir auf die Freundlichkeit anderer Menschen mit Wertschätzung antworten, fördern wir die Entwicklung einer dankbaren Gesinnung in unserem Wesen. Und dadurch, dass wir Dankbarkeit lernen, erheben wir uns in einen Zustand, in dem wir die Güte und Barmherzigkeit erkennen, die Gott uns erweist und für die wir niemals dankbar genug sein können.

Saadi, ein großer Dichter unter den Sufis, lehrt, dass Dankbarkeit das Mittel ist, mit dem wir die Gunst der Vergebung und Gnade Gottes auf uns ziehen, die unserer Seele Erlösung bringt. Es gibt so vieles im Leben, wofür wir dankbar sein können, trotz all der Schwierigkeiten und Mühsal im Leben. Saadi sagt: „Sonne und Mond, Wolken und Regen, alle sorgen für deine Nahrung."[1] Und es wäre wirklich ungerecht, wenn wir diese Geschenke nicht dankbaren Herzens anerkennen.

Wir können die Güte Gottes nicht auf einmal erfassen. Es braucht Zeit, sie zu verstehen. Aber wir sind fähig, kleine Akte der Freundlichkeit, die wir von unseren Mitmenschen empfangen, zu verstehen, und dafür können wir dankbar sein, sofern wir es denn wollen. Auf diese Weise entwickeln wir Dankbarkeit in unserem Wesen und bringen sie als erlesene Form der Schönheit in unserem Denken, Sprechen und Handeln zum Ausdruck. Solange wir abwägen und aufrechnen in dem Sinne: „Was habe ich für dich getan, und was hast du für mich getan", und „Wie nett war ich zu dir, und wie gut warst du zu mir", verschwenden wir unsere Zeit im nutzlosen Vergleich von Dingen, die sich nicht in Worte fassen lassen. Zudem verstopfen wir damit den Quell der Schönheit, der aus dem Strom der Dankbarkeit entspringt.

1 Aus dem Golestan von Saadi Shirazi (1210-1291), persischer Dichter und Mystiker

Die erste Lektion, die wir auf dem Weg der Dankbarkeit lernen können, ist, vollständig zu vergessen, was wir für andere tun, und nur im Gedächtnis zu behalten, was andere für uns getan haben. Während der ganzen Reise auf dem spirituellen Weg geht es in erster Linie darum, dass wir es schaffen, unser falsches Ego zu vergessen. Nur auf diese Weise können wir vielleicht irgendwie zur Erkenntnis jenes Wesens gelangen, das wir Gott nennen.

Es war einmal ein Sklave mit Namen Ayaz. Er wurde mit neun anderen Sklaven vor den König gebracht, der einen von ihnen als Leibdiener auswählen wollte. In seiner Weisheit gab der König jedem der zehn Sklaven ein Weinglas in die Hand und befahl ihnen, es auf den Boden zu werfen. Alle gehorchten dem Befehl. Darauf fragte der König jeden Einzelnen: „Warum hast du so etwas getan?", und neun von ihnen antworteten: „Weil Eure Majestät uns den Befehl gegeben haben." Das war die einfache Wahrheit, trocken und klar. Als der zehnte, Ayaz, an die Reihe kam, sagte er: „Vergib mir, oh König, es tut mir leid." Er wusste ja, dass der König seinen eigenen Befehl kannte und er ihm mit der Antwort „weil Eure Majestät es befohlen haben" nichts Neues sagen würde.

Die Schönheit seiner Entgegnung gefiel dem König so gut, dass er Ayaz zum königlichen Leibdiener erwählte. Es währte nicht lange, bis Ayaz das Vertrauen und Wohlwollen des Königs erworben hatte und der König ihm die Aufsicht über die Schatzkammer übertrug, wo kostbare Juwelen aufbewahrt wurden. Der schnelle Aufstieg Ayaz' vom Sklaven zum Schatzmeister des Königs, einer sehr begehrten Stellung, machte viele Leute am Hof neidisch.

Als sie erfuhren, dass Ayaz hoch in der Gunst des Königs stand, fingen sie an, zahlreiche Gerüchte über Ayaz in Umlauf zu bringen, um ihn beim König in Ungnade fallen zu lassen. So erzählten sie, Ayaz ginge täglich in die Schatzkammer und würde nach und nach die Juwelen, die in der Schatztruhe verwahrt wurden, stehlen. Der König aber erwiderte: „Nein, das kann ich nicht glauben. Das müsst ihr mir beweisen."

Da führten sie den König zu einer Stelle, wo er durch ein Loch in der Wand in die Schatzkammer schauen und alles, was dort vor sich ging, beobachten konnte. Er sah, wie Ayaz die Kammer betrat und den Deckel der Schatztruhe öffnete. Und was nahm er heraus? Seine alten zerschlissenen Kleider, die er als Sklave getragen hatte. Er küsste sie, hielt sie gegen seine

Augen und legte sie dann auf den Tisch, auf dem er Weihrauch entzündet hatte. Was er tat, war für ihn eine heilige Handlung.

Dann zog er die alten Kleider an, stellte sich vor den Spiegel und sprach zu sich selbst, als würde er ein Gebet sprechen: „Höre, oh Ayaz, und schau, was du einst warst. Es ist der König, der dir die Aufsicht über seine Schätze anvertraut hat. So betrachte diese Aufgabe als allerheiligste Pflicht und diese Ehre als dein Privileg, und vergelte die Güte des Königs mit deiner Liebe. Wisse, dass es nicht dein Verdienst ist, dem du diese hohe Stellung verdankst. Denke immer daran, dass der König in seiner Größe, Güte und edlen Gesinnung deine Schwächen übersehen und dir den Rang und die Position übertragen hat, die dir jetzt Ehre verschaffen. Drum vergiss niemals deinen ersten Tag, den Tag, an dem du in diese Stadt gekommen bist. Die Erinnerung an diesen Tag wird deine Seele in angemessener Einstimmung halten."

Darauf zog Ayaz die Kleider wieder aus, legte sie zurück an den sicheren Ort und verließ die Schatzkammer. Und wen sah er draußen? Er sah den König, der Ayaz, als er sich vor ihm verneigen wollte, stürmisch in seine Arme schloss und sagte: „Was für eine Lehre hast du mir erteilt, Ayaz."

Diese Lehre müssen wir alle beherzigen, gleich, in welcher Position wir uns befinden. Denn vor dem König, in dessen Gegenwart wir alle Sklaven sind, darf nichts uns vergessen lassen, wie hilflos wir einmal waren. Wir wurden als hilflose Kinder aufgezogen und durften aus der Hilflosigkeit herauswachsen, wir wurden zum Leben erweckt, damit wir das Leben erkennen und gestalten und in Freuden leben können.

***

Frage: Würden Sie bitte erklären, was Sie meinen, wenn Sie davon sprechen, Musik auf spirituelle Weise zu hören? Können wir populärer Musik zuhören wie zum Beispiel Musikstücken, die auf einer Drehorgel auf der Straße gespielt werden?

Antwort: Aber auf der Straße sitzen wir doch nicht und meditieren! Einmal geht es beim Musikhören um den technischen Entwicklungsstand. Wenn Menschen sich in ihrer musikalischen Technik weiterentwickeln und bessere Musik wertschätzen, dann fühlen sie sich durch technisch minderwertige Musik gestört. Aber dann gibt es den spirituellen Zugang zur Musik, die nichts mit Technik zu tun hat. Hier geht es darum, mithilfe von Musik in eine hohe Einstimmung zu kommen. Deshalb ist für einen spirituellen Menschen der Qualitätsgrad der Musik nicht wichtig. Natürlich, je besser die Musik, desto hilfreicher ist sie für spirituelle Menschen. Je höher die Musik, desto besser. Aber gleichzeitig müssen wir bedenken, dass gewisse Lamas in Tibet sich in den Zustand der Konzentration oder Meditation mit einer Art Rassel versetzen, die nicht besonders melodiös klingt. Dabei schätzen und fördern sie durchaus alles, was dazu beiträgt, dass Menschen mithilfe von Schwingungen in höhere Sphären erhoben werden. Zweifellos gibt es nichts Besseres als Musik für den Aufschwung unserer Seele.

Frage: Worin besteht die höchste Auffassung von Freiheit?

Antwort: Die höchste Auffassung von Freiheit stellt sich ein, wenn wir unser Selbst von unserem falschen Ego befreit haben, wenn wir nicht mehr die sind, die wir waren. Wir können uns auf verschiedene Weise für Augenblicke ein Gefühl von Freiheit verschaffen, aber die wahre Freiheit liegt in uns selbst. Wenn unsere Seele frei ist, kann uns nichts auf der Welt mehr binden. Dann werden wir Freiheit atmen, im Himmel und auf Erden.

Frage: Ist es kleinlich, kritisch in unserer Wertschätzung von Dingen zu sein, die unserem Schönheitsgefühl zuwiderlaufen?

Antwort: Wenn wir unseren Schönheitssinn entwickeln, sind wir natürlich kritisch gegenüber allem, was unserem Maßstab von Schönheit nicht entspricht. Aber wenn wir dieses Stadium durchlaufen haben, dann bietet uns der nächste Entwicklungszyklus eine ganz andere Erfahrung. Auf dieser Stufe entfaltet sich das göttliche Mitgefühl. Es ermöglicht uns, dass wir sozusagen allem, dem es an Schönheit mangelt, das Fehlende hinzufügen und auf diese Weise alles in Vollkommenheit verwandeln. Darin besteht die Kontemplation der Seele.

Frage: Sie sagten neulich, dass ein Ausdruck der Dankbarkeit nicht stärker wird, wenn wir ihn wiederholen. Neigt aber ein dankbares Herz nicht dazu, sich zu wiederholen?

Antwort: Ja, ganz sicher tut es das. Wenn ich mich so ausgedrückt habe, dann in dem Sinne, dass man die Wiederholung zu einer Art mechanischem Verhalten machen kann. Sehr oft wird „Danke“ im Übermaß benutzt, sodass es fast seine Bedeutung verliert. Aber mit dem Wort *namaz,* das „Gebet" bedeutet, wird im Sufismus die Wiederholung der Dankbarkeit bezeichnet. Sie verleiht unserer Seele eine Stimme, und das Echo dieser Stimme erreicht Gott in unserem Innern. Deshalb ist das laute Rezitieren des Gebets wirksamer als der bloße Gedanke daran. Es ist wie der Unterschied zwischen dem Denken und dem Singen eines Liedes. Das ist ein sehr großer Unterschied. Beim Singen eines Liedes stillen wir unser Verlangen, wenn wir es nur denken, stellt sich keine Befriedigung ein.

Frage: Worin besteht der Unterschied zwischen dem Denken an eine Melodie und dem Singen der Melodie?

Antwort: Wenn wir eine Melodie in Gedanken durchgehen, erzielen wir eine halbe Wirkung auf die Seele; erst das Singen der Melodie macht die Wirkung vollständig. Aber Singen und Denken gleichzeitig erhöht die Wirkung zehnfach. Denn oft sind wir mit unserer Stimme gegenwärtig, aber unser Geist ist ganz woanders, und wir denken nicht an das, was wir singen.

Frage: Besteht die Schwierigkeit darin, die Gedanken festzuhalten, wenn wir singen?

Antwort: Im Singen können wir einen Gedanken besser behalten, als wenn wir nicht singen und uns nur wünschen, den Gedanken festzuhalten. Singen fördert die Konzentration sehr stark.

Frage: Ist es ein großer Nachteil für einen Menschen, ohne ein gutes Hörvermögen geboren zu sein?

Antwort: Ja, denn was von den Ohren empfangen wird, das reicht tiefer in die Seele als das, was auf irgendeine andere Weise aufgenommen wird. Weder durch Riechen noch durch Schmecken oder Sehen dringt die Schönheit so tief in unser Innerstes als durch Hören.

DIE KUNST DER PERSÖNLICHKEIT

Es ist eine Sache, ein Mensch zu sein, und eine andere Sache, eine Person zu sein. Ein Mensch wird zur Person, indem er seine Persönlichkeit entwickelt und seine Individualität zur Vollendung bringt. Hierin liegt der ganze Sinn unseres Aufenthalts auf Erden verborgen. Engel wurden geschaffen, um den Lobgesang Gottes zu singen, Dschinns wurden geschaffen, um zu denken, zu träumen, zu meditieren. Aber wir Menschen sind erschaffen, damit wir wahre Menschlichkeit in unserem Charakter entwickeln. Das ist es, was eine Person ausmacht.

Vieles im Leben ist schwierig, doch das Schwierigste von allem ist, die Kunst der Persönlichkeit zu lernen, zu verstehen und zu praktizieren. Es wird gesagt, dass Gott die Natur erschaffen hat und der Mensch die Kunst. Aber in Wahrheit bringt Gott durch die Entwicklung der menschlichen Persönlichkeit die göttliche Kunst zur höchsten Vollendung. Jesus Christus wurde nicht um seiner Lehre willen von seinen Anhängern und Verehrerinnen geliebt. Über seine Lehren diskutierten sie vergeblich. Nein, sie liebten und bewunderten ihn um dessentwillen, was er selber war. Was heißt es, wenn Jesus zu den Fischern sagte: „Kommt, folgt mir nach, ich will euch zu Menschenfischern machen“[1]? Es bedeutet: Ich will euch die Kunst lehren, eine Persönlichkeit zu sein. Diese Kunst wird zu einem Netz im Meer des Lebens werden. Denn jedes Herz, welche Entwicklungsstufe es auch erreicht hat, wird von der Schönheit, die in der Kunst der Persönlichkeit liegt, angezogen.

Was suchen wir in einem anderen Menschen? Was erwarten wir von unseren Freundinnen, unseren Freunden? Wir möchten vielleicht, dass sie reich und von hohem Rang sind oder über große Macht, wunderbare Fähigkeiten und weitreichenden Einfluss verfügen; aber in allererster Linie erwarten wir von befreundeten Personen menschliche Qualitäten – das heißt, die Kunst der Persönlichkeit. Wenn bei ihnen die Kunst der Persönlichkeit fehlt, sind all die oben erwähnten Dinge nutzlos und wertlos.

Nun erhebt sich die Frage, wie wir die Kunst der Persönlichkeit lernen können. Wir lernen sie, indem wir die Kunst und die Schönheit in all

1 Matthäus 4:19

ihren verschiedenen Aspekten lieben. Künstler entwickeln ihre Kunst dadurch, dass sie die Schönheit bewundern. Wer Einblick in die Schönheit erlangt, lernt die Kunst aller Künste, und das ist die Kunst der Persönlichkeit. Menschen können tausend Fähigkeiten aufweisen, eine hohe gesellschaftliche Stellung innehaben oder eine wichtige Position bekleiden, sie mögen alle Güter dieser Erde besitzen, doch wenn sie nicht über die Kunst der Persönlichkeit verfügen, sind sie in Wirklichkeit arm. Nur diese Kunst bringt im Menschen den Seelenadel und die Herzensbildung zum Ausdruck, die dem Reich Gottes angehören.

Die Kunst der Persönlichkeit ist keine Qualifikation. Sie ist das Ziel, für das die Menschheit erschaffen wurde. Sie führt uns zu diesem Ziel und bringt uns die Erfüllung, in der wir vollkommene Zufriedenheit finden. Mit dieser Kunst tun wir nicht nur uns selbst einen Gefallen, sondern sind auch Gott gefällig.

All die Schattenspiele hier auf Erden werden inszeniert, um den Herrscher des Universums, den die Hindus Indra nannten und vor dem *gandharvas* sangen und *apsaras*[2] tanzten, zu erfreuen. Dieser Mythos besagt, dass es das Ziel einer jeden Seele ist, am Hofe Indras zu tanzen. Es geht darum, zu lernen, einen vollendeten Tanz aufzuführen, und das heißt in Wahrheit, die Kunst der Persönlichkeit zu lernen. Wenn wir argumentieren: „Aber wie soll ich tanzen, ich kann doch nicht tanzen", dann arbeiten wir gegen unsere eigene Bestimmung. Denn keine Seele wurde erschaffen, um abseits zu stehen und zuzuschauen. Jede Seele wurde erschaffen, um am Hofe Indras zu tanzen. Diejenigen, die sich diesem Auftrag entziehen, beweisen damit, dass sie die große Aufgabe nicht verstehen, für die dieses ganze Theater auf Erden inszeniert wurde.

***

Frage: Bitte können Sie uns sagen, ob Schutzimpfungen erstrebenswert sind?

Antwort: Nun ja, alles ist erstrebenswert, wenn es richtig gebraucht wird, und alles ist nicht erstrebenswert, wenn es missbraucht wird. De

2 Gandharvas und apsaras sind Geistwesen, die den Göttern und Göttinnen dienen. Sie kennen die Geheimnisse des Himmels und der göttlichen Wahrheit. Die gandharvas unterhalten die Götter und Göttinnen mit Musik, die apsaras, ihre weiblichen Gefährtinnen, mit Tanz.

facto liegt einer Impfung derselbe Geist zugrunde, den Shiva Mahadeva[3] als Hatha Yoga lehrt. Von Mahadeva wird berichtet, dass er Gift zu trinken pflegte und mit der Einnahme des Gifts die Wirkung des Gifts überwand. Mahadeva war der Wagemutigste unter den Asketen. Das Zeichen dafür ist die Schlange, die er um seinen Hals trägt. Mal im Ernst, würde Ihnen das gefallen? Könnten wir einen so freundlichen Umgang mit einer Schlange pflegen, dass sie sich um unseren Hals windet, dann könnten wir auch ganz gelassen in der Gegenwart von Menschen sitzen, die wir nicht mögen. Hass, Vorurteile, Nervosität im Zusammensein mit Menschen, die wir nicht mögen, werden nicht aufkommen, wenn wir eine Schlange um unseren Hals ertragen, wenn wir den bitteren Kelch des Gifts nehmen und davon trinken, was eigentlich unserer Natur widerstrebt. Wenn unsere Seele einmal gegen alles angekämpft hat, was Angst und Schaudern und den Impuls, zurückzuweichen und wegzulaufen, in ihr auslöst, dann hat sie das Leben besiegt und ist zur Gebieterin über das Leben geworden. Sie hat das Reich Gottes erobert.

Sicherlich sind die Methoden, die Shiva anwendet, extrem. Niemand kann Schülern und Schülerinnen in unserer modernen Welt, in der die Angst herrscht, derartige Methoden empfehlen. Und die Impfungen resultieren aus der Angst. Beim Impfen nehmen wir ein Gift zu uns, das wir fürchten, ein Gift, das eines Tages in irgendeiner Form auf uns zukommen könnte. Wir könnten es mit dem Atem aufnehmen, mit dem Wasser oder der Nahrung, und die Krankheitskeime könnten in unseren Körper eindringen.

Ich habe von einem Freund gehört, dass ein Mann in der Schweiz den größten Teil seines Lebens daran gearbeitet hat, die Krankheitskeime der Schwindsucht, der Tuberkulose, zu extrahieren, um sie Menschen zu injizieren, damit sie im Krankheitsfall geheilt werden. Und er hatte damit ziemlich großen Erfolg. Natürlich regt sich meist gegen solche neuen Methoden ein beträchtlicher Widerstand, zugleich aber macht das Prinzip dahinter sehr viel Sinn. Diese Gedanken führen uns zu einer höheren Einsicht und einem weiteren Blickwinkel auf das Leben. Sie lassen uns erkennen: Sogar das, was wir als Tod bezeichnen – wenn es in einen Kelch gefüllt und uns zum Trinken gereicht würde –, könnte uns ins Leben führen.

3 Mahadeva (großer Gott) ist ein Beiname des Gottes Shiva.

Frage: Der Vedanta spricht von vierzehn *lokas*[4]. Was ist ein *loka*, und was ist *pata loka*?

Antwort: Diese vierzehn Ebenen der Existenz sind eine Vorstellung der Metaphysik. Die Sufis nennen sie *chauda tabaq*. Damit werden vierzehn verschiedene Erfahrungen beschrieben, die das Bewusstsein mithilfe der Meditation erreichen kann.

Frage: Sind diese *lokas* aufgeteilt auf die sieben Ebenen?

Antwort: Nicht auf die Engel- und Dschinnebene. Aber in der Erfahrung dieser vierzehn Ebenen werden auch die *lokas* der Dschinn und Engel berührt.

Frage: Die Griechen sagen, dass sich eine Seele manchmal aus Versehen mit einem Tierkörper anstatt mit einem menschlichen Körper verbindet, obwohl sie für ein vollkommeneres Instrument ausgestattet ist. Stimmt das?

Antwort: Fehler verfolgen die Seele überall, wohin sie auch geht. Sie ist ihnen immer ausgesetzt. Sie sind da, ob auf der Erde oder auf der Dschinnebene.

Frage: Ist es nicht merkwürdig, dass Gott das ganze Universum geschaffen haben soll, um überall das Gotteslob zu hören? Ist Gott nicht zu erhaben für den Wunsch, das eigene Lob zu vernehmen?

Antwort: Nein, Gott geht es nicht darum, selbst das Lob zu hören. Das Gotteslob ist eine Anweisung für die Menschen, die uns helfen soll, den Geist zu entwickeln, der uns näher zu Gott führt. Anders ausgedrückt: mit dem Gotteslob vollenden wir die Kunst, die unserer Seele die Erfüllung während unseres Aufenthalts auf Erden bringt.

Frage: Was ist der beste Weg für Künstlerinnen und Künstler, Inspiration zu erhalten: abwarten, beten oder unablässig weiterarbeiten, bis die Inspiration sich einstellt?

Antwort: Alle drei Wege zusammengenommen. Während sie ihre Arbeit tun, können sie gleichzeitig warten. Sie müssen die Pinsel nicht beiseitelegen und warten, sondern können weiterarbeiten. Sie müssen nicht in

4 Als lokas werden im Hinduismus die 14 Welten oder Ebenen bezeichnet, 7 höhere und 7 niedere Ebenen.

eine Ecke gehen und um Inspiration bitten, sondern können es während der Arbeit tun, alles zur gleichen Zeit.

Frage: Wen meinen Sie mit Indra?

Antwort: In diesem Zusammenhang ist es Gott selbst. Es ist ein Bild. Für jedes *manvantara*[5] gibt es einen *bodhisattva* und einen *manu. Bodhisattva* entspricht *nabi* und *manu* ist *rasul.* Dieses sind Bezeichnungen für Menschen, aber jeder dieser Begriffe hat auch eine bestimmte Bedeutung. *Manu* ist die Bezeichnung für Menschen, die die Grenzen der menschlichen Vollkommenheit berührt haben. Es bedeutet, dass sie, auch in der Bezeichnung *rasul* und *maitreya,* die Höhen der menschlichen Vollkommenheit erreicht haben. Diese Namen sind sehr bedeutsam. Diejenigen, die *manu* genannt werden, haben sich in diesem Leben als Freunde oder Freundinnen für alle, die ihnen begegnet sind, erwiesen. Als Nächstes geht es darum, sich als Freund oder Freundin Gottes zu zeigen. Das ist *rasul,* die Erfüllung. Sie haben bewiesen, dass sie allen Seelen freundschaftlich gesonnen sind. Es ist die vollendete Güte, in der alle spirituelle Vollkommenheit liegt, wenn der Geist der Freundlichkeit sich so weit entwickelt hat, dass man ein Freund oder eine Freundin aller Menschen ist. Auf dieser Stufe kann niemand sagen: „Es gibt eine Person auf der Welt, die ich nicht ertragen kann, die ich hasse." Wer dieses Stadium erreicht hat, dessen Name geht in die Geschichtsschreibung der spirituellen Welt ein.

Das Wort *bodhisattva* bedeutet weise, Weisheit, bis an die Grenzen der Weisheit, die Vollkommenheit der Weisheit, wo zwei entgegengesetzte Pole eins werden, wo die Schlange ihren Schwanz ins Maul nimmt, ein Bild, das als Symbol der Weisheit gilt. Es erklärt, warum die Weisen mit allen Menschen in Einklang sind, mit den weisen und den dummen.

---

5 Manvantara ist das Zeitalter eines manu.

FEINGEFÜHL

Jeder Impuls übt einen Einfluss auf Wort und Tat aus. Seine volle Kraft geht in unsere Worte und Taten ein, sofern wir sie nicht kontrollieren. Es gibt zwei Typen von Menschen: Die einen haben in sich die Kraft ausgebildet, ihre Worte und Handlungen zu beherrschen, damit sie nicht mit voller Macht und Schroffheit zum Ausdruck kommen. Die anderen lassen, ohne darüber nachzudenken, ihren Impulsen freien Lauf und sie unkontrolliert in ihr Sprechen und Handeln einfließen. Menschen des ersten Typus besitzen Feingefühl, letztere sind ganz gewöhnliche Menschen.

Feingefühl ist das wesentliche Kennzeichen in der Kunst der Persönlichkeit. Es ist offensichtlich, dass Einfühlsamkeit in allen Formen der Kunst eine wesentliche Rolle spielt, in der Malerei und Grafik, in Linie und Farbe. Einfühlsamkeit und Sanftmut sprechen die Seele am stärksten an. Das Gleiche gilt für die Musik. Musiker und Musikerinnen können äußerst virtuos sein, die schnellsten Tempi und jegliche Technik beherrschen, doch womit sie wirklich Schönheit hervorbringen, das ist ihr einfühlsamer Umgang mit ihrem Instrument.

Feingefühl ist vor allem eine Art Kultiviertheit. Und woher kommt sie? Sie entwickelt sich aus Rücksicht und zeigt sich in unserer Fähigkeit zur Selbstbeherrschung. Im Osten gibt es ein Sprichwort: „Je schwächer wir sind, desto schneller werden wir ärgerlich." Der Grund liegt darin, dass schwache Menschen keine Kontrolle über ihre Nerven haben. Oft führt ein Mangel an Selbstbeherrschung zu einem Mangel an Feingefühl. Ohne Zweifel entwickeln wir Einfühlsamkeit durch Rücksichtnahme. Wir müssen lernen, nachzudenken, bevor wir etwas sagen oder tun. Außerdem dürfen wir beim Reden oder Handeln die Idee der Schönheit nicht vergessen. Wir müssen wissen, dass es nicht genügt, einfach loszureden oder zu agieren. Vielmehr ist es notwendig, dass wir alles in Schönheit sagen oder tun.

Selbst die Kultiviertheit einer Nation oder ethnischen Gruppe zeigt sich im Einfühlungsvermögen der Menschen, die ihr angehören. Im Einfühlungsvermögen finden auch die Fortschritte in der Entwicklung der Seele ihren Ausdruck. Sowohl in Nationen und ethnischen Gruppen als auch in

Individuen lässt sich erkennen, dass sie in ihrer Entwicklung rückständig sind, wenn ihnen das Feingefühl fehlt.

Es scheint, dass im gegenwärtigen Zustand der Welt die Kunst der Persönlichkeit sehr vernachlässigt wurde. Die Leute sind berauscht von einem Leben, in dem Habsucht und Gier herrschen. Der Geist des Konkurrenzkampfes und des Konsums hält die Menschen in Atem, um ihre Bedürfnisse im täglichen Leben zu stillen. Dabei haben sie die Schönheit, nach der sich ihre Seele sehnt, aus den Augen verloren. Ihr Interesse an den verschiedenen Bereichen des Lebens – Wissenschaft, Kunst, Philosophie – bleibt unbefriedigt, solange die Kunst der Persönlichkeit fehlt. Wie treffend unterscheidet die englische Sprache zwischen „man“ und „gentleman“ – zwischen dem einfachen Mann und dem kultivierten Mann mit Feingefühl.

***

Frage: Sie sprachen von Mahadeva als Leitfigur der Asketen. War er nicht eine göttliche Inkarnation?

Antwort: Sicher war er das.

Frage: Könnten Sie uns bitte erklären, was wir an der Schönheit von Löwen und Tigern so sehr bewundern? Sie sind nicht gerade sanft und einfühlsam.

Antwort: Wir bewundern sie, wenn sie im Käfig sind. Wir würden sie nicht mehr bewundern, wenn sie freigelassen sind. Erinnern wir uns daran, dass häufig in den Zeitungen sehr positive Berichte über Zeppeline erscheinen, die so wunderschön am Nachthimmel aussehen. Ebenso finden wir Berichte darüber, wie herrlich doch die deutsche Armee marschierte. Auch sie wurde bewundert. Doch war es nur Bewunderung? Also, wir bewundern den Tiger und den Löwen. Aber wir würden sie noch viel mehr bewundern, wenn sie sanft wären.

Frage: Wenn die Engelebene dasselbe ist wie das, was im Vedanta als *buddhi* bezeichnet wird, was ist dann das, was der Vedanta *atma* nennt?

Antwort: *Buddhi* hat eine etwas andere Bedeutung. *Buddhi* ist nicht unbedingt eine Ebene. *Buddhi* ist Intelligenz, Vernunft, Sinn. *Atma* ist die Seele. Die essenzielle Natur der Seele ist *buddhi*, die Vernunft in ihrer

Essenz, reinste Intelligenz. Wenn die Seele von der Dschinnebene kommt, durchquert sie dann nicht die astrale Welt? Aber jetzt möchte ich nicht noch weitere Begriffe einführen. Ich habe nur die Dschinn- und Engelebene erwähnt, um das, was ich über die Manifestation zu sagen habe, zu vereinfachen. Deshalb ist es auch nicht sinnvoll, diese Ideen, die Ihnen vermittelt wurden, mit Begriffen noch weiterer Ebenen zu vermischen.[1]

Frage: Ist Feingefühl nicht die größte Kraft?

Antwort: Ja, Feingefühl ist wie die Kraft des Wassers. Wasser hat viel Kraft, doch wenn ein Steinbrocken im Weg ist, fließt es weiter, indem es ihn umspült, anstatt ihn zu zerbrechen. Es weicht zur Seite, denn Wasser gibt nach. Genauso ist das Feingefühl.

Frage: Was aber geschieht, wenn Menschen nicht auf das Feingefühl hören?

Antwort: Dann müssen wir mit ihnen in ihrer eigenen Sprache reden. Aber nur, wenn es nötig ist. Besser ist, wir können es vermeiden. Feingefühl wird letzten Endes immer seinen Wert beweisen. Nur in dem Fall, wenn wir mit Leuten nicht zurechtkommen, können wir ihre Sprache lernen. Es spricht doch nichts dagegen, eine Sprache zu lernen, oder?

Frage: Steht Parvati[2] für eine Qualität, oder war sie eine reale Frau?

Antwort: Sie war eine reale Frau. Sie war Mahadevas Ehefrau, aber sie steht auch für die Eigenschaft von *purusha*.[3]

Frage: Können Sie uns etwas über die Bedeutung der Askese im spirituellen Leben sagen?

Antwort: Ich denke, dass Menschen mit einem Hang zur Spiritualität, in deren Wesen Spiritualität angelegt ist und die etwas Wertvolles im spiri-

---

1 Diese Begriffe werden gründlicher behandelt in Band 1 der vorliegenden Reihe der Sufi-Botschaft von Hazrat Inayat Khan: „Das innere Leben“, Verlag Heilbronn, 2018

2 Parvati ist eine hinduistische Göttin, die den mütterlichen, sanften und fürsorglichen Aspekt der Großen Göttin verkörpert.

3 Purusha bezeichnet den Geist, die Seele, das metaphysische Bewusstsein im Gegensatz zu prakriti, die Urmaterie, die Natur, die Welt der Phänomene. Purusha und pakriti sind in der Samkhya-Philosophie die zwei Urprinzipien, auf die die Welt zurückgeführt wird.

tuellen Bereich beitragen sollen, schon mit mehr oder weniger starken asketischen Neigungen geboren werden. Bei einer Person mögen sie ausgeprägter sein als bei einer anderen, aber ein gewisser Hang zur Askese findet sich in jeder Seele, die für ein spirituelles Leben geboren ist. Nun zu der Frage nach den Eigenschaften von Asketen. Es sind Unabhängigkeit, Gleichmut, Liebe zum Alleinsein. Asketen sind eigenständig, streng, egoistisch, stolz, enthaltsam, kontemplativ, versonnen, visionär, zurückgezogen, nachdenklich und weise. Damit habe ich alle guten und schlechten Eigenschaften benannt.

Frage: Ist „egoistisch" eine der schlechten Eigenschaften?

Antwort: Am Ende wird ohnehin alles gut.

Frage: Wie kann jemand egoistisch und zugleich weise sein?

Antwort: Nun ja, es gibt viele Arten egoistischer Menschen. Egoismus hat gute und schlechte Seiten. Egoistisch bedeutet selbstsüchtig, und Selbstsucht kann zu Grausamkeit, Tyrannei, Ungerechtigkeit und Unaufrichtigkeit führen. Eine andere Seite einer egoistischen Person ist Stolz, Unabhängigkeit und Gleichmut, die Zufriedenheit mit sich bringen. Außerdem, wenn die wahre egoistische Person das Ego, das vor ihr steht, beobachtet, so verwandelt es sich mit der Zeit von einem steinernen Idol zu einem lebenden Wesen. Es wird lebendig. Es entwickelt sich zu genau dem Ziel, das wir ersehnen. Deshalb ist die wahre egoistische Person richtig, und nur die falsche egoistische Person ist falsch.

Frage: Würden Sie sagen, dass es im spirituellen Leben für alles eine Zeit gibt?

Antwort: Ja, für alles gibt es eine Zeit. Das ist so.

Frage: Egoistische Menschen verletzen immer jemanden.

Antwort: Das ist die falsche Seite des Egos. Es gibt verschiedene Stadien des Egos. In den verschiedenen Stadien sind jeweils andere Dinge richtig. Eine Sache, die einst falsch war, ist zu einer anderen Zeit richtig.

Alias, ein bedeutender Dichter und Komponist, sprach von bestimmten Attributen, welche die Qualitäten einer großen Seele kennzeichnen: Sie pflegen ununterbrochene Kontemplation, respektieren die Würde des Namens und zeigen Achtung vor der Position anderer Menschen; sie stehen auf der Seite derer, die kapitulieren; sie richten diejenigen auf, die auf der Erde ganz unten gelandet sind; sie würdigen selbst die Talentlosen wegen ihrer Verdienste; sie geben Wissen an die weiter, die unwissend sind; sie versorgen Erwerbslose, z. B. geben sie den Kranken Medikamente; ihre Gegenwart verscheucht die Depression; sie erweisen denjenigen Ehre, die von niemandem geehrt werden; sie beschützen die Schutzlosen, und sie wirken konstruktiv durch ihren positiven Einfluss auf alles, was sie berühren. In diesen großen Seelen können wir Gott finden.

DIE NEIGUNG, ANDERE ZU ÜBERREDEN

Hinter den menschlichen Antrieben ist eine Tendenz verborgen, die als Neigung, andere Menschen zu überreden, beschrieben werden kann. Sie äußert sich sowohl in grober, ungeschliffener Form als auch auf verfeinerte Weise. In der groben Form ist sie ein grober Fehler und in der verfeinerten Form ein feiner Fehler.

Menschen, die ihre Überredungsabsichten auf grobe Weise zum Ausdruck bringen, zwingen andere, ihnen zuzustimmen oder zuzuhören oder zu tun, was sie wollen, indem sie kämpfen, streiten und unangenehm werden. Oft setzen solche Menschen ihre Wünsche durch, weil sie einen starken Willen haben oder aufgrund ihrer höheren Position im Leben. Das ermutigt sie, in derselben Weise fortzufahren, bis ihre Methode vielleicht irgendwann einmal in einer Enttäuschung endet.

Die andere Art der Überredung ist behutsamer. Diese Menschen setzen andere unter Druck, indem sie deren Freundlichkeit, Güte und Höflichkeit ausnutzen und dabei die Geduld der anderen erschöpfen bzw. ihre Sympathie bis zum Äußersten auf die Probe stellen. Damit erreichen sie zwar im Moment, was sie wollen, doch am Ende haben sie alle, die sie mit ihren Überredungsabsichten strapaziert haben, verärgert.

Zeigt diese Beschreibung nicht, dass es leichter ist, etwas durchzusetzen, als Rücksicht auf die Gefühle anderer zu nehmen? Man findet so selten Menschen auf der Welt, die die Gefühle anderer achten, auch wenn sie dabei auf die Erfüllung ihrer eigenen Wünsche verzichten müssen. Alle suchen Freiheit, aber nur für sich selbst. Würden sie auch den anderen Menschen Freiheit gewähren, wie großartig wären sie dann.

Die Neigung, andere zu überreden, ist zweifellos ein Zeichen für einen starken Willen. Diese Menschen spielen mit der Schwäche der anderen, die sich fügen und dem Druck aus Liebe, Sympathie, Güte, Freundlichkeit oder Höflichkeit nachgeben. Aber irgendwann, wenn der Geduldsfaden überspannt wird, reißt er. Ein Faden ist ein Faden und kein Drahtseil. Und selbst das Drahtseil reißt, wenn es zu straff gespannt wird. Nicht alle verstehen, wie zart und empfindsam das menschliche Herz ist. Menschliches Fühlen ist zu fein für die gewöhnliche Wahrnehmungsfähigkeit. Womit kann die Seele, die ihre Persönlichkeit entfaltet, verglichen werden?

Nicht mit den Wurzeln oder dem Stamm einer Pflanze, auch nicht mit den Zweigen und Blättern. Sie gleicht der Blüte – der Blüte mit ihrem Duft, ihrer Farbe und Zartheit.

***

Frage: Am Samstag beschrieben Sie uns die wunderbare Erfrischung, die wir während des Schlafs erfahren. Aber viele namhafte Menschen, wie zum Beispiel Napoleon, haben eine große Arbeitslast bewältigt, obgleich sie nur wenig geschlafen haben. Liegt das an ihrer Fähigkeit, während des Wachzustands oder in der kurzen Schlafphase Kontakt mit den höheren Ebenen aufzunehmen?

Antwort: Ja, während des Tiefschlafs, wenn der Körper ruht und der Geist still ist, kann die Seele frei atmen. Dann nimmt sie alle Energie und Lebenskraft in sich auf, die der gesamte Organismus braucht.

Frage: Wie kommt es, dass wir – manchmal blitzartig – einen Ort oder eine Landschaft wiedererkennen, die wir nie vorher besucht haben?

Antwort: Der menschliche Körper ist eine lebendige drahtlose Verbindungsstation. Wären unsere Sinne und unser Geist stets offen und empfangsbereit, würden wir nicht nur alles wahrnehmen, was aus der Welt, die uns umgibt, auf uns zukommt, sondern auch das, was aus den Welten über uns stammt – mit anderen Worten, was in uns ist. Jegliche außersinnliche Erfahrung, wenn wir etwas hören oder sehen oder einen Duft wahrnehmen, aber auch eine Depression oder ein plötzliches Lachen ohne Grund – all diese Phänomene beweisen, dass der Mensch eine lebendige drahtlose Empfangsstation ist.

Frage: Vorausgesetzt dass in unseren Körpern ein ständiger Austausch von Materie besteht, würden wir dann irgendetwas spüren, wenn eine Person, von der wir Materie aufgenommen haben, einen Unfall hat?[1]

Antwort: Nicht wirklich. Es besteht keine Kommunikation durch die Materie. Es gäbe lediglich eine Art schwacher Anziehung wie in der Bluts-

1 Die stenografische Aufzeichnung dieser Frage ist unvollständig. In einer anderen Aufzeichnung heißt es: „Wenn Person A in ihrem Körper Materie hat, die aus dem Körper einer anderen Person B stammt, würde Person A dann eine Verbindung mit Person B wahrnehmen?“

verwandtschaft. Aber auch diese Anziehung gelangt nicht ins Bewusstsein. Es ist eine natürliche Anziehung, die nicht bewusst wahrgenommen wird.

In einer bekannten Geschichte im „Shahnameh"[2] finden wir dazu eine Erklärung. Sie handelt von der alten Zeit in Persien. Da gab es einen jungen Mann. Der große König von Persien kannte dessen Vorfahren. Deshalb zog er ihn mit aller Sorgfalt bei sich auf und machte aus ihm einen äußerst qualifizierten Ringer. Sein Name war Rustam. Er wurde der Landesmeister im Ringen und hatte den Ehrgeiz, Weltmeister zu werden. Seine Aussichten darauf standen sehr gut. Der König sorgte dafür, dass er in voller Abgeschiedenheit lebte. Er durfte keine anderen Menschen besuchen, sich nicht unter die Leute mischen und nicht mit ihnen reden. Viele andere Ringer kamen, und immer gewann er.

In der damaligen Zeit gab es den Brauch, dass derjenige unter den zwei Ringern, der besiegt worden war, seine Niederlage eingestehen musste. Wenn er sie nicht eingestand, musste er vom Sieger umgebracht werden. Eines Tages kam der Weltmeister, und der König wollte, dass Rustam sich mit ihm in einem Ringkampf messen sollte. Sie kämpften. Schließlich hatte der Weltmeister den jungen Mann unter sich auf den Boden gebracht. Rustam war besiegt. Aber Rustam war sehr stolz; er wollte seine Niederlage nicht eingestehen. Deshalb musste der Weltmeister ihn töten. Das Messer steckte schon in seinem Hals, er blutete. Da hatte Rustam eine leise Eingebung und sprach: „Bedenke, du hast du mich getötet, aber eines Tages wirst du meinem Vater begegnen, und er wird ganz sicher über dich siegen."

Darauf fragte der Weltmeister nach seinem Namen. Er antwortete: „Rustam." Als der Weltmeister diesen Namen hörte, wurde er wahnsinnig, denn dieser junge Mann war sein Sohn. Während der ganzen Zeit, in der sie kämpften, war eine Anziehung zwischen beiden spürbar gewesen, und doch kannte der Vater den Sohn nicht und der Sohn nicht den Vater. Im Gemüt ist zwar diese Anziehung vorhanden, aber sie wird nicht wirklich klar, weil sie in der Materie stecken bleibt.

Frage: Wie lässt sich die Tatsache erklären, dass zwei Menschen, wenn sie einander zum ersten Mal begegnen, das Gefühl haben, einander zu kennen? Ist es das Gleiche wie in der Geschichte von Rustam?

---

2 Das „Shahnameh" („Buch der Könige") ist das Nationalepos der Persisch sprechenden Welt. Der Autor dieser Geschichte über die Könige des Landes ist Firdausi (940-1020), einer der größten persischen Dichter und Epiker.

Antwort: Ja. Der einzige Unterschied zwischen Geist und Materie besteht darin, dass der Strom der göttlichen Intelligenz direkt durch den Geist fließt und dann ausstrahlt in das dichte Medium, die Materie. Aber sowohl im Geist als auch in der Materie ist die göttliche Intelligenz vorhanden.

Es gab eine Diskussion über die Ausgrabungen in Ägypten. Die Leute haben sich darüber aufgeregt und waren ärgerlich.[3] Aber dazu besteht kein Grund. Die Menschen sollten lieber etwas anderes tun, als über ihren Körper nachzudenken. Wenn wir unsere Nägel geschnitten haben, denken wir doch auch nicht mehr über die abgeschnittenen Reste nach. Zu ihnen besteht keine Verbindung mehr. Wenn wir die abgelegte Materie die ganze Zeit im Kopf behalten, dann bleibt vielleicht ein kleiner Gedanke daran, der noch die Verbindung aufrecht hält. Ebenso geht die Verbindung zu den Königen, die ausgegraben wurden, über den Geist derjenigen, die die Arbeit tun. Ihre Gedanken sind das Medium, weil sie ihre Arbeit bewusst verrichten. Nur über das Medium ihres Geistes können sie vielleicht merken, dass etwas einen Einfluss auf ihren Körper ausübt.

In Indien kursieren seltsame Geschichten über Schlangen, die Orte, an denen Geld vergraben ist, bewachen. In alten Zeiten pflegten die Menschen Löcher unter ihren Häusern zu graben und darin ihr Geld zu verstecken, wenn sie eine Reise antraten. Sie erzählten niemandem davon. Wenn sie dann starben, dachten sie an das Geld, und der Gedanke blieb bei ihnen. In dem Fall, dass es niemand anderen mehr gab, der oder die das Versteck schützte, empfingen die Schlangen den Impuls, dort zu bleiben und das Geld zu bewachen. Der Wunsch, das Versteck zu schützen, ging von der verstorbenen Person auf die Schlange über, die diesen Wunsch bewahrte und das Geld bewachte. Hier handelt es sich um Reflexion. Der Gedanke wird von einem anderen Wesen gespiegelt.

Wenn Mütter ihre kleinen Kinder verlassen müssen, tun sie es sehr oft mit dem Gedanken, dass die Kinder Schutz brauchen. Dieser Gedanke wird sofort von Verwandten oder Freunden reflektiert. Das fühlt sich an, als wenn in ihrem Herzen ein ganz tiefes Verlangen aufkommt, die Kinder in ihre Obhut zu nehmen. Und sie haben sich stets als liebevolle Mütter erwiesen. Die Liebe der Mutter wird von den Herzen der Menschen gespie-

3 Howard Carter nahm 1922 Ausgrabungen im alten ägyptischen Grab des Pharaos Tutanchamun vor, ein Jahr bevor Hazrat Inayat Khan diese Vorträge hielt. Damals gab es Gerüchte über einen Fluch in Verbindung mit dem Grab.

gelt, die die Fähigkeit haben, die Kinder zu versorgen. Auf diese Weise kann die Mutter ihre Kinder noch weiter beschützen.

Frage: Ist die Schlange erwählt, um zu beschützen?

Antwort: Nein, da gibt es keine Wahl. Aber im Fall der Mutter besteht häufig eine Wahl.

Frage: Woher kommt das Motiv (zum Beschützen)?

Antwort: Hier steht die prophetische Erklärung über der philosophischen Analyse. Denn der Prophet sagt, Gott sei gnädig und barmherzig und alle Kinder seien Kinder Gottes, gleich ob sie ihrer Mutter oder anderen Menschen ihr Herz anvertrauen. Deshalb ist es nicht nötig, das Motiv herauszufinden, weil in Wirklichkeit alle Motive dem Einen gehören, und das ist Gott. Doch ist das natürlich die ideale Sichtweise. Aus philosophischer Sicht lassen sich verschiedene Motive unterscheiden. Aber ich denke, dass ein Akt der Freundlichkeit und ein Liebesdienst allemal Tugenden sind, ob sie jetzt durch Anstöße von außen oder aus innerem Zwang geschehen. Menschen mögen Metaphysik oder Philosophie studieren, lesen oder meditieren, wie Heilige leben und alles erreichen, was Meister erreichen können, am Ende ist die Lehre, die sie aus all dem Forschen ziehen, nur die eine: einander zu dienen. Hierin liegt jegliche Religion, Philosophie und Mystik, und wenn wir das nicht gelernt haben, haben wir nichts gelernt.

Es gibt reiche Leute, die ein Millionenvermögen besitzen, es gibt Leute von Rang in hohen Positionen und mächtige Magier mit großer Kraft. Sie alle werden sich am Ende als arm und nutzlos erweisen im Vergleich zu denen, die immer bereit sind, für ihre Mitmenschen zu tun, was sie können. Die Essenz allen Lernens, der ganzen Spiritualität und Mystik liegt darin, sich zu fragen: Wie kann ich mich nützlich machen, wie kann ich mich in den Dienst meines Nächsten stellen?

EITELKEIT

Die ganze Manifestation ist ein Ausdruck jenes Geistes des *Logos*[1], der von den Sufis *kibriya*[2] genannt wird. Dieser Geist äußert sich in jedem Geschöpf als Eitelkeit, Stolz oder Dünkel. Würde dieser Geist nicht in jedem Wesen als zentrales Lebensthema wirksam sein, so gäbe es in der Welt weder Gut noch Böse, weder Groß noch Klein. Alle Tugenden und alles Böse entspringen diesem Geist. In der Kunst der Persönlichkeit geht es darum, die scharfen Kanten der Eitelkeit abzurunden, weil sie Menschen, denen wir im Leben begegnen, verletzen und stören. Je öfter wir „ich" sagen, umso mehr stoßen wir diejenigen, die uns zuhören, vor den Kopf.

Eitelkeit, die in harter Form zum Ausdruck kommt, wird Hochmut genannt. Wenn sie in angenehmer Form geäußert wird, heißt sie schlicht Eitelkeit. Viele Menschen sind höflich, haben eine geschliffene Sprache und kultivierte Umgangsformen gelernt. Wenn aber dieser Geist der Eitelkeit in ihnen ausgeprägt ist, kommt er trotz all der guten Manieren und der gepflegten Sprache in ihrem Denken, Sprechen und Handeln zum Vorschein und ruft laut: „Ich bin, ich bin." Selbst wenn eitle Menschen nicht reden, wird die Selbstgefälligkeit uns aus ihrer Mimik, aus ihren Augen entgegenspringen. Eitelkeit ist etwas, was wir am wenigsten unterdrücken oder kontrollieren können.

Menschen, die den spirituellen Weg gehen, müssen in ihrem Leben weniger mit ihren Leidenschaften oder Affekten kämpfen als mit ihrer Eitelkeit. Die Leidenschaften und Affekte können über kurz oder lang mit mehr oder weniger Anstrengung beherrscht werden, doch die Eitelkeit wächst immer wieder nach. Fällen wir ihren Stamm, dann leben wir nicht weiter, denn sie ist unser ureigenes Selbst, das „Ich", das Ego, die Seele oder Gott in uns. Die Existenz der Eitelkeit lässt sich nicht verleugnen. Es geht nur darum, sich mit der eigenen Eitelkeit auseinanderzusetzen, sie

---

1 Logos (griechisch) bedeutet Weltgeist, Sinn der gesamten Schöpfung

2 Kibriya (arabisch) bedeutet Erhabenheit, Würde, Herrlichkeit, Großartigkeit, Majestät, aber auch Stolz, Hochmut, Arroganz, Überheblichkeit, Selbstgefälligkeit

immer mehr zu verfeinern und dadurch das, was in ihrer groben Form unerträglich ist, erträglicher zu machen.

Die Eitelkeit lässt sich mit einer magischen Pflanze vergleichen. Wenn wir sie im Garten als dorniges Gestrüpp wuchern sehen und sie ausreißen, wächst sie an einer anderen Stelle des Gartens als Obstbaum. Wenn wir ihn absägen, wird er an wieder einer anderen Stelle als Rosenbusch mit duftenden Rosenblüten hervorsprießen. Die magische Pflanze existiert weiter, aber in einer immer schöneren Gestalt, und sie bringt allen, die sie berühren, Glück. Die Kunst der Persönlichkeit lehrt uns also nicht, den Samen der Eitelkeit zu vernichten – er kann ohnehin nicht vernichtet werden, solange wir leben. Wohl aber müssen wir ihre grobe äußere Gestalt immer wieder zerstören, damit sie sich schließlich, nachdem sie eines mehrfachen Todes gestorben ist, als die gewünschte Pflanze entfaltet.

***

Frage: Gibt es irgendeine andere Möglichkeit, unsere Begierde nach einem Objekt zu verändern, als Sättigung? Ich meine, für irgendjemanden auf der Welt?

Antwort: Ja, sich darüber zu erheben. Zum Beispiel können wir uns nicht der Tugend des Fastens rühmen, solange wir gar nicht hungrig sind. Fasten wird erst dann zur Tugend, wenn wir gerne essen möchten und trotzdem auf Nahrung verzichten.

Frage: Kann Eitelkeit nicht auch Selbstbewunderung oder Selbstgefälligkeit genannt werden?

Antwort: Sicherlich.

Frage: Kann Eitelkeit ausgerottet werden?

Antwort: Eitelkeit ist unser Leben, deshalb können wir ihr die Existenz nicht absprechen.

Frage: Was ist das Äquivalent für *kibriya* im Vedanta?

Antwort: Es ist „Om".

Frage: In dem Buch „Mysticism of Sound" („Die Mystik des Klangs")[3] heißt es: „Es ist die Reflexion der Sonne im Mond, die den Mond rund erscheinen lässt, so rund wie die Sonne." Meinen Sie damit, der Mond sei rund, weil die Sonne rund ist?

Antwort: Alle Himmelskörper sind rund, weil sie Reflektionen der Sonne sind. Wäre die Sonne quadratisch, wären alle quadratisch.

Frage: Können Sie uns bitte noch mehr sagen über die Beziehung zwischen Sonne und Mond und wie sie aufeinander einwirken?

Antwort: Der Mond ist die Ergänzung zur Sonne und ihr Gegenpol. Die Sonne ist positiv, der Mond negativ, *jalal* und *jamal*.[4] Der Mond ist rezeptiv, die Sonne expressiv. Daraus entsteht die verbindende Kraft zwischen Sonne und Mond, eine Kraft, die den Kosmos hält. Aber die Sonne ist wiederum eine Reflexion der göttlichen Sonne, eine physikalische Widerspiegelung. Ähnlich wie der Mond und die Planeten eine Reflexion der Sonne sind, so ist die Sonne eine Reflexion der göttlichen Sonne, die für unsere physischen Augen nicht sichtbar ist.

Frage: Was meinen Sie mit Reflexion in diesem Zusammenhang? Benutzen Sie den Begriff in dem Sinn, dass der Mond und die Planeten das Licht der Sonne reflektieren?

Antwort: Ja, es sind reagierende Körper. Zum Beispiel ist ein Kristall ein Körper, der auf Licht reagiert. Ebenso verhält es sich mit den Planeten in Bezug auf die Sonne und mit der Sonne in Bezug auf die göttliche Manifestation. Aus diesem Grund wurde die Sonne zu allen Zeiten als Symbol für die Verehrung Gottes angesehen.

Frage: Könnten Sie uns bitte den Unterschied zwischen Meister und Murshid erklären?

Antwort: Meister oder Heilige sind der Weg derer, die den spirituellen Pfad gehen und eine hohe Einweihung erreicht haben. Der Murshid oder die Murshida sind das, was die Hindus Guru nennen, Lehrer und Lehre-

3 Ein Buch von Inayat Khan, veröffentlicht 1923. Es enthält Vorträge, die beschreiben, wie Klang in mystischen Übungen eingesetzt wird. Vgl. Band 2 der vorliegenden Reihe „Die Mystik des Klangs", Verlag Heilbronn, 2019

4 Jalal bezeichnet im Arabischen die göttliche Stärke, jamal die göttliche Schönheit.

rinnen, aus deren Händen die Schüler und Schülerinnen ihre Einweihung empfangen und die sie als ihre Wegbegleiter auf dem spirituellen Weg anerkennen.

Frage: Kann ein Wesen auch all diese Wesen sein?

Antwort: Ja.

Frage: (fehlt)[5]

Antwort: Was ist der Weg? Der Weg ist das Vakuum. Wenn ein Mensch sich zurückgezogen hat, dann bleibt ein Vakuum. Solange wir behaupten „ich bin", solange sind wir ein Stein auf unserem eigenen Weg. Haben wir uns aber aus unserem Ich zurückgezogen, dann sind wir der Weg, das Vakuum, die Leere. Das, was alle suchen, ist das wahre Ich, und das ist Gott. Wenn das falsche Ich sich aufgelöst hat, dann gibt es keine Begrenzung für das, was wir werden können.

Frage: Ist der Mond das Auge Gottes?

Antwort: Ja, das linke Auge Gottes. Das rechte Auge ist die Sonne.

Frage: Hat die Anordnung der Planeten in der Konstellation der Sterne einen bestimmten Zweck, einen spirituellen Sinn?

Antwort: Ja, sie spielen alle eine eigene Rolle im Kosmos. Und der Einfluss eines jeden Planeten auf die verschiedenen Seelen schafft eine starke Verbindung zwischen der Stellung dieses Himmelskörpers und der Seele. Jede Bewegung des betreffenden Planeten übt einen Einfluss auf diejenigen aus, die mit diesem Planeten verbunden sind. Hierin liegt der Schlüssel zum Geheimnis der spirituellen Hierarchie. Der Einfluss des *wali, ghaws, qutub, nabi, rasul* wird als Einfluss der Sonne, des Mondes, der Planeten und der Sterne betrachtet. Jede Veränderung eines bestimmten Planeten im gesamten planetarischen System hat sehr viel zu tun mit denen, die hier auf der Erde diesen Planeten repräsentieren. So entsteht die spirituelle Hierarchie auf Erden. Genauso wie die Sterne und Planeten

---

5 Die Frage bezog sich offenbar auf die obige Erklärung zu Meister, Heilige und Murshid. Sie könnte gelautet haben: Wieso bezeichnen Sie Meister und Heilige als Weg?

einen Einfluss auf die Lebewesen ausüben, so wirken auch die Wesen, die die Planeten repräsentieren, auf die Menschen ein.

Frage: Ist es weise, Astrologie zu studieren?

Antwort: Studieren ist immer gut, aber es darf sich nicht schädlich auswirken. Wir dürfen unseren Glauben über unser Schicksal nicht an einer begrenzten Konstellation festmachen. Daher ist es für sensible Menschen besser, sich niemals ein Horoskop anfertigen zu lassen, weder für sich selbst noch für ihre Kinder. Denn die Warnungen, die darin enthalten sind, setzen sich so sehr im Gemüt fest, dass sie wahr werden. Es ist weise, wenn Astrologen und Astrologinnen nie schlechte Dinge erwähnen, sondern stets nur über die guten sprechen. Aus psychologischer Sicht ist es falsch, schlechte Zukunftsprognosen zu machen.

Seher und Seherinnen sehen viel mehr als Astrologen. Die Gegenwart, Vergangenheit und Zukunft liegt offen vor ihnen wie ein beschriebenes Blatt Papier. Jede Person, die Seele einer jeden Person, ist wie ein an sie adressierter Brief. Aber wenn ein Seher oder eine Seherin anfangen würde, davon zu sprechen, würde ihre Schau sich von Tag zu Tag immer mehr eintrüben. Denn die seherische Fähigkeit ist eine Gabe, die Gott ihnen anvertraut hat. Wenn sie ihr Wissen preisgeben, schwindet nach und nach diese göttliche Kraft. Spirituelle Gaben erhalten nur diejenigen, die sie geheim halten können.

Frage: Wäre es überhaupt möglich, dass jemand aus Liebe zur Macht das geheime Wissen preisgibt?

Antwort: Ja, es ist möglich. Aber es bringt furchtbares Unheil mit sich. Eine Geschichte erzählt von einem König, der verschiedene Orte bereiste. Eines Tages geschah es, dass er ausgeraubt wurde und in Geldnot geriet. So musste er einige Zeit in einer Bäckerei arbeiten, bevor er wieder in seinen Palast zurückreisen konnte. Im Laden des Bäckers verdiente er ein bisschen Geld. Er schien sich vor irgendwelchen Schwierigkeiten zu verstecken. Als er sich anschickte, in sein Königreich zurückzugehen, erzählte er dem Bäcker: „Du warst sehr gut zu mir, deshalb sage ich dir jetzt, dass ich der König bin. Aber du musst es als Geheimnis in dir bewahren.“ In dem Augenblick, als der Bäcker das hörte, sagte er nur „Ha!“, und sein ganzer Organismus geriet in Aufruhr. Er war nahe daran, schwer krank zu werden. „Bringt mich zum Arzt, mir geht es schlecht“ war alles, was er sagte.

Er hatte nicht genug Kraft, das Geheimnis zu bewahren. Das war der Grund für sein Unwohlsein. Seine Frau kam, seine Kinder kamen. Er sagte nur: „Ich sterbe.“ Er aß nicht, er trank nicht, er fand keinen Schlaf, weil er nicht wusste, wo er sein Geheimnis unterbringen sollte. Das Geheimnis war zu groß für ihn, er konnte es nicht halten. Die Ärzte vermochten ihm nicht zu helfen. So sagte er: „Gut, dann bringt mich an irgendeinen Platz im Wald.“ Dort angekommen, schickte er sie alle weg. Dann stellte er sich vor einen Baum und sprach zu dem Baum: „Hör zu, ich möchte dir etwas erzählen. Der Mann, der in mein Haus gekommen ist und für mich das Geschirr gespült hat, war der König.“ Nachdem er das gesagt hatte, fühlte er sich erleichtert.

Die Geschichte geht so weiter, dass in dem Baum ein Geist wohnte, der alles mitangehört hatte. Auch er konnte das Geheimnis nicht in seinem Herzen verschließen. Er musste unbedingt jemandem davon berichten. Er begab sich in das Reich des Königs und schlich sich in den Geist eines Menschen ein, sodass dieser von ihm besessen wurde und es ausplauderte. So gelangte es zum König. Dem König war klar, dass niemand davon wusste als der Bäcker. Er ließ also den Bäcker holen. Der Bäcker sagte: „Ich habe keinem menschlichen Wesen je davon erzählt. Nur in der Waldeinsamkeit habe ich davon gesprochen, weil ich mich so krank fühlte.“ „Aber wie ist dann das Geheimnis unter die Menschen gekommen?“ fragte der König. Schließlich fanden sie heraus, dass ein Waldgeist das Geheimnis weitergegeben hat.

Diese Geschichte lehrt uns, dass nicht jeder Mensch den Saft eines berauschenden Getränks verkraften kann. Einige werden schon von einem kleinen Schluck trunken, andere können ein großes Glas davon trinken. Seherinnen oder Seher, das sind Menschen, denen Gott vertraut. Die Prophetinnen und Botschafter mussten zuerst die Prüfung bestehen, dass sie in ihrem Leben die Geheimnisse ihrer Freunde und Freundinnen bewahrt haben. Sie haben das, was ihnen anvertraut wurde, wie in einem Safe verschlossen gehalten. Die Leute kamen zu ihnen mit all ihren Schwächen und Schwierigkeiten. Sie schütteten all ihre Irrtümer und Sorgen vor ihnen aus. Und die Prophetinnen und Botschafter haben alles in ihr Herz genommen; dort war es geschützt, niemand konnte es sehen. Bei ihnen als spirituelle Wesen war es sicherer untergebracht als bei den Menschen selbst.

Deshalb wiesen die spirituellen Wesen diejenigen, die zu ihnen kamen, an: „Sprich zu niemand anderem von dem, was du mir erzählt hast." Sie trauten ihnen nicht zu, dass sie gut mit ihren eigenen Geheimnissen umgehen konnten. Erst wenn das Herz der Prophetinnen und Botschafter weit und aufnahmefähig geworden ist, beginnt Gott ihnen zu vertrauen: „Du hast das Vertrauen meiner Geschöpfe erworben, und jetzt schenke ich dir mein Vertrauen." Das ist die Belohnung für die Herzqualität, die sie in ihrem Leben entwickelt haben. In der Fähigkeit, das Geheimnis anderer bewahren zu können, offenbart sich die beste menschliche Eigenschaft.

SELBSTACHTUNG

Wenn wir die Kunst der Persönlichkeit betrachten, kann die Frage der Würde, in anderen Worten der Selbstachtung, nicht unberücksichtigt bleiben. Aber was ist Würde bzw. Selbstachtung, und wie kann sie im Leben umgesetzt werden? Die Antwort lautet: Jede Art von Leichtsinn und jegliche Neigung zu Oberflächlichkeit muss mit den Wurzeln aus unserem Wesen ausgerissen werden, um jene Würde zu erlangen, die uns kostbar ist. Wem nichts an Würde liegt, braucht sich auch nicht darum zu kümmern. Würde geht nur die an, die in der Selbstachtung einen hohen Wert sehen. Menschen, die sich selbst achten, werden auch von anderen geachtet, und dabei spielen ihre Macht und Position, ihr Besitz und ihre gesellschaftliche Stellung keine Rolle. In jeder Position und Lebenssituation fordern sie Respekt ein.

Jetzt taucht die Frage auf: Haben nicht auch Unbeschwertheit und ein gewisser Leichtsinn im Leben einen Platz, oder ist das völlig unnötig? Alles ist nötig, doch hat jedes Ding seine Zeit. Würde bedeutet nicht, ein langes Gesicht zu machen, Respekt nicht, die Stirn zu runzeln. Eine gerunzelte Stirn und eine steife Körperhaltung lösen keine Ehrerbietung aus.

Würde heißt nicht, traurig oder schwermütig herumzulaufen, sondern lediglich, unser Verhalten den Erfordernissen des Augenblicks anzupassen. Lachen hat seine Zeit und Ernsthaftigkeit hat seine Zeit. Wer ständig lacht, dessen Lachen verliert seine Kraft. Wer immerzu fröhlich und unbeschwert ist, dem wird von der Gesellschaft nicht die Gewichtigkeit und Bedeutung zugemessen, die ihm zusteht. Außerdem führt Übermut oft dazu, dass man andere Menschen verletzt oder beleidigt, ohne es zu wollen. Wer keine Selbstachtung hat, bringt auch anderen keine Achtung entgegen. Im Augenblick des Übermutes meinen wir vielleicht, uns über Konventionen hinwegzusetzen und in unseren Gefühlen und Verhaltensformen frei zu sein, und wir merken nicht, dass wir dadurch so leicht wie ein Blatt Papier werden, das vom Wind hin und hergetrieben wird.

Das Leben ist wie ein Meer. Je weiter die Seereise geht, desto stabiler muss das Schiff sein, das wir benötigen. Um weise auf dem Meer des Lebens zu navigieren, brauchen wir eine gewisse Schwere, ein Gewicht, das unsere Persönlichkeit im Gleichgewicht hält. Weisheit verleiht uns dieses Gewicht. Fehlt es, so ist das ein Zeichen von Dummheit. Ein Krug voll Wasser ist schwer. Ohne Wasser ist er leicht. Ähnlich ist der Mensch ohne Weisheit leichtfertig. Je tiefer wir in die Kunst der Persönlichkeit vordringen und sie verstehen, desto klarer wird es, dass allein die Verfeinerung und Veredelung unseres Charakters uns vorwärtsbringt zum Ziel der gesamten Schöpfung. All die verschiedenen Tugenden, die gepflegten Umgangsformen und schönen Eigenschaften sind das Ergebnis eines veredelten Charakters. Aber was macht einen edlen Charakter aus? Die Weite unseres Horizonts.

***

Frage: Steht die Würde einer gesellschaftlichen Position nicht manchmal freundlichen Regungen entgegen?

Antwort: Wenn Menschen im Dienst sind, ist es besser, sie erfüllen ihre Pflichten. Wenn zum Beispiel ein Richter auf seinem richterlichen Stuhl sitzt und eine andere Person zu schwach ist, um zu stehen, kann der Richter darum bitten, dass ein Stuhl für sie gebracht wird, anstatt seinen eigenen Stuhl herzugeben. Würde er seinen eigenen Stuhl anbieten, würde er die richterlichen Funktionen nicht angemessen erfüllen. Außerhalb des Gerichts kann er aber solche Freundlichkeit und Güte zeigen.

Frage: Würden Sie uns bitte erklären, wie es kommt, dass Menschen manchmal bei der ersten Begegnung eine instinktive Ablehnung in ihrem Innern spüren, und trotzdem können sie später Freunde werden?

Antwort: Das geschieht nicht oft, vielleicht manchmal. In der Regel werden die, die sich anfreunden sollen, auf den ersten Blick Freunde. Eigentlich bleibt der erste Eindruck auch weiterhin bestehen und vertieft sich sogar mehr und mehr. Aber es ist auch möglich, dass Menschen etwas, was zunächst abstoßend auf sie gewirkt hat, überwinden und es dann leichter ertragen können. Wenn sie etwas Interessanteres in dem anderen Menschen finden, können sie auch Freunde werden. Es ist nur eine Frage der Gewöhnung. Wenn wir eine andere Person nicht ertragen können, weil wir deren Schwingungen nicht gewohnt sind, so können wir uns doch mithilfe von Toleranz und Beständigkeit langsam an sie gewöhnen. Dann haben wir unsere Schwäche besiegt. Dieser Vorgang ist ähnlich, wie wenn wir eine Toleranz für Gift entwickeln.

Frage: „Zu der Frau sprach Gott: ‚Ich will dir viel Schmerzen schaffen, wenn du schwanger wirst. Mit Schmerzen sollst du Kinder gebären.' Und zu Adam sprach Gott: ‚Im Schweiße deines Angesichts sollst du dein Brot essen.' "[1] Aber zu allen Zeiten haben auch die Frauen – mit Ausnahme der wenigen Privilegierten – im Schweiße ihres Angesichts gearbeitet, um ihr Brot zu verdienen. Das heißt, sie müssen eine doppelte Last tragen. Ist das nicht ein Unrecht?

Antwort: Da gibt es nicht nur ein Unrecht, sondern zahlloses Unrecht. Das, was Sie zitiert haben, wurde vor sehr langer Zeit gesprochen, heute würde man es anders sagen. Es zeigt lediglich die Aufgaben der Frauen und Männer, wie sie in der damaligen Zeit galten. Es gehört nicht in unsere Zeit.

Frage: Welches ist der schnellste Weg, Würde zu erlangen? Sich bemühen, würdevoll zu werden? Die Wahrheit suchen, die uns Würde verleiht? Oder ist das Streben nach Würde und nach Wahrheit ein und dasselbe?

Antwort: Wenn wir lernen nachzudenken, entwickeln wir Würde in unserem Wesen. Je nachdenklicher wir werden, desto würdevoller werden wir, denn Würde erwächst aus Bedachtsamkeit. Wer andere verletzt, ist leichtfertig, und wer leichtfertig ist, ist dumm. Menschen mögen schlau sein und trotzdem leichtfertig. Sie kommen über weltliche Schlauheit nicht hinaus, und häufig fällt ihnen ihre Cleverness wie eine Eisenkette auf die eigenen Füße. Saadi[2] sagt: „Meine Schlauheit, so oft handelst du mir zuwider."

Frage: Manchmal ist eine egoistische Person sehr würdevoll.

Antwort: Die wahre Würde ist immer unbewusst. Sie ist ein natürliches Ergebnis der Besonnenheit und Rücksichtnahme. Es kann sein, dass jemand Würde hat und gleichzeitig egoistisch ist. Eine solche Person hat sich noch nicht über das Ego erhoben, denn das Ego zu besiegen ist sehr schwer. Egoismus verursacht einen Mangel an Liebe; Liebe ist der Anfang und das Ende und ganz und gar alles.

Frage: Was ist Liebe, und wie sollten wir lieben?

---

1 1. Mose 3:16 und 19

2 Saadi aus Shiraz (gest. 1291), persischer Dichter

Antwort: Es ist sehr schwer zu sagen, was Liebe ist und wie wir lieben können. Ist es Liebe, wenn wir Leute umarmen oder hinter ihnen herlaufen oder zuckersüß mit ihnen reden? Womit können wir zeigen, dass wir lieben? Menschen bringen ihre Liebe auf unterschiedliche Weise zum Ausdruck. Der eine verbirgt vielleicht seine Liebe tief in seinem Herzen, ohne sie nach außen zu zeigen; die andere bringt ihre Liebe in Worten und Taten zum Ausdruck. Von einigen Menschen steigt die Liebe wie Dampfwolken empor und lädt die ganze Atmosphäre auf. Bei anderen ist sie wie ein Funke im Stein: nach außen ist der Stein kalt, aber im Innern glüht der Funke. Aus diesem Grund liegt es nicht in der Macht eines Menschen zu urteilen, wer Liebe hat und wer nicht. Es ist sehr schwer.

Zum Beispiel ruft die Liebe, die dem Flammenstrahl aus einem Feuerwerkskörper gleicht, laut aus: „Ich bin die Liebe!“, brennt noch einen Augenblick weiter und erlischt. Dagegen gibt es ein Feuer in einem Kieselstein, das nicht an die Oberfläche kommt. Nimmt man den Kiesel in die Hand, fühlt er sich kalt an. Trotzdem ist das Feuer vorhanden, und wenn man eines Tages zwei dieser Feuersteine aneinanderschlägt, wird es als Funken sichtbar. Die Liebe zeigt sich in so vielen verschiedenen Qualitäten, wie es Menschen gibt. Wir können die Liebe weder bei der einen noch bei einer anderen Person beurteilen, weil jeder Mensch die Liebe auf ganz eigene Weise zum Ausdruck bringt.

Die Anhänger und Anhängerinnen einer Religion haben tausend Dinge über diejenigen einer anderen Religion, die sie als Widersacher empfinden, zu sagen. Sie lassen sich nicht nur über deren Religion aus, sondern auch über deren Propheten und Prophetinnen. Nicht nur weil sie einer anderen Religion angehören, üben sie Kritik an den Propheten und Prophetinnen, die vielleicht von Millionen Leuten verehrt werden. Es ist sehr leicht, Fehler an ihnen zu finden, und die Kritiker mögen gute Gründe für ihre Schmähungen haben. Denn unter den hier auf Erden Geborenen ist keiner, der auch nur irgendwie als vollkommen bezeichnet werden könnte. Es sei denn, es handelt sich um eine Person, die die irdische Welt schon verlassen hat und nicht mehr leibhaftig vor uns steht, sodass wir sie nicht mehr auf die Probe stellen und kritisch beurteilen können. Doch wenn der Mensch vollkommen wäre, was wäre dann noch der Unterschied zwischen Mensch und Gott? Menschen sind begrenzt, nur Gott ist vollkommen.

DAS EHRENWORT

Für Menschen mit edlem Charakter ist es natürlich, ihr Wort in Ehren zu halten, weshalb es auch Ehrenwort genannt wird. Für sie ist ihr Wort gleichbedeutend mit ihrem Selbst. Diese Hochachtung vor dem Wort kann sich derart steigern, dass sie sogar ihr Leben opfern würden, um ihr Wort zu halten. Wer diese Stufe erreicht hat, ist Gott nicht mehr fern. In den Heiligen Schriften heißt es an mehreren Stellen: „Wenn du Uns sehen willst, suche Uns in Unseren Worten." Wenn Gott in seinen oder ihren Worten sichtbar wird, dann kann auch die wahre Seele in den Worten des Menschen aufscheinen. Freude und Leid, Süße und Bitterkeit, Ehrlichkeit und Unehrlichkeit, all das ist in den Worten, die jemand spricht, erkennbar. Denn das Wort ist ein Ausdruck des Gedankens, und der Gedanke ist ein Ausdruck des Gefühls. Und was ist der Mensch? Der Mensch ist, was er oder sie denkt und fühlt. Und was ist dann das Wort? Das Wort ist Ausdruck unserer Persönlichkeit, unserer Seele.

Eine Person, auf deren Wort wir uns verlassen können, ist zuverlässig. Ihr Ehrenwort lässt sich mit keinen Gütern dieser Welt vergleichen. Diejenigen, bei denen Denken und Sprechen in Einklang sind, stellen mit dieser Tugend ihre Spiritualität unter Beweis. Für wahrhaftige Menschen ist es schlimmer als der Tod, wenn sie ihr gegebenes Wort nicht einhalten können. Sie empfinden es als Rückschritt anstatt als Fortschritt. Jede Seele will vorwärtsgehen, ihrem Ziel entgegen. Und die Menschen, die wirklich vorankommen, beweisen es in ihren Worten.

Heutzutage sind so viele Gerichte und Rechtsanwälte notwendig geworden, und als Folge davon müssen zahlreiche Gefängnisse unterhalten werden, in die von Tag zu Tag mehr Mittel investiert werden. All das zeigt, dass die Tugend des Ehrenwortes abhandengekommen ist, die seit Beginn der Zivilisation von Menschen mit edler Gesinnung so hoch geachtet wurde. Denn in dieser Tugend erweist sich die wahre Qualität des Menschseins. Weder bei den Tieren noch bei den Engeln ist sie zu finden.

Was ist Religion? Religion im wahren Sinne des Wortes lässt sich nicht erklären. Sie gleicht einem zarten Faden, den man besser nicht anfasst, weil er zu heilig ist, um berührt zu werden. Sie ist das Ideal, das durch Berührung entweiht werden kann. Es lässt sich nur mit großem Feingefühl aufspüren, mit einer Empfindsamkeit, die anders ausgedrückt auch Spiritualität genannt werden kann.

Viele Menschen auf dieser Welt haben aus Achtung vor dem Wort Opfer gebracht; sie haben Leid und Schmerzen über sich ergehen lassen. Es geschah jedoch nur, um die Beständigkeit ihrer Worttreue zu testen. Denn jede Tugend muss durch die Feuerprobe gehen. Erst wenn sie die Probe bestanden hat, kann sie als gefestigt gelten. Das können wir in jeder Kleinigkeit, die wir im täglichen Leben verrichten, beweisen. Wer in einem Augenblick das eine sagt und im nächsten Augenblick etwas anderes, beginnt im Herzen sogar sich selbst nicht mehr zu trauen.

Unter den großen Wesen, die von Zeit zu Zeit auf die Erde kamen und viele wertvolle Eigenschaften verkörpert haben, war die Tugend der Treue zum gegebenen Wort besonders ausgeprägt. Mohammed wurde, bevor er als Prophet in der Welt auftrat, von seinen Gefährten Amin genannt, was „der Vertrauenswürdige" heißt. Den Hindus ist die Geschichte von Harish Chandra[1] seit Urzeiten bekannt. Das Beispiel, das er gegeben hat, prägte den Geist des ganzen Volkes. Die Geschichte über Hatim[2], einen Sufi unter den Anhängern und Anhängerinnen Zarathustras, hat das Volk der Perser inspiriert. In allen Erdteilen und zu allen Zeiten war für nachdenkliche Menschen mit Idealen das Ehrenwort ein sehr hoher Wert. Und so wird es weiterhin sein.

In geschichtlichen Zeiten gab es einen Mann, der Chava hieß oder so ähnlich, ich habe seinen Namen vergessen. Er war ein Radschpute, ein Maharadscha. Zwischen dem Maharadscha und dem Mogulkaiser von Delhi entstand ein Kampf, der sehr lange Zeit anhielt. Während viele andere Maharadschas dem Druck des Mogulkaisers nachgaben, zum kaiserlichen Hof kamen und dem Kaiser mit einer Verbeugung Ehre erwiesen, gelobte dieser eine Maharadscha, solange er lebte sich niemals vor ihm zu verbeugen. Als Folge davon musste er viele Opfer bringen. Er

---

1 In einer alten hinduistischen Legende war Harish Chandra ein König, der eines Tages auf seinem Ausritt einen Rishi in seiner Meditation störte und ihm als Buße dafür anbot, er könne von ihm verlangen, was er wolle. Der Rishi wollte sein ganzes Königreich, einschließlich seiner Frau und seinem Sohn. Harish Chandra hielt sein Wort, auch wenn es ihn von da an in tiefste Not stürzte.

2 Hatim hielt sein Wort, sein Leben lang denen, die in Not waren, uneigennützig zu helfen. So fand er z. B. für einen Verehrer der Prinzessin die kostbare und seltene Perle, die sie zur Bedingung für eine Heirat gemacht hatte. Als die Prinzessin daraufhin Hatim zu ihrem Ehegatten machen wollte, reichte er sie weiter an ihren wahren Verehrer und zog sich selbst zurück.

verlor einen Teil seiner weltlichen Macht, doch seine geistige Kraft wuchs umso mehr. Er hatte ein sehr feines Wesen und ein hohes Ideal und liebte die Poesie über alles.

Als der Kaiser einmal nach einer langen und kräfteraubenden Schlacht sehr niedergeschlagen war, teilte er den mutigen Männern seines Hofes im Vertrauen mit, er würde einen hohen Preis aussetzen für den, der ihm den Kopf des Maharadschas bringen würde, weil der Maharadscha ihm großen Ärger und enorme Kosten bereitete. Keiner von ihnen schien bereit, zu geloben: „Ja, ich werde es tun" – außer einem Poeten. Er war ein bedeutender Poet am kaiserlichen Hof, aber jetzt lachten all die starken Krieger über ihn. Sie sagten, sie könnten den Maharadscha nicht einmal mit ihren Armeen besiegen. Aber der Poet blieb dabei, er würde es tun.

Der Poet begab sich zum Hofe des Radschputen. Dieser war sehr beeindruckt von der außerordentlichen Begabung des Poeten. Vielleicht war in diesem Augenblick auch irgendein planetarischer Einfluss am Werk, der den Maharadscha veranlasste zu sagen: „Oh Poet, ich weiß wirklich nicht, was ich dir geben könnte. Mir scheint, es gibt nichts in meiner Schatzkammer, das deiner Kunst und deinem Wissen angemessen ist. Darum sage mir bitte, was möchtest du von mir haben? Mit welchem Geschenk kann ich dich erfreuen? Ich verspreche, dir alles, was du willst, zu gewähren." „Nein, oh König", erwiderte der Poet, „versprich mir nichts." „Doch, versprochen ist versprochen", war die Antwort des Maharadschas. „Willst du es wirklich einhalten?" „Du brauchst nicht weiter zu fragen. Versprochen ist versprochen." Darauf begann der Poet: „Es ist mir äußerst unangenehm, dich darum zu bitten. Was ich von dir möchte, das ist dein Kopf." Der Maharadscha zog daraufhin sofort sein Schwert aus der Scheide, legte es in die Hände des Poeten und sprach: „Hier, nimm hin. Es ist eine Kleinigkeit, um die du gebeten hast, nicht größer als mein Ehrenwort, das ich dir gegeben habe."

Seine Untertanen, seine Kinder und seine ganze Familie waren alle erschrocken. Seine Minister waren total aufgebracht. Nur er selbst war weder erschrocken noch aufgebracht, sondern heiter und in guter Stimmung. Er sagte: „Ich habe es versprochen, deshalb muss es geschehen. Hier ist mein Kopf." Darauf fragte der Poet: „Du hast mir deinen Kopf versprochen, aber was soll mit deinem Körper geschehen? Warum versprichst du mir nicht auch deinen Körper? Komm, folge mir." Der Maharadscha antwortete nur: „Ja" und folgte dem Poeten. Der Poet ging voran, er hinterher.

Da brachte der Poet ihn lebendig zum Hof des Kaisers. Eine große Aufregung entstand im ganzen Hof. So viele Jahre hatten sie gekämpft und es nicht geschafft, den Maharadscha zu bewegen, zum kaiserlichen Hof zu kommen. Und jetzt folgte er diesem Poeten. Um seine Eitelkeit zu befriedigen, befahl der Kaiser dem Poeten, ihn in den Thronsaal zu führen. Eigentlich hätte der Maharadscha als Gefangener gebracht werden sollen, aber er war kein Gefangener. Trotzdem ging er, wohin der Poet ihn führte. Der Kaiser schaute ihn an, seinen Feind, mit dem er so viele lange Jahre Krieg geführt hatte, und sagte: „Bist du schließlich doch gekommen. Aber es sieht immer noch nicht so aus, als wäre dein Stolz gebrochen, denn du denkst auch jetzt nicht daran, dich vor mir zu verbeugen." Der Maharadscha antwortete: „Wer soll sich verbeugen, ein toter Mann? Ein toter Mann verbeugt sich niemals. Solange ich lebte, habe ich mich nie verbeugt. Und nun stehe ich als toter Mann vor dir. Mit einem Toten kannst du alles machen. Nichts berührt ihn. Für ihn ist alles nichts."

Der Kaiser hatte ein Herz aus Eisen und vermochte die Schönheit in der Person des Maharadschas nicht zu sehen. So befahl er, den Maharadscha zu enthaupten. Da wandte der Poet ein: „Nein, oh Kaiser, wenn er enthauptet werden soll, dann bin ich der erste, der den Tod verlangt." Der Kaiser blieb dabei: „Ich will nur diesen da." „Nein", entgegnete der Poet, „ich will auch sterben, denn ich werde nie mehr eine andere Seele finden, die meine Verdienste so zu würdigen weiß, wie er es tat. Er hat dafür sein Leben hingegeben." So ging der Poet mit dem Radschputen in den Tod. Da kam der Sohn des Poeten, es kam seine ganze Familie. Sie fühlten sich alle so beschenkt und inspiriert von dem Geschehen, sie waren wie das Salz der Erde. Jeder von ihnen rezitierte ein Gedicht – und starb. Die ganze Familie des Poeten opferte sich dem Maharadscha zuliebe und zu Ehren seiner Verdienste und seiner großen Tugend, die er ihnen vorgelebt hatte.

Obgleich der Maharadscha durch dieses Leid hindurchging, litt er nicht. Seine Treue zum Ideal hatte die Probe bestanden. Er starb den Ehrentod als Höhepunkt all seiner Verdienste. Diese Geschichte ist kein Einzelfall. Es gibt viele andere Fälle, in denen edle Seelen durch ihre Hochachtung für das Wort bewiesen haben, dass sie auf dem Weg Gottes und der Spiritualität waren. Sie haben allen Umständen zum Trotz, auch wenn die ganze Welt aus den Fugen geriet, das Wort, das sie einmal gegeben hatten, unverbrüchlich gehalten.

***

Frage: Können Sie bitte erklären, warum in der islamischen Religion, die doch die göttliche Einheit lehrt, Gott von sich selbst als „Wir" und „Uns" spricht?

Antwort: In der englischen Sprache kann es nur als „Wir" und „Uns" übersetzt werden. Es ist die Art und Weise, wie in alter Zeit die Herrscher gesprochen haben. Und warum? Der Herrscher sprach nicht als Person, sondern als Nation. Dementsprechend spricht Gott als das ganze Sein, die ganze Schöpfung. „Wir" heißt alle Seelen, alle Wesen, die existieren. Sie sind alle einbezogen.

Frage: Ist es in jedem Fall besser, Wort zu halten, auch wenn wir später erkennen, dass wir einen Fehler gemacht haben, als wir es gaben?

Antwort: Es hängt davon ab, worum es geht. Ein Fehler ist ein Fehler. Diese Frage hat nichts mit dem Einhalten eines Ehrenworts zu tun. Die Worttreue ist eher wie ein Versprechen. Wenn wir von unserem Wort abweichen müssen, dann ist es ein Zeichen dafür, dass wir es ausgesprochen haben, ohne nachzudenken. Aber wenn wir es zur Gewohnheit machen zu sagen: „Ja, was ich versprochen habe, war ein Fehler", dann werden wir bei nächster Gelegenheit einen weiteren Fehler machen. Wenn wir uns stets bemühen, alles, was wir äußern, zu bedenken und keinen Fehler zu machen, dann werden wir es mit der Zeit schaffen, ohne Schwierigkeiten zu unserem Wort stehen zu können.

Ich weiß, es fällt niemandem von uns leicht, so bedachtsam und weise zu werden, dass uns bei dem, was wir sagen, kein Fehler unterläuft. Fehler liegen in der Natur des Menschen. Aber versuchen Sie, nach und nach immer weniger Fehler zu machen. Es muss das Streben danach vorhanden sein. Alles hängt vom Entwicklungsgrad der jeweiligen Person ab. Es gibt eine bestimmte Stufe der Entwicklung, auf der wir verlässlich Wort halten können. Und es gibt andere Stufen, da gelingt es uns nicht, da sind wir zu schwach, zu unserem Wort zu stehen. Doch wenn wir das ehrliche Bestreben haben, wird uns im Laufe der Entwicklung die nötige Kraft zuwachsen. Dann werden unser Wunsch danach und unsere Wertschätzung des Wortes allmählich stärker. Die Tendenz, Wort zu halten, wächst, je öfter wir es tun. Je mehr wir aber unser Wort brechen oder verändern, desto stärker wird die Tendenz zum Wortbruch werden.

Es gibt eine wunderbare Geschichte von einem Mädchen, dem Kind eines Radschputen aus Kaschmir. Es spielte mit anderen kleinen Mädchen irgendwo in der Nähe des Hauses, als der Maharadscha, der König des Ortes, zufällig durch ihre Straße spazierte. Er hatte sich als gewöhnlicher Mann verkleidet, um sich ein Bild von den Lebensbedingungen seiner Untertanen zu machen. Als er vorbeikam, sah er die Mädchen, die zusammenstanden und miteinander redeten. Sie waren sehr jung. Das Mädchen war ungefähr acht oder neun Jahre alt. Sie sprachen über die Hochzeit ihrer Puppen. Der Maharadscha konnte es hören.

Als das Mädchen gefragt wurde: „Wen wirst du heiraten?", antwortete es ganz spontan, ohne viel zu überlegen: „Den Maharadscha." Der Maharadscha war äußerst amüsiert. Er hätte ihr Großvater sein können. Aber dann sagte er den Eltern des Kindes zum Spaß: „Schreiben Sie es auf: Wenn dieses Kind einmal heiraten wird, muss es die Mitgift vom Staat als Geschenk des Maharadschas erhalten."

Bald darauf starb der Maharadscha. Das Mädchen wuchs heran, und es war Zeit für sie zu heiraten. Aber jedes Mal, wenn die Frage der Hochzeit aktuell wurde, sagte sie: „Ich habe mein Wort gegeben." Die Leute hielten ihr vor: „Was sagst du da, der Maharadscha ist tot." Aber sie wiederholte nur: „Ich habe mein Wort gegeben." Das war alles, was die Leute von ihr hörten, sie sagte nichts anderes. Es schien, als wäre ihr die Treue zu ihrem Wort angeboren. Sie hatte das Wort einmal ausgesprochen und blieb dabei.

Ohne Zweifel kann die Treue zum Ideal bis ins Extrem getrieben werden. Ein Sanskrit-Wort besagt: „Das Extrem aller Dinge ist unerwünscht und sollte stets vermieden werden." Man kann mit jeglicher Tugend zu weit gehen. Doch das ist nicht der Normalfall. Normalerweise bemühen wir uns eher zu wenig. Zum Beispiel können wir gar nicht gut genug sein. Oder wenn es um Wahrhaftigkeit geht, können wir nicht wahrhaftig genug sein. Der beste Weg, die Treue zum gegebenen Wort zu entwickeln, ist, sie im täglichen Leben zu praktizieren, und zwar in jeder Kleinigkeit, die wir tun. Wir müssen dabei immer denken: „Was ich gesagt und versprochen habe, muss ich einhalten, auch wenn es nur um etwas ganz Unwichtiges geht."

„Am Anfang war das Wort, und das Wort war Gott."[3] Das bedeutet in Wahrheit: Wenn wir unser Wort brechen, brechen wir mit Gott. Haben wir das einmal erkannt, können wir in jedem Wort, das wir sprechen, Gott sehen. Und sobald wir Gott in unseren Worten sehen, beginnt Gott zu

3 Johannes 1:1

sprechen. Gott spricht dann nämlich durch unsere eigenen Worte. Wenn wir das verstanden haben, wird alles, was wir sagen, unsere Religion. Und die Religion ist uns heilig.

GÜTE

Sobald Menschen den heiligen Bezirk in ihrem Innern, das innere Reich, berührt haben, das gleichbedeutend mit dem Reich Gottes ist, offenbart sich der wahre Adel ihrer Seele in Form von Güte. Für die Mächtigen und Angehörigen der Adelsfamilien war es Teil ihrer Erziehung, vornehme Umgangsformen zu lernen, doch eigentlich sind dieser Adel und diese Güte dem menschlichen Herzen angeboren. Das heißt, dass alle Menschen von dem Augenblick an, in dem sie mit dem inneren Reich in Berührung sind, im Umgang mit anderen Menschen aristokratisches Verhalten zeigen. Das beweist, dass wahrer Adel der Adel der Seele ist. Seelenadel offenbart sich, wenn die Seele beginnt, in allem, was sie fühlt und denkt, in jedem Wort und jeder Handlung die Güte zum Ausdruck zu bringen, die Gott eigen ist.

Güte unterscheidet sich beträchtlich von gönnerhaftem Verhalten. Eine solche herablassende und bevormundende Haltung ist falsch. Gütige Menschen stellen ihre edlen Eigenschaften nicht zur Schau, sondern versuchen stets, im Hintergrund zu bleiben – sogar vor ihren eigenen Augen. Wahrhaft edle Menschen sind gütig, weil sie besonders empfindsam für all das Leid und Unheil sind, das von unreifen Menschen auf sie zukommt. Deshalb versuchen sie, aus Empathie zu vermeiden, anderen ähnliches Leid zuzufügen. Dabei spielt die Position der anderen keine Rolle.

Es gibt eine Geschichte über einen Derwisch. Er stand mitten auf der königlichen Allee in dem Augenblick, als sich der König in einer Prozession näherte. Der Derwisch war in Lumpen gekleidet, aber zufrieden, und er kümmerte sich nicht darum, wer da ankam. Die Leute, die die Spitze der Prozession bildeten, warnten ihn, aber er bewegte sich keinen Zentimeter vom Fleck. Schließlich schoben sie ihn beiseite. Aber er blieb dort und sagte nur: „Darum."

Dann kamen die Leibgardisten zu Pferde. Sie stießen ihn nicht beiseite, sondern riefen: „Weg, weg da, Derwisch, siehst du nicht, dass die Prozession des Königs im Anmarsch ist?" Der Derwisch bewegte sich immer noch nicht. Seine Antwort war nur: „Darum." Dann folgten die Adligen des Hofes. Als sie den Derwisch sahen, wollten sie ihm nicht befehlen, Platz zu machen. Stattdessen lenkten sie ihre Pferde um ihn herum. Bei diesem Anblick sagte der Derwisch wieder: „Darum." Schließlich näherte sich die Karosse des Königs. Sein Blick fiel auf den Derwisch, der in seinen Lumpen aufrecht mitten auf der Allee stand. Der König wartete nicht auf die Verbeugung des Derwischs, sondern verbeugte sich selbst vor ihm, worauf der Derwisch antwortete: „Darum."

Ein junger Mann, der neben ihm stand, konnte nicht verstehen, was das immer gleiche Wort „Darum" in all den Situationen bedeuten sollte. Als er den Derwisch bat, ihm freundlicherweise zu erklären, was er mit diesem Wort meinte, sagte der Derwisch: „Darum. Das erklärt alles, was ich denke."

Jesus Christus hat in seiner Bergpredigt eine bedeutende Wahrheit ausgesprochen: „Gesegnet sind die, die auf Gewalt verzichten, denn sie werden das Reich der Erde erben." Diese Aussage wird sich stets als wahr erweisen, gleich in welcher Zeit und Entwicklungsphase der Menschheit. Ob in Zeiten der aristokratischen Herrschaft oder der Demokratie, der Wert des Seelenadels, der in der Güte zum Ausdruck kommt, wird stets hoch geachtet werden.

Es fällt uns leicht, das Jesus-Wort zu verstehen, aber es ist äußerst schwer, es im Leben umzusetzen, denn wir müssen immer wieder in unserem Leben jede unserer Handlungen überdenken. Für alles, was wir tun, sind gesundes Urteilsvermögen, faires Abwägen und gerechte Maßstäbe notwendig. Darüber hinaus braucht es ein feines Gespür für Kunst und Schönheit, denn mit einer hoch entwickelten Persönlichkeit erreichen wir den Gipfel der Kunst. Tatsächlich ist die Entwicklung der Persönlichkeit die höchste aller Künste. Die Sufis, deren Lebensziel die Kultivierung menschlicher Eigenschaften ist und die darin die Erfüllung ihres Lebenszwecks sehen, betrachten die Kunst der Persönlichkeit als ihre Religion.

Ein junger Mann war ein wenig ungeduldig mit seinem betagten Vater, der in seinem Alter nicht mehr gut hören konnte und ihn zwei- oder dreimal bat, seine Worte zu wiederholen. Als der Alte den Unmut im Gesicht des Sohnes sah, sagte er: „Mein Sohn, kannst du dich erinnern, dass du mich als kleines Kind einmal fragtest, was das wohl für ein Vogel sei. Ich erklärte dir, es sei ein Spatz. Damals wiederholtest du deine Frage ungefähr fünfzig Mal, und ich hatte die Geduld, dir ein ums andere Mal Antwort zu geben, ohne mich davon gestört oder verletzt zu fühlen. Ich habe mich nur gefreut, dass ich dir alles vermitteln konnte, was ich wusste.

Jetzt, da ich nicht mehr so gut hören kann, könntest du wenigstens die Geduld aufbringen, es mir zweimal zu sagen."

Es scheint, dass wir in erster Linie Geduld brauchen, um im Leben edle und gütige Umgangsweisen zu lernen. Manchmal kommen sie als Ausdauer, manchmal in Form von Rücksicht und manchmal als Vergebung zum Ausdruck.

ÖKONOMISCHER UMGANG MIT ZEIT UND ENERGIE

Jeder Mensch hat – mehr oder weniger ausgeprägt – einen gewissen Sinn für Sparsamkeit, eine Neigung zum Maßhalten. Bezogen auf andere Menschen in unserer Umgebung, mit denen wir in Kontakt kommen, trägt diese Neigung zur Entwicklung unserer Persönlichkeit bei. Der Wunsch, anderen so weit wie möglich zu ersparen, sich in Geduld üben zu müssen, anstatt ihre Geduld bis zum Äußersten zu strapazieren, entspringt dieser Tendenz zum Maßhalten. Es zeugt von einem höheren Verständnis von Ökonomie, wenn wir unsere Mitmenschen vor einem unnötigen Energieaufwand im Denken, Sprechen und Handeln bewahren. Wir ersparen ihnen den Energieaufwand, und unsere eigene Persönlichkeit gewinnt dabei gleichzeitig an Schönheit. Wer davon keine Ahnung hat, geht im Laufe der Zeit anderen auf die Nerven. Solche Menschen werden – vielleicht ohne es zu wissen – zum Ärgernis, weil sie weder Rücksicht auf den eigenen Energiehaushalt noch auf den der anderen nehmen.

Diese Rücksicht entwickelt sich, sobald wir beginnen, den Wert des Lebens zu erkennen. Die Erkenntnis erspart uns unnötige Gedanken, Worte und Taten. Wir fangen an, unser eigenes Denken, Sprechen und Handeln ökonomisch einzusetzen. So lernen wir nicht nur unser eigenes Leben und Tun wertzuschätzen, sondern auch das der anderen.

Die Zeit, die wir auf Erden verbringen, ist äußerst kostbar. Je sparsamer wir mit unserer wertvollen Zeit und Energie umgehen, desto besser können wir unser Leben gestalten. Es ist schon eine ständige Anspannung, einem anderen Menschen zuzuhören, geschweige denn selber zu sprechen. Es kostet Zeit und Energie. Wer nicht verstehen kann – oder wenigstens versucht zu verstehen –, was in einem Wort ausgedrückt werden kann, und einen langen Satz dafür braucht, hat keinen Sinn für Ökonomie.

Ein sparsamer Umgang mit unserem Geld ist weit weniger wichtig als mit unserer Lebenszeit und Energie und mit den Ressourcen unserer Mitmenschen. Um der Schönheit und Anmut, der Würde und des Respekts willen dürfen wir im Umgang mit anderen eine gewisse Grenze nicht überschreiten. Dabei sollten wir aber befreundete, bekannte und fremde Personen nicht mit demselben Maß messen. Auch hier müssen wir ökonomisch vorgehen. Menschen, die vernünftig genug sind, für ihre eigenen Bedürfnisse im Leben zu sorgen, können klug genannt werden. Aber Menschen, die das Interesse anderer mehr als ihr eigenes im Blick haben, sind weise, denn damit arbeiten sie, ohne es zu wissen, auch zu ihrem eigenen Vorteil. Hier kommt derselbe Sinn für Sparsamkeit und Maßhalten zum Einsatz, der auch in kleinen Dingen im Alltag zu Hause oder im Berufsleben eine Rolle spielt. In einer höheren Form von Bedachtsamkeit und Rücksicht angewendet, lässt der Sinn für Ökonomie unsere Fähigkeit wachsen, anderen zu dienen, und das ist bekanntlich die Religion aller Religionen.

***

Frage: Würden Sie bitte erklären, wie man abwägt, wann es wichtig ist, sein Wort zu halten, und wann nicht? Einfach zu sagen „ein Versprechen ist ein Versprechen“ erscheint mir ein wenig zu rigide.

Antwort: Mir erscheint es nicht rigide. Im Gegenteil, mir scheint es äußerst subtil. Wenn wir anderen unser Wort geben, geben wir ihnen unsere Seele, unser eigenes Sein. Und je größer unsere Wertschätzung für unser gegebenes Wort ist, desto größer werden wir selbst. Was ist die Persönlichkeit? Sie wird bestimmt durch unser Ideal. Unsere Persönlichkeit entwickelt sich so hoch, wie unser Ideal ist. Wenn unser Ideal etwas ist, was wir leicht mit unseren Füßen beiseiteschieben können, hat es keinen Wert. Dann ist es nur ein Fußball. Ein versprochenes Wort gleicht einem Juwel, das in einer Königskrone prangt. Das Wort macht die Schönheit einer Person aus, den Glanz in ihrem Gesicht. Wenn es gebrochen wird, verschwindet der Glanz. Es gibt Menschen, die nicht mehr weiterleben wollen, wenn sie ihr gegebenes Wort aus dem Blick verloren haben. Das Leben ist ihnen zuwider geworden. Im Worthalten liegt etwas Göttliches, weil es aus dem göttlichen Funken in uns hervorgeht. Es hat etwas Lebendiges. Deswegen zählt im versprochenen Wort nicht das Wort selbst, sondern das Ehrgefühl. Ich denke, die beste Möglichkeit festzustellen, wie hoch entwickelt Menschen sind, wie groß und feinsinnig, wie gütig sie sind, besteht darin, ihre Worttreue zu testen.

Frage: Aber die Umstände können sich doch ändern.

Antwort: Die Umstände ändern sich immer, aber Gott ändert sich niemals. Warum suchen wir stets nach etwas Beständigem und Verlässlichem – trotz all der Schönheit, den Schätzen, Juwelen und sonstigen wunderbaren Dingen auf dieser Welt? Wir suchen nach dem, was keiner Veränderung unterliegt.

Frage: Wenn wir davon sprechen, eine Rolle zu spielen … Fähigkeit zur Konzentration (Frage unvollständig)

Antwort: Nein, eine Rolle spielen ist etwas Äußeres. Solange unser inneres Wesen nicht berührt wird, wenn wir uns zielstrebig auf einen einzigen Punkt konzentrieren, hat der äußere Teil keine Bedeutung. Aber mal ehrlich, besteht nicht das Leben von Mystikern und Mystikerinnen, von Gott-verwirklichten Menschen, darin, eine Rolle zu spielen? Ihr Leben ist nichts als das. Sie spielen nicht nur eine Rolle, sondern tausend: Sie müssen die Rolle als Dienende spielen, als Meister, als Freunde und Freundinnen, als Söhne oder Töchter ihrer Eltern, als Eltern ihrer Kinder, als Nachbarinnen ihrer Nachbarn. Und doch erkennen die Mystiker und Mystikerinnen die Einheit von allem, und sie verwirklichen die Liebe Gottes, die Liebe zur ganzen Menschheit. In all diesen Funktionen spielen sie ihre Rolle und halten gleichzeitig die Verbindung zur Wahrheit im Innern. Alles ist ein Spiel. Auf diese Art müssen wir alle lernen, eine Rolle zu spielen.

Je weiter wir auf dem spirituellen Pfad vorankommen, je mehr müssen wir lernen, unsere Rolle zu spielen. Wenn die zwölf Apostel, wie es heißt, nachdem ihnen der Segen zu Teil wurde, alle Sprachen sprechen konnten, dann spielten sie ihre Rolle. Von diesem Augenblick an lernten sie, die Fragen eines jeden Menschen zu beantworten, in der Sprache jeder einzelnen Person und gemäß ihrem Entwicklungsstand. Diese Inspiration bedeutet, dass sie ihre Rolle spielten.

Was das Ehrenwort betrifft, da gibt es die Geschichte über Harish Chandra. Sie ist in Indien sehr bekannt und wurde auch als Theaterstück aufgeführt. Die Leute werden niemals müde, sie zu hören. Für mich war es das erste Drama, das ich als Kind im Theater gesehen habe. Es hat mich so beeindruckt, dass ich, als ich nach Hause kam, das Stück mit anderen Kindern aufgeführt habe. Da es für sie zu schwer war, die Rollen auswendig zu lernen, musste ich mich hinter sie stellen und ihre Rolle sprechen. Das

Stück ist in seinem Ideal, das darin zum Ausdruck kommt, sehr interessant. Es beschreibt eine sehr hohe Ebene.

Harish Chandra war bekannt als König, der stets sein Versprechen hielt. Unter den Rishis, den großen Mystikern mit übernatürlicher Kraft, wurde die Frage diskutiert, ob es wohl eine Person gäbe, die tatsächlich all ihre Versprechen einhält. Sie meinten, eine solche Person existiere zwar als Ideal, aber nicht als reale Person. Da sagte einer von ihnen: „Ich kenne einen König, der immer zu seinem Wort steht." „Kannst du uns den Beweis liefern?" „Ja, das werde ich."

Daraufhin ging der Rishi zum königlichen Hof. Der König war sehr überrascht, als er den Mystiker von hohem Rang an seinem Hof gewahrte. Denn normalerweise zeigten die Rishis sich nie am Hof. Der Rishi sagte: „Oh König, ich komme zu dir in großer Bedrängnis." Der König antwortete: „Bitte um alles, was du willst, und ich werde dir deine Bitte erfüllen." Der Rishi vergewisserte sich: „Versprichst du mir das, oh König?" Die Antwort war: „Ja." Da bat der Rishi um sein Königreich und 3.000 Pfund obendrein. Der König sagte: „Ja, du sollst es bekommen."

So erhielt der Rishi das Königreich als Geschenk. Natürlich war es ein großer Schock für seine Untertanen, seine Minister und seine Familie. Der König verabschiedete sich von seinem Hofstaat, um das Land zu verlassen – zusammen mit der Königin und seinem Sohn. In seinem Reich entstand eine große Panik. Die Leute wollten ihn nicht gehen lassen, denn er war ein sehr guter König. Aber er hatte es versprochen, und es war seine letzte Probe, die er bestehen musste. Deshalb wollte er auf jeden Fall sein Wort halten. So ging er mit seiner Familie, ohne irgendwelche Besitztümer mitzunehmen, denn das ganze Königreich gehörte ja jetzt dem Rishi.

Der König und die Königin litten sehr, als sie ohne Schuhe durch die Wälder streiften. Für sie alle war es eine ganz neue Erfahrung. Nach sechs Leidensmonaten erschien der Rishi erneut bei ihnen und sagte: „Oh König, du hast mir auch noch 3.000 Pfund versprochen." Der König antwortete: „Das habe ich nicht vergessen. Was ist damit?" "Es geht nur um das Wort, das du mir gegeben hast", sagte der Rishi. Der König erwiderte: „Ich werde mein Wort nicht zurücknehmen." Daraufhin begaben sie sich in eine kleine Stadt, wo ein reicher Kaufmann mit ihnen einen Vertrag schloss, dass er 2.000 Pfund zahlen würde, wenn die Königin und der Sohn als Bedienstete im Haus des reichen Kaufmanns ihre Arbeit verrichten würden. So war es vereinbart. Der König zog mit dem Rishi weiter, um die restlichen 1.000 Pfund aufzutreiben.

Sie kamen in eine andere Stadt, wo ein Steuereinzieher für das Krematorium gesucht wurde, und sie waren froh, Harish Chandra einzustellen. Dort tat er seine Pflicht, sodass er schließlich dem Rishi die 3.000 Pfund in Goldmünzen übergeben konnte, die er ihm versprochen hatte. Er sprach kein einziges Wort mehr darüber und versuchte, alles zu vergessen. Kein Licht wurde auf seine Tugend geworfen. Alles war vergessen.

Und so verbrachte Harish Chandra sein weiteres Leben in dieser Stadt, während die Königin und der Prinz in der anderen Stadt ihre Zeit als Bedienstete ableisteten. Sie bekamen Beleidigungen von der Dame des Hauses zu hören, die nicht wusste, dass eine Königin und ein Prinz in ihrem Dienst standen. Sie verrichteten jede Art von Arbeit, die anstand, und sagten niemals, wer sie waren. Eines Tages geschah es, dass der Prinz von einer Schlange gebissen wurde und starb. Das war der schlimmste Schock für die Königin, war er doch ihr einziges Kind.

Sie hatte keine Freunde oder Freundinnen, die ihr bei der Beerdigung hätten beistehen können. So musste sie ihren Sohn selbst in die weiter entfernte Stadt zum Krematorium tragen. Dort fand sie Harish Chandra, der als Steuereinzieher vor dem Tor des Krematoriums stand. Sie erkannte ihn nicht. Auch er erkannte seine Königin nicht, sah nur eine traurige Frau sich nähern, zu der er sprach: „Frau, hast du deine Steuerabgabe bereit?" „Nein, ich bin zu arm", entgegnete sie. Er antwortete: „Mein Herr erlaubt niemandem, hier eine Bestattung zu vollziehen, der die Abgabe nicht bezahlen kann." Selbst als er schließlich seinen Sohn und seine Frau in all ihrem Leid erkannte, stand er fest zu seiner Pflicht. Das war seine allerletzte Prüfung. Er hätte seinen Sohn einäschern lassen können, aber er gab diesem Impuls nicht nach und sprach nicht mit seiner Frau, die nicht wusste, wer er war.

Das Verhalten Harish Chandras rührte die ganze spirituelle Hierarchie und zeugte von seiner bestandenen Feuerprobe. Da erschien wieder der Rishi. Er brachte eine frohe Botschaft. Der Sohn des Königs sollte wieder erweckt und sein Königtum zurückgegeben werden. Das Ganze sei nur eine Prüfung gewesen.

Alle gerechten Seelen werden einer solchen extrem harten Prüfung ausgesetzt, und je größer die Seele, desto härter die Prüfung. Aber wenn sie durch die Feuerprobe gegangen sind und sie bestanden haben, wartet am Ende nichts als Glückseligkeit.

Frage: Aber ein Versprechen kann doch auch andere Menschen und uns selbst verletzen.

Antwort: Das ist etwas anderes. Wenn das geschieht, ist es besser, das Versprechen zu brechen und Buße zu tun.

Frage: Jemand gab ein Versprechen, einer spirituellen Bewegung zu helfen. Nach einigen Jahren fand er heraus, dass diese Gemeinschaft, anstatt ihrer Sache zu dienen und Gott zu dienen, das Licht zurückgehalten hat.

Antwort: Wenn wir die Wahrheit herausfinden, sollten wir nicht blind unser Versprechen halten. Wir haben es dann nicht aus Unredlichkeit zurückgenommen, sondern indem wir in Weisheit erkannt haben, dass etwas anderes besser ist.

GERECHTIGKEIT

Nachdem wir unseren Charakter durch den Erwerb von Tugenden und Werten, die im Leben gebraucht werden, verfeinert haben, können wir unsere Persönlichkeit weiter vervollkommnen, indem wir in uns den Sinn für Gerechtigkeit wecken. Die Kunst der Persönlichkeit macht aus einer Statue ein edles Kunstwerk, aber erst wenn das Gerechtigkeitsgefühl erwacht ist, beginnt die Statue zu leben. Denn im Gerechtigkeitsgefühl liegt das Geheimnis der Entfaltung unserer Seele.

Alle kennen das Wort Gerechtigkeit, doch nur selten finden sich Menschen, die wirklich und von Natur aus gerecht sind, in deren Herz das Gerechtigkeitsgefühl lebendig ist. Die meisten Menschen halten sich für gerecht, auch wenn sie weit davon entfernt sind. Der Sinn für Gerechtigkeit entwickelt sich auf dem Boden der Selbstlosigkeit. Niemand kann gleichzeitig gerecht und egoistisch sein. Zwar können auch selbstsüchtige Menschen gerecht sein, aber nur für sich selbst. Sie machen ihre eigenen Gesetze, ganz wie es ihnen passt, und sie erlauben sich auch, diese Gesetze zu verändern. Dabei ist ihnen ihr Verstand behilflich, die Gesetze an ihre jeweiligen Bedürfnisse und Erfordernisse im Leben anzupassen.

Ein Funken von Gerechtigkeit lässt sich in jedem Herzen, in jeder Person entdecken, gleich welches Entwicklungsstadium sie im Leben erreicht hat. Aber diejenigen, die Fairness lieben, blasen gewissermaßen in den Funken und entfachen ihn zu einer Flamme. Im Licht dieser Flamme wird das Leben klarer. Es wird so viel über Gerechtigkeit gesprochen, diskutiert und gestritten, und wenn zwei Personen über einen bestimmten Punkt streiten und uneins sind, denken sie am Ende immer noch, sie seien gerecht. Keine von ihnen will zugeben, dass die andere Person ebenso gerecht ist wie sie selbst.

Wer gelernt hat, wirklich gerecht zu sein, hat als grundlegende Lehre die Worte Christi verinnerlicht: „Urteilt nicht über andere, damit ihr nicht selbst verurteilt werdet."[1] Da mag der Einwand kommen: Wenn wir nicht urteilen, wie sollen wir dann Gerechtigkeit lernen? Gerechtigkeit können nur diejenigen lernen, die über sich selbst urteilen, nicht aber diejenigen,

---

1 Matthäus 7:1

die ständig über andere urteilen. Wenn wir in all unserer Begrenztheit uns selbst erforschen, werden wir in uns selbst zahlreiche Fehler und Schwächen finden und im Umgang mit anderen viel eigene Ungerechtigkeit. Aber wir werden auch feststellen, dass unser eigenes Leben vollständig ausreicht, um Gerechtigkeit zu lernen. Es bietet ein höchst geeignetes Feld, in dem wir Gerechtigkeit üben können.

Irgendwann erreichen wir dann in unserem Leben ein Stadium, einen Höhepunkt im Leben, in dem sich unsere Seele zur vollen Reife entwickelt hat. Auf dieser Stufe haben Gerechtigkeit und Fairness einen so hohen Entwicklungsstand erlangt, dass wir überhaupt nicht mehr tadeln. Wir haben an niemandem mehr etwas auszusetzen, es sei denn an uns selbst. Hier angelangt, beginnen wir die göttliche Gerechtigkeit zu sehen, die hinter der Erscheinungswelt verborgen ist. Diese Erkenntnis tritt wie eine Belohnung von oben in unser Leben, eine Belohnung, die uns als Vermächtnis von Gott anvertraut wurde; damit wir alles, was gerecht oder ungerecht erscheint, im hell strahlenden Licht der vollkommenen Gerechtigkeit wahrnehmen können.

***

Frage: Ist es nicht sehr schwierig, jegliches Urteilen zu vermeiden? Um gerecht sein zu können, muss man doch zu einer bestimmten Schlussfolgerung kommen.

Antwort: Ja, aber üblicherweise beurteilen wir nicht nur jeden Menschen im Geiste, sondern sind auch stets bereit, unser Urteil zu äußern. Wir haben nicht genügend Geduld, zu warten, die Angelegenheit zu analysieren und weiter darüber nachzudenken. Normalerweise neigen wir nicht nur dazu, über andere zu urteilen, sondern bringen unser Urteil auch sofort und hemmungslos zum Ausdruck. Wir denken nicht: „Habe ich das Recht, die betreffende Person zu beurteilen, habe ich den entsprechenden Reifegrad dazu erreicht?" Jesus hielt sich von jeglicher Anschuldigung zurück, wenn er sagte: „Nur wer gänzlich ohne Fehl ist, hat das Recht, jemanden anzuklagen und zu bestrafen."[2] Das ist eine wichtige Lehre: Selbst um Gerechtigkeit zu lernen, ist es nicht nötig, dass wir jederzeit bereit sind zu urteilen und sofort unser Urteil, unsere Meinung zu verkünden. Wenn Sufis, die

2 Johannes 8:7 „Wer von euch noch nie eine Sünde begangen hat, soll den ersten Stein werfen."

doch in jeder Gestalt die göttliche Gestalt sehen und jedes Herz als göttlichen Schrein betrachten, irgendwelche Personen beurteilen, gleich in welcher Position, Tätigkeit oder Situation sie sich befinden, dann handeln sie in erster Linie gegen ihre Religion. Denn ihre Religion verlangt eine achtungsvolle Haltung gegenüber allen Menschen. Gleichzeitig entwickeln sie die Philosophie weiter, die sie zunächst nur intellektuell gelernt haben.

Frage: Wenn wir andere nicht beschuldigen, bedeutet das, dass wir ihre Fehler nicht mehr sehen, dass wir uns darüber erhoben haben, sie wahrzunehmen?

Antwort: Nein. Diese Haltung ist vor allem eine Frage der Selbstbeherrschung oder Selbstkontrolle, der Höflichkeit, Freundlichkeit, des Mitgefühls und der Güte. Es ist eine Haltung der Ehrerbietung Gott gegenüber, dem Schöpfer und der Schöpferin aller Wesen, und des Glaubens, dass alle Menschen, gut oder böse, Kinder Gottes sind. Wenn wir ein äußerlich hässliches Kind sehen, wäre es dann höflich, den Eltern zu sagen: „Ihr Kind ist aber hässlich"?

Die Mutter bzw. der Vater aller Geschöpfe ist immer da, immer präsent, und weiß, was im Herzen eines jeden Menschen vor sich geht. Wenn wir über Gottes Geschöpfe mit ihren Unzulänglichkeiten und Vorzügen leichtfertig urteilen und unsere Ansichten kundtun, trifft unsere Kritik tatsächlich Gott als Künstler und Künstlerin, die sie erschaffen haben, und zwar nicht hinter Gottes Rücken, sondern in Gottes Gegenwart. Dabei wäre es nicht schwierig, die Gegenwart Gottes überall zu spüren, wenn wir nur unser Bewusstsein darauf lenken würden.

Außerdem müssen wir bedenken, dass wir die Nachteile und Vorzüge unserer Mitmenschen niemals unvoreingenommen beurteilen. Immer sind damit auch unsere persönlichen Neigungen und Abneigungen verbunden. Im Licht unserer Vorlieben sehen wir stets die Vorzüge, im Licht unserer Abneigungen die Fehler. Gibt es denn überhaupt ein menschliches Wesen, wie großartig es auch sein mag, ohne Fehler? Oder eine Person, und sei sie noch so boshaft, ohne Verdienste? Wenn wir an anderen Menschen nur die Fehler sehen, heißt das, wir verschließen unser Herz für eine wohlwollende Haltung ihnen gegenüber; und wir öffnen den Weg zu einer abschätzigen Haltung, um sie kritisieren zu können.

Nun noch zu der anderen Frage: Sehen wir die Fehler nicht, weil wir uns darüber erhoben haben? Ja, wenn wir uns beständig in der Tugend des Nicht-Urteilens üben, kommt eine Zeit, da erkennen wir den Grund für jeden Fehler unserer Mitmenschen, denen wir in unserem Leben begegnen. Wir sehen die Ursache hinter den Fehlern, und dadurch werden wir toleranter und nachsichtiger. Es gibt zum Beispiel kranke Menschen, die mit Weinen, Heulen oder Schreien Störungen in ihrer Atmosphäre verursachen. Das irritiert uns, und wir sagen: „Wie schrecklich, wie schlimm, wie enervierend, was für einen unangenehmen Charakter hat doch diese Person.“ Es ist aber nicht ihr Charakter, es ist ihre Krankheit. Wenn wir die Person aus dieser Perspektive betrachten, sehen wir sie anders. Es ist die Wahrnehmung der Ursache für ein Verhalten, die uns tolerant werden lässt, die Vergebung ermöglicht. Vergebung ist der Wesenskern Gottes, und sie kann im menschlichen Herzen gefunden werden.

Frage: Wenn der Tod, wie wir ihn verstehen, nicht notwendig ist, was ist dann die Alternative?

Antwort: Wandel. Das Leben ist Verwandlung. Was wir als Tod bezeichnen, ist unser Eindruck vom Wandel. Der Tod ist Verwandlung. Wenn das Leben ständige Veränderung ist, ist der Tod eine Verwandlung des Lebens.

GENAU HINHÖREN UND DEN RICHTIGEN TON TREFFEN

Die Kunst der Persönlichkeit gleicht der Kunst der Musik: Auch sie erfordert ein Training der Ohren und die Ausbildung der Stimme. Für Menschen, denen die Musik des Lebens vertraut ist, ist es ganz natürlich, ihre Persönlichkeit zu entwickeln. Fehlt diese Kunst in der Persönlichkeit, so mangelt es der Seele nicht nur an Verständnis für die Kunst, sondern sie ist auch unmusikalisch. Wenn wir jede Seele als einen Ton betrachten und lernen zu erkennen, welcher Ton es genau ist – erhöht oder vermindert, hoch oder tief und zu welcher Tonart er gehört –, dann werden wir zu Seelenkundigen und wissen, wie wir mit jedem einzelnen Menschen umgehen müssen.

Diese Kunst offenbart sich dann in unseren Worten und Taten. Wir sind harmonisch eingestimmt auf den Rhythmus der Atmosphäre, auf den Ton der jeweiligen Person und auf die Erfordernisse des Augenblicks. Die eigene Persönlichkeit zu verfeinern bedeutet, musikalisch zu werden. Die musikalische Seele macht aus der eigenen Persönlichkeit ein Kunstwerk. Ein Wort erhält eine andere Bedeutung, wenn wir es in einem anderen Ton aussprechen. Sprechen wir ein Wort im richtigen Augenblick aus oder halten es zurück in dem Moment, in dem es besser nicht geäußert werden sollte, so bringen wir die Musik des Lebens zur Vollendung.

Für die Entwicklung der Kunst in unserer Persönlichkeit ist es sehr hilfreich, beständig danach zu streben, Schönheit zu schaffen. Es ist amüsant zu sehen, wie bereitwillig Menschen verfeinerte äußere Umgangsformen lernen wollen und wie langsam sie die innere Schönheit der Persönlichkeit entwickeln. Wir dürfen jedoch nicht vergessen, dass äußere Umgangsformen bedeutungslos sind, solange sie nicht aus einem inneren Bedürfnis nach Schönheit hervorgehen.

Wie groß das Wohlgefallen Gottes an den Menschen ist, das lehrt uns die Geschichte von Indra, dem König des Paradieses, an dessen Hof *gandharvas*[1] singen und *apsaras*[2] tanzen. In einfachen Worten ausgedrückt

---

1 Gandharvas sind himmlische Wesen, die musizieren und singen, um die Götter und Göttinnen zu unterhalten.

2 Apsaras sind himmlische Tänzerinnen von überirdischer Schönheit.

bedeutet es, dass Gott die Essenz der Schönheit ist. Die Liebe zur Schönheit veranlasste Gott, die eigene Schönheit in der Schöpfung zum Ausdruck zu bringen. Und es gefällt Gott, Schönheit in der Welt zu sehen, denn darin findet das Verlangen Gottes seine Erfüllung.

Manchmal erscheint es absurd, zu beobachten, wie gute Umgangsformen gewisse Personen, die stolz auf ihre schlechten Manieren sind, ärgerlich machen können. Sie bezeichnen dieses Benehmen dann als oberflächlich, weil ihr Stolz durch den Anblick eines Verhaltens gekränkt wurde, über das sie selbst nicht verfügen. Wer die Trauben nicht pflücken kann, weil sie zu hoch hängen, sagt, sie seien zu sauer. Einige halten sich auch für zu fein, um ihren Charakter zu verfeinern, gerade wie manche Menschen gute Musik nicht mögen und sich mit leichterer Musik zufriedengeben. Auf viele Menschen wirkt gute Musik sogar ermüdend, weil sie ihrer Natur fremd ist. Es ist kein Verdienst, unmusikalisch zu sein, und nicht weise, sich gegen die Verfeinerung der Persönlichkeit zu sträuben. Wir müssen nur den Versuch unternehmen, Schönheit zu entwickeln, im Vertrauen darauf, dass Schönheit in der Tiefe unserer Seele ruht und ihr Ausdruck in jeglicher Form das Zeichen für die Entfaltung unserer Seele ist.

***

Frage: Was ist der Unterschied zwischen Individualität und Persönlichkeit?

Antwort: Individualität ist das Bewusstsein der Seele von ihrer Einheit trotz ihrer verschiedenen Attribute, mit denen sie sich immer noch identifiziert. Die Individualität zeigt sich in einem Kind, das sagt: „Nein, ich will dieses Spielzeug nicht, ich will das andere." In dem Augenblick, da das Kind „ich" sagt, wird es sich seiner Individualität bewusst, ungeachtet all der verschiedenen Organe seines Körpers und diverser Gedanken in seinem Kopf und obgleich es weiß: „Dies ist meine Hand, dies ist mein Fuß, dies ist mein Kopf." Wir sehen unsere verschiedenen Teile, und gleichzeitig schreiben wir all diese Teile uns selbst zu in dem Wissen: „Ich bin eins." Es ist die Erkenntnis, dass ich trotz meiner Vielfalt eins bin. Einfach ausgedrückt: Ich bin aus vielen Aspekten zusammengesetzt.

Die Persönlichkeit ist eine Weiterentwicklung, eine Veredelung der Individualität. Wenn ein Individuum zu einer Person wird, dann kommt die Schönheit, die göttliche Schönheit, die im Individuum verborgen ist, zur Entfaltung. Diese Schönheit, die sich entfaltet, macht unsere Persönlichkeit aus. Die Persönlichkeit ist das, was wir als Verfeinerung dessen, was wir sind, zum Ausdruck bringen.

Frage: Wenn ein Kind kein Verlangen nach Schönheit zeigt, kann man es dann zur Schönheit anleiten, oder kann Schönheit nicht gelehrt werden?

Antwort: Wenn ein Kind keine Neigung zur Schönheit zeigt, liegt das daran, dass etwas im Kind verschlossen ist. Es bedeutet nicht, dass die Schönheit nicht vorhanden ist. Kein menschliches Wesen, wie böse oder dumm es auch sein mag, ist ohne Schönheit. Sie ist nur verborgen. Durch unser Vertrauen und unsere feste Überzeugung von der Großartigkeit der Seele können wir die Schönheit hervorlocken, in einigen Menschen früher, in anderen später. Aber eines Tages wird alles, was verborgen ist, ans Licht kommen.

Die Schwierigkeit liegt allein darin, genügend Geduld aufzubringen. Meist haben wir nicht genug Geduld. Der Mangel an Schönheit in einigen Menschen trifft uns so hart, dass wir die Geduld verlieren, pessimistisch werden und versuchen, uns von diesen Menschen zu entfernen. Damit erreichen wir nur, dass sie sich noch weiter zum Schlechteren hin entwickeln. Wenn wir dagegen ihren Mangel an Schönheit geduldig ertragen und aushalten und darauf vertrauen, dass in allen Menschen irgendwo Güte und Schönheit versteckt sind, dann können wir behutsam in ihrem Innern danach forschen und sie aus der Tiefe hervorholen. Irgendwann werden wir damit Erfolg haben.

Das führt uns zum Glauben an Gott. Wenn wir glauben, Gott sei Vater und Mutter für jedes Kind, dann ergibt sich daraus, dass jedes Kind auch das Erbe seiner göttlichen Eltern in sich trägt. Das ist nicht nur eine Philosophie, sondern eine Religion, eine Moral. Und das Vertrauen in die göttliche Schönheit in jeder Person bewirkt, dass wir gleichzeitig ganz automatisch diese Schönheit in uns selbst entwickeln. Sie entwickelt sich nicht bei dem Gedanken: „Ich habe diese Schönheit, aber eine andere Person hat sie nicht.“ So viele Menschen denken: „Ich besitze Schönheit“, anstatt sich selbst zu vergessen und zu vertrauen, sie eines Tages in der anderen Person zu finden. Wenn wir doch nur genug Geduld hätten zu warten! Solange wir die Einstellung haben: „Hier ist jemand, dem Schönheit fehlt. Weg, nur weg! Dieser Person fehlt, was ich habe“, bekunden wir unseren Hochmut und verschließen die Tür, die eigentlich offen bleiben sollte, damit wir uns bemühen und weiterarbeiten können. Es ist einfach nur Schwäche, einer Person den Rücken zuzukehren, die unserer Ansicht nach die Schönheit, die wir erwarten, vermissen lässt. Allein die Öffnung unseres Herzens für jede Seele, welchen Grad der Entwicklung sie auch aufweist, kann in ihrem Herzen diese Schönheit wachrufen. Wenn wir uns für die Schönheit öffnen, wird sie im anderen lebendig werden.

Frage: Woher kommt die Eigenschaft der Arroganz, und warum ist es so schwer, sie zu besiegen?

Antwort: Es ist wirklich schwer, sie zu besiegen, und fast unmöglich, sie loszuwerden. Der Grund ist: Wo Licht ist, da ist auch Schatten; da ist Dunkelheit als Kontrast zum Licht. Arroganz ist ein Attribut unseres Egos. Sie ist die Trunkenheit des Egos. Die Nüchternheit des Egos lässt sich als göttliche Eitelkeit bezeichnen. Die Trunkenheit ist der Eigendünkel des Menschen. Das Thema ist äußerst subtil. Das Wort Eitelkeit wird üblicherweise in sehr gewöhnlichem Sinne gebraucht. Da es in anderen Sprachen kein gleichbedeutendes Wort für *kibriya* gibt, ist es schwierig, den eigentlichen Sinn dieses Wortes auszudrücken. Es ist ähnlich wie mit dem Begriff *vairagya*, der üblicherweise mit Indifferenz, d. h. Gleichgültigkeit, übersetzt wird, aber eher Gleichmut und Unabhängigkeit bedeutet. *Kibriya* wird mit Eitelkeit übersetzt, aber – einfach erklärt – beschreibt es die Befriedigung und Genugtuung, die Gott durch diese Schöpfung erlangen wollte. Diese Art von Eitelkeit ist nicht die arrogant machende Selbstgefälligkeit eines dummen und ungebildeten Menschen. Nur wenn die Selbstgefälligkeit ihren angemessenen Platz einnimmt, ist sie eine große Tugend. Die Plätze, die Sünde und Tugend einnehmen, sind austauschbar. Es ist die eigene Schönheit, die den Pfau zum Tanzen anregt.

Frage: Wo fängt Arroganz an?

Antwort: Ohne Zweifel beginnt Arroganz dort, wo wir Vergleiche anstellen. Deshalb liegt der Anfang der Arroganz, wenn auch nur in kleinem Ausmaß, schon in der Engelsphäre und der Dschinnsphäre. Ausgereift ist der Eigendünkel dann in der menschlichen Sphäre, wo er in voller Stärke zum Ausdruck kommt. Aber in Wahrheit bietet die tiefere Bedeutung von Eitelkeit eine höchst erfreuliche Sicht auf die Erscheinungen des Lebens. Das, was die Sufis als „Wein“ bezeichnen, ist das Vergnügen, das sie aus dieser Art, die Welt zu sehen, ziehen. Sobald diese Sichtweise sich in ihrer Seele entwickelt hat und sie die verschiedenen Ereignisse im Leben anschauen, kann sie nichts mehr enttäuschen. Alles bereitet ihnen dann eine wunderbare Freude und ein solches Vergnügen, dass es fast wie ein berauschendes Getränk wirkt. Genau das nennt Omar Khayyam „Wein". „Amüsiere dich und, wenn du die Erscheinungen des Lebens betrachtest, erhebe dich über die Sorgen und Ängste, die dein Selbstmitleid verursacht."

Die Seher und Seherinnen auf der allerhöchsten Reifungsstufe amüsieren sich immerzu über das Leben. Deshalb ist es auch so angenehm in ihrer Atmosphäre, so erfreulich, mit ihnen zu sprechen, so wohltuend in jeder Beziehung. Ist das Selbst erst einmal vergessen, dann gibt es keine Angst und keine Sorge mehr. Unsere Besorgnis entspringt der Angst. Und woraus erwächst die Angst? Aus den Wolken des Nichtwissens. Das Leben aber kann alle Wolken zerstreuen. Wer glücklich sein will, findet tausend Anlässe, sich zu amüsieren und glücklich zu sein. Wer aber Kummer und Sorgen sucht, findet eine Million Dinge, über die man sich Sorgen machen kann.

Frage: Was ist, wenn wir uns im Leben Sorgen um andere Menschen machen?

Antwort: Damit, dass wir um andere besorgt sind, helfen wir ihnen nicht.

EINE FREUNDLICHE HALTUNG

Eine freundliche Haltung, die sich in wohlwollenden Gedanken, Worten und Taten äußert, ist die Hauptsache in der Kunst der Persönlichkeit. Es gibt grenzenlose Möglichkeiten, diese Haltung zu zeigen. Wie weit wir auch unsere Persönlichkeit schon in diese Richtung entwickelt haben, es ist nie zu viel. Spontaneität und Freigebigkeit sind Zeichen für unsere freundliche Haltung und unsere Bereitschaft, zu verschenken, was unserem Herzen lieb ist.

Das Leben auf Erden enthält zahllose Verpflichtungen gegenüber Freund und Feind, gegenüber Bekannten und Fremden. Wir können unsere Pflichten im Leben gar nicht gewissenhaft genug beachten und müssen alles tun, was in unserer Macht steht, sie zu erfüllen. Bei vielen Menschen ist es möglicherweise so, dass es ihre Kraft übersteigt, mehr als ihre Pflicht und Schuldigkeit zu tun. Aber wenn wir tun, was wir tun sollten, erfüllen wir den Sinn unseres Lebens.

Das Leben ist ein Rausch, der sich als Nachlässigkeit und Pflichtvergessenheit auswirkt. Die Hindubegriffe *dharma* und *adharma* weisen uns darauf hin, dass unsere Pflichten im Leben *dharma* sind, das heißt gleichbedeutend mit Religiosität, und ihre Vernachlässigung ist *adharma*, das heißt Mangel an Religiosität. Wenn wir unsere Verpflichtungen allen Menschen gegenüber, mit denen wir in Kontakt kommen, nicht gewissenhaft einhalten, sind wir in der Tat nicht religiös.

Viele werden sagen: „Wir versuchen doch, unser Bestes zu geben, aber wir wissen nicht, was es ist." Oder: „Wir wissen nicht, was unsere Pflicht ist und wie wir zwischen dem, was wirklich unsere Pflicht ist und was nicht, unterscheiden können." Niemand auf der Welt kann anderen Menschen sagen, worin ihre Pflicht besteht und worin nicht. Das müssen wir ganz für uns selbst herausfinden, indem wir uns gewissenhaft unsere Pflichten bewusst machen. Und je pflichtbewusster wir werden, desto mehr Verpflichtungen werden wir finden, die wir erfüllen müssen. Da gibt es kein Ende. Aber dieses ständige Bemühen, das anfänglich wie ein Verlust erscheinen mag, erweist sich am Ende als Gewinn. Denn wer hellwach ist, wird Gott von Angesicht zu Angesicht begegnen.

Die Augen derjenigen aber, die ganz im Rausch des Lebens gefangen sind und ihre Pflicht anderen gegenüber vernachlässigen, werden in der Gegenwart Gottes geblendet, und ihr Geist wird erschöpft sein. Das bedeutet nicht, dass ihnen allen die Schau des göttlichen Antlitzes vorenthalten wird. Es bedeutet nur, dass diejenigen, die nicht gelernt haben, ihre Augen weit genug zu öffnen, mit geschlossenen Augen vor dem Antlitz Gottes stehen werden. Alle Tugenden entspringen einer umfassenden Sicht auf das Leben, alles Verständnis resultiert aus der scharfen Beobachtung des Lebens. Der Adel unserer Seele zeigt sich in der weitsichtigen und weitherzigen Haltung, die wir im Leben einnehmen.

***

Frage: Wie können wir unbewusst an unserer Persönlichkeit arbeiten?

Antwort: Das Beste ist, in unserem Wesen die Liebe zur Schönheit zu entwickeln. Wir entwickeln sie, indem wir die Schönheit bewundern. Am ehesten kommt die Schönheit im menschlichen Charakter zum Ausdruck. Wenn wir die Schönheit im menschlichen Charakter schätzen und bewundern lernen und uns von allem, was wir bewundern, beeindrucken lassen, dann wird alles Schöne, das uns berührt, zu unserem Eigentum. Auf diese Weise sammeln wir all die Schönheit in uns, die andere Menschen uns anbieten. Was die Persönlichkeit am inneren Wachstum hindert, das ist der Hang zur Kritik und der Mangel an Wertschätzung. Die beste Gelegenheit, die uns das Leben bietet, besteht darin, all das Gute von jedem Menschen anzunehmen. Wir verpassen diese Gelegenheit, wenn wir nur die schlechten Seiten sehen und die guten übersehen. Wenn wir aber in jeder Person irgendetwas Schönes sehen, könnten wir es uns aneignen und unserer Sammlung hinzufügen. Auf diese Art fördern wir unsere Liebe für die Kunst. Es ist so, als wenn wir von hier nach China fahren, wobei wir mehrere Länder durchqueren, und die besten Kunstwerke finden, sie sammeln und ein Museum dafür errichten, ähnlich wie das Musée Guimet.[1] Was auf der materiellen Ebene machbar ist, kann auf einer höheren Ebene ebenso getan werden.

Wenn wir das Gute von anderen Menschen übernehmen, nehmen wir es ihnen nicht weg. Wir würdigen es nur und kommen ihnen dabei

1 Ein Museum für die Kunst Asiens in Paris. Inayat Khan hielt dort gelegentlich Vorträge.

näher, und gleichzeitig werden wir immer reicher an Schönheit. Die Schönheit, die wir auf diese Weise in uns ansammeln, formt am Ende eine schöne Persönlichkeit. Dieser kreative Vorgang endet nie. In der allergewöhnlichsten Person gibt es etwas Gutes zu entdecken, etwas, woraus wir lernen können, sofern wir den ehrlichen Wunsch haben, das Gute in ihr aufzuspüren und zu würdigen. Selbst wenn das Gute völlig verborgen ist, müssen wir versuchen, es hervorzulocken. Und was ist dafür nötig? Welches Zahlungsmittel müssen wir einsetzen? Die Güte, die in uns selber steckt. Mit diesem Zahlungsmittel werden wir von anderen Menschen das Gute und Schöne, das in ihnen verborgen ist, bekommen.

Frage: Wie können wir als Menschen immer wissen, was unsere Pflicht ist? Kann übertriebene Gewissenhaftigkeit nicht auch zu einer Verwirrung im Denken und zu falschem Handeln führen?

Antwort: Übermäßige Güte oder übermäßige Freude oder übermäßige Liebe – dieses „übermäßig" ist immer schlecht. Aber was meistens vorliegt und was man immer wieder findet, das ist die Trunkenheit. Nüchternheit ist sehr schwer zu erreichen. Das Leben hat auf jeden Menschen eine berauschende Wirkung, auf Heilige und Weise ebenso wie auf jedermann. Diese Trunkenheit ist übermächtig; sie verhindert eine klare Einsicht. Deshalb können wir nie ganz sicher sein – gleich wie hoch entwickelt wir sind, auch in unserem spirituellen Leben –, dass wir nicht dieser Trunkenheit verfallen. Denn wir atmen sie ein mit allem, was wir riechen, schmecken oder hören, und dann breitet sich ein Schleier über alles andere. Aus diesem Grund können wir gar nicht zu gewissenhaft sein.

Nehmen wir zum Beispiel eine Person, die in ihrem Denken unausgeglichen und verwirrt ist – sie weiß nicht, ob sie richtig oder falsch gehandelt hat. Ich will nicht weiter über solch eine Person reden, aber ich bezeichne Menschen, die nicht wissen, was sie tun, nicht als gewissenhaft, sondern als konfus. Gewissenhafte Menschen erörtern ihr Verhalten nicht und stellen es nicht zur Diskussion, sondern sind stets hellwach und fragen sich selbst in jeder Situation und unter allen Umständen: „Wo hätte ich etwas tun sollen?" oder „Warum habe ich es nicht getan?" Aber sie machen sich selber dabei nicht konfus. Sie tun einfach, was sie für richtig halten. Und wenn ihr Verhalten sich dann als falsch herausstellen sollte, so machen sie es beim nächsten Mal richtig. Menschen, die das Rechte tun möchten, machen vielleicht einmal, zweimal oder dreimal einen Fehler, aber schließlich tun sie das Rechte, weil ihr Wille stark ist.

Frage: Würden Sie uns bitte erklären, ob es möglich ist, sich gegen die *kamal*-Augenblicke zu schützen, in denen Unfälle passieren können?

Antwort: Nein, wir sollten uns darum keine Gedanken machen. Denn der Gedanke an Unfälle ruft Unfälle hervor. Das Beste ist, sich nicht darum zu kümmern. Aber um generell Unfälle zu vermeiden, empfehle ich, ruhig zu bleiben, denn alle Unfälle geschehen, wenn die geistige Gelassenheit gestört ist. Wenn sich unser Gemüt in einem angemessenen Gleichgewicht befindet, wird kein Unfall passieren. Unfälle sind immer die Folge von einem gestörten Rhythmus im Geist und Gemüt. Sie mögen einwenden: „Wenn eine mitfahrende Person einen Autounfall erleidet, ist es dann ihre Schuld, oder ist es nicht eher die Schuld des Fahrers?" Vielleicht ist es die Schuld des Fahrers, vielleicht ist aber auch die Begleitperson oder jemand anders dafür verantwortlich, sofern ihr unausgeglichener Geist den Fahrer durcheinandergebracht hat. Der Unfall mag sogar von einem entgegenkommenden Auto verursacht sein, dessen Fahrer die geistige Unausgeglichenheit als Reflexion empfangen hat. Wir können keinen anderen Menschen beschuldigen, weil wir es nicht wissen. Ein Unfall ist jedenfalls nicht natürlich, sondern ein unnatürliches und unerwünschtes Ereignis. Es lässt sich vergleichen mit einem falschen Ton oder fehlendem Rhythmus, der vom Komponisten nicht beabsichtigt war. Und wenn jemand das Musikstück falsch spielt, ist es ein Fehler und entspricht nicht dem Wunsch des Komponisten.

EINIGUNG UND VERSÖHNUNG

Die Mühe, unsere Persönlichkeit oder unseren Charakter zu entwickeln, darf nicht auf dem Wunsch beruhen, uns selbst zu beweisen, dass wir anderen überlegen sind. Vielmehr geht es darum, für die Menschen in unserer Umgebung und für alle, mit denen wir in Kontakt kommen, liebenswürdiger und umgänglicher zu werden.

Versöhnung beschreibt nicht nur die Moral der Sufis, sondern ist das Kennzeichen der Sufis. Diese Tugend lässt sich nicht leicht erlernen und verwirklichen, denn dafür ist nicht nur der gute Wille, sondern auch Weisheit notwendig. Die große Begabung von Diplomaten und Diplomatinnen besteht darin, zu erreichen, dass alle Beteiligten sich auf Ergebnisse einigen, die die Wünsche aller berücksichtigen und denen alle zustimmen können. Uneinigkeit und Zwietracht stellen sich leicht ein, wie man nur allzu oft in der niederen Schöpfung beobachten kann. Schwieriger ist es, Übereinstimmung herzustellen, weil sie eine umfassendere Sichtweise erfordert, die ein wahres Kennzeichen für Spiritualität ist. Eine engstirnige Perspektive schränkt den geistigen Horizont von Menschen so ein, dass sie nicht leicht zu einer Einigung kommen können.

Es gibt immer einen gemeinsamen Ort, wo sich zwei Menschen treffen können, wie verschieden ihre Einstellungen auch sein mögen. Aber dieser Treffpunkt kann weit entfernt sein, und nicht jeder Mensch ist immer willens, die Mühe auf sich zu nehmen und so weit zu gehen, wie es für eine Einigung erforderlich ist. Sehr oft reicht unsere Geduld nicht aus, um dorthin zu gelangen, wo eine Begegnung möglich ist. Normalerweise läuft es so, dass wir uns wünschen, der andere möge uns entgegenkommen bis zu dem Platz, wo wir stehen. Wir verspüren kein Verlangen, uns von unserem Standort wegzubewegen.

Das heißt nicht, dass wir, um wahre Sufis zu werden, unsere Einstellungen aufgeben müssen, damit wir eine Einigung mit anderen erreichen können. Es nützt nichts, nachgiebig zu sein, jeden Gedanken eines anderen Menschen zu übernehmen und die eigenen Ideen und Vorstellungen aus unserem Herzen auszuradieren. Das ist nicht die wirkliche Bedeutung von Einigung und Versöhnung. Wenn wir es schaffen, anderen zuzuhören, dann bewirken wir damit, dass die anderen auch uns zuhören.

Wenn wir mit Leichtigkeit anderen zustimmen können, üben wir auf die anderen eine Kraft aus, sodass sie ebenso mühelos uns zustimmen werden. Deshalb bringt uns diese Haltung Gewinn trotz des scheinbaren Verlusts, den wir manchmal erleiden. Die Fähigkeit, eine Sache sowohl von unserem eigenen Standpunkt aus zu betrachten als auch vom Standpunkt des anderen, verhilft uns zu einer umfassenden Sichtweise und klaren Erkenntnis. Wir sehen dann sozusagen mit beiden Augen.

Es stimmt, dass Reibung Licht hervorbringt, jedoch liegt dem Licht eine Übereinstimmung der Atome zugrunde. Wenn zwei Menschen ihre eigenen Vorstellungen haben und über ihre unterschiedlichen Ideen streiten, das ist nicht schlimm. Es regt das Denken an. Aber wenn Menschen argumentieren um des Argumentierens willen, wird die Streiterei zum bloßen Spiel. Sie finden im Einigungsprozess keine Befriedigung. Ihre Worte sind das Mittel für Uneinigkeit, und ihre Argumente liefern diesem Feuer den Brennstoff. Wenn dagegen die Intelligenz nachgiebig ist und fähig, alles zu verstehen, auch das Unrecht im Recht und das Recht im Unrecht – das ist Weisheit.

Die Seele, die vollkommenes Wissen erlangt hat, erhebt sich über Richtig und Falsch. Sie weiß um beides und lässt gleichzeitig dieses Wissen los. Wir können vieles sagen, aber was gibt es wirklich zu sagen? In diesem Stadium fällt es der Seele leicht, mit allem und allen in Einklang zu sein.

Eine Geschichte erzählt, dass zwei Sufis, die beide ihre eigenen Wege gegangen waren, sich nach vielen Jahren wieder trafen. Sie freuten sich sehr, einander zu begegnen nach all den Jahren der Trennung, denn sie waren beide Murids desselben Murshids. Der eine sagte zu dem andern: „Bitte, berichte mir über deine Erfahrungen im Leben.“ „Nach all der Zeit, in der ich die Sufilehren studiert und praktiziert habe, habe ich eines gelernt, nämlich wie man sich mit anderen Menschen aussöhnen und in Einklang kommen kann. Das kann ich jetzt sehr gut. Erzählst du mir nun bitte, was du gelernt hast?“ Der andere sagte: „Nach all der Zeit, in der ich die Sufilehren studiert und praktiziert habe, habe ich gelernt, wie ich das Leben meistern kann und dass alles, was auf der Welt existiert, für mich da ist und ich der Meister bin. Alles, was geschieht, geschieht, weil ich es will.“

Da kam der Murshid, dessen Murids beide waren. Sie berichteten ihm über ihre jeweiligen Erfahrungen während der Reise. Der Murshid sprach: „Ihr habt beide Recht. Bei dem ersten Murid war es Selbstvergessenheit im rechten Sinn des Wortes, die ihn befähigte, mit anderen Menschen in Einklang zu kommen. Bei dem zweiten ist nichts von seinem eigenen Willen mehr vorhanden. Geblieben ist einzig und allein der Wille Gottes."

Das Buch „Ethik" („Moral Culture") besteht aus einer Reihe von Vorträgen aus den Jahren 1915 bis 1920. Es wurde erstmalig 1937 vom Sufi Movement veröffentlicht und gedruckt von Ae. E. Kluwer, Deventer, Holland.

ETHIK

TEIL 1
DAS GESETZ DER GEGENSEITIGKEIT

Gegenseitigkeit

Im Umgang mit anderen Menschen sollten wir zunächst bedenken, in welcher Beziehung wir zu der jeweiligen Person stehen. Dann sollten wir darüber nachdenken, welche Art von Verhalten vonseiten der anderen Person uns gefallen würde, die in gleicher Weise mit uns verbunden ist wie wir mit ihr. Wenn es um wohlwollende Handlungen geht, so sollten wir in allem mehr tun, als wir vom anderen uns gegenüber erwarten. Dagegen sollten wir unfreundliches Verhalten weniger zeigen, als wir vom anderen erwarten.

Wir müssen die Pflicht immer im Hinterkopf behalten, wenn wir überlegen, in welcher Beziehung wir zu unseren Verwandten, Nachbarn, Mitbürgern, zu den Menschen unserer Nationalität und unserer ethnischen Gruppe und zu den Menschen auf der ganzen Welt stehen. Wenn wir zum Beispiel einen Nachbarn mit Wohlwollen, eine Verwandte zu Hause jedoch mit Geringschätzung behandeln oder wenn wir Fremden Sympathie entgegenbringen, während wir gleichzeitig Bitterkeit unserer eigenen Nation gegenüber empfinden – dieses Verhalten ist nicht erstrebenswert, wie selbstlos und tolerant es auch erscheinen mag. Es ist, als würden wir versuchen, ein menschliches Gesicht zu zeichnen, noch bevor wir überhaupt gelernt haben, eine gerade oder parallele Linie zu ziehen.

„Nächstenliebe beginnt zu Hause." Es ist gut, zuerst einmal denen unser Mitgefühl zu zeigen, die uns nahestehen, denn die Pflicht gebietet, uns um sie und ihr Wohlergehen zu kümmern. Anstatt unsere Anteilnahme auf einen größeren Kreis auszuweiten, bleiben wir in unserem kleinen Umfeld. Das kann sich für uns nachteilig auswirken, sodass wir auf diese Weise vielleicht niemals im Leben weiterkommen oder auf eine höhere Entwicklungsstufe der Mitmenschlichkeit gelangen. Hierin besteht auch die einzige Schattenseite der modernen Zivilisation, die sich auf nationales Denken beschränkt und sich nicht weiter entwickelt. Und doch ist diese Begrenzung besser als die oben beschriebene Toleranz, mit der wir denen, die weit von uns entfernt sind, wohlwollend begegnen und die, die uns nahe stehen, vernachlässigen oder sogar verabscheuen.

Am besten wäre es, wenn wir unsere Anteilnahme allmählich ausweiten. Unter Berücksichtigung unserer Beziehung zu anderen und unserer Pflicht ihnen gegenüber erweitern wir unseren Sympathiebereich schrittweise vom Kreis derer, die uns am nächsten stehen, auf die, die am weitesten von uns entfernt sind. Großherzigkeit und Einsatzbereitschaft sollten Hand in Hand mit dem Pflichtgefühl gehen. Gelingt das nicht, wird unser Bestreben kein Segen, sondern ein Fluch.

Der Umgang mit unseren Freunden und Freundinnen

In Freundschaftsbeziehungen ist es wichtig zu erkennen, dass wir Menschen, mit denen wir befreundet sind und die eine niedrigere Stellung im Leben haben oder ärmer sind als wir, nicht einmal für einen Moment als niedriger oder ärmer ansehen dürfen. Wie immer unsere Lebensumstände sein mögen und welche Position wir auch bekleiden, wir müssen Freundinnen und Freunde immer als unseresgleichen betrachten. Derselbe Geist der Ebenbürtigkeit sollte auch unseren Umgang mit befreundeten Personen prägen, deren gesellschaftliche Position höher ist als unsere eigene. Konventionen sollten unter Freunden und Freundinnen keine größere Rolle spielen als für ihre Weiterentwicklung erforderlich. Wir müssen in jedem Aspekt unseres Verhaltens gegenüber befreundeten Personen den Gedanken an Unterschiedlichkeit und Anderssein vermeiden. Zwischen wahren Freundinnen und Freunden darf es keine Geheimnisse geben.

Eine Freundschaft aus egoistischen Beweggründen zu nutzen ist genauso, wie bitteres Gift in süßen Rosensirup zu mischen. Wir müssen, ohne im Geringsten zu zögern, bereit sein, einem Freund oder einer Freundin in jeder Lebenssituation fürsorglich beizustehen, und dürfen dabei keinen Augenblick einen Dank oder eine Gegengabe erwarten.

Freundinnen und Freunde im wahren Sinne des Wortes stehen uns näher als unsere eigene Familie, als Verwandte, Nachbarn, unsere Nation und ethnische Gruppe. Das Geheimnis der Freundinnen sollten wir als unser eigenes Geheimnis bewahren, ihre Fehler wie unsere eigenen verbergen und ihre Ehre wie unsere eigene Ehre hochhalten. Wir sollten die Feinde unserer Freunde als unsere eigenen Feinde ansehen und die

Freunde unserer Freunde als unsere eigenen Freunde. Es geht nicht darum, sich seiner Freundschaften zu rühmen, sondern sie zu pflegen. Allerdings gibt es oft auch falsche Ansprüche an eine Freundschaft. Ist eine Freundin verzweifelt, braucht sie Trost, lebt ein Freund in Armut, ist Unterstützung nötig. Die Fehler von Freundinnen und Freunden sollten wir übersehen. Haben sie Probleme, ist unsere Hilfe angesagt; wenn sie sich freuen, dürfen wir uns mit ihnen freuen.

Heute freundlich und morgen unfreundlich, das kann keinen Augenblick als Freundschaft bezeichnet werden, denn der Wert der Freundschaft liegt in der Beständigkeit. Nachsicht, Geduld und Toleranz sind die einzigen Vorbedingungen, die gewährleisten, dass zwei einzelne Herzen vereint bleiben können. Ein Ausspruch über Freundschaft von Summan in Hindustani lautet: „Stehe an der Seite deines Freundes in Zeiten seiner Not wie das Schilfrohr am Flussufer." Wenn jemand im Fluss am Ertrinken ist und haltsuchend nach dem Schilf greift, wird es ihn retten, sofern es fest verwurzelt und stark ist. Bietet es keinen festen Halt, geht es mit dem Ertrinkenden unter.

Der Umgang mit unseren Feinden und Feindinnen

Der Umgang mit unseren Feinden und Feindinnen erfordert mehr Behutsamkeit als der Umgang mit unseren Freunden und Freundinnen. Diese Tatsache wird im Allgemeinen nicht zur Kenntnis genommen. Während wir mit einem Freund oder einer Freundin sehr rücksichtsvoll umgehen, behandeln wir einen Feind oder eine Feindin auf ganz verschiedene Weise. Manchmal verstoßen wir gegen unsere Verhaltensregeln und beleidigen unsere Feinde. So tragen wir dazu bei, dass sie uns gegenüber noch verletzender werden. Oft fixieren wir uns so sehr auf ihre Fehler, dass wir unserer eigenen Seele dieselben Fehler aufprägen und diese Fehler noch tiefer in die Seele der Feinde eingraben. Wenn die Feinde die Fehler gar nicht aufweisen, so bewirken wir dadurch, dass wir sie spiegeln, dass ihre Feindschaft noch bitterer wird.

Es ist ebenso unklug, die Bitterkeit und zerstörerische Kraft der Feinde und Feindinnen zu unterschätzen wie sie zu überschätzen. In vielen Fällen sind wir durch unser eigenes Ego verblendet und bewerten die Macht der Feinde falsch, wenn wir sagen: „Ach, was kann diese Person mir schon tun? Was fürchte ich denn?" Bedrängt von einer feindseligen Person geben wir dem Impuls nach, uns selbst zu beschwichtigen. Dies ist eine Niederlage. Unter solchen Umständen standhaft und ruhig zu bleiben ist ein Sieg. Dagegen ist es eine Schwäche, über das Leid und den Schaden zu klagen, die uns von einem Feind oder einer Feindin zugefügt werden. Es ist lohnender, Maßnahmen zu treffen, um Leiden zu vermeiden, oder der feindlichen Person kraftvoll entgegenzutreten und den Schaden mit Macht einzugrenzen. Weiterhin ist es weise, aus der Kritik, die feindlich gesonnene Menschen an uns üben, einen Nutzen zu ziehen. Die Kritik kann uns nämlich helfen, uns selbst zu korrigieren. Dumm ist es, wenn wir sie einfach weglachen, uns für zu gut halten und nicht zulassen, dass die Kritik begründet sein könnte.

Im Falle der Rache ist das Prinzip „Auge um Auge, Zahn um Zahn" nur dann richtig, wenn wir sicher sind, dass Freundlichkeit und Vergebung absolut keinerlei Macht über die Hartherzigkeit des Feindes haben, sondern im Gegenteil die Feindschaft noch verstärken würden. Aber solange es irgendeine Chance gibt, den Rachebedürfnissen des Gegners mit Güte zu begegnen, sollte das oben erwähnte Prinzip nicht angewandt werden. Besser ist es, die gegnerische Person zu beruhigen, bevor sie sich gegen uns erhebt. Wenn sie uns aber angegriffen hat, ist es richtig, sie zu unterwerfen.

Es ist weise, die Regungen der uns feindlich gesonnenen Menschen wachsam zu verfolgen und sich dagegen abzusichern. Unklug ist es, zuzulassen, dass wir selbst von feindlicher Seite beobachtet werden und gegen uns eine schützende Abwehr aufgebaut wird. Ratsam ist es, die Kraft der Feinde und Feindinnen auf jede mögliche Art zu schwächen und die eigenen Kräfte so zu stärken, dass sie die feindlichen Kräfte weitaus übersteigen. Es ist richtig, das Geheimnis der Feinde zu kennen, und noch richtiger, unser eigenes Geheimnis vor ihnen verschlossen zu halten. Vor allem aber müssen wir dafür sorgen, dass niemand zu unserem Feind oder unserer Feindin wird. Und ganz besonders müssen wir darauf achten, dass Freunde nicht zu Gegnern werden. Auf jeden Fall ist es richtig, unseren Feinden zu vergeben und die Feindschaft zu vergessen, sofern die Feinde es aufrichtig wünschen. Dann sollten wir den ersten Schritt tun und die Freundschaft ermöglichen, anstatt uns zurückzuziehen und weiterhin das Gift der Vergangenheit in unserem Innern zu behalten. Das wäre ebenso schlimm wie eine alte Krankheit in unserem Organismus zu bewahren.

Verhalten gegenüber Menschen unterschiedlicher sozialer Position

Wir finden zwei Tendenzen, die im Verhalten gegenüber Menschen in übergeordneter Position wirksam sind: a) die unterschiedlichen Rangstufen zu berücksichtigen und b) keine Unterschiede bezüglich des Ranges zu machen. Die erste Tendenz wird deutlich, wenn jemand sagt: „Sie ist meine Chefin – er ist mein Professor – sie ist meine Mutter – er ist mein Vater – er ist mein Onkel mütterlicherseits, und deshalb muss ich auf ihn oder sie Rücksicht nehmen." Die andere Tendenz zeigt sich in Äußerungen wie: „Was kümmert es mich, dass sie die Chefin in meinem Büro ist?" – „Es ist mir gleich, ob er älter ist als ich" – „Was schert es mich, dass sie meine Tante ist?" – „Was bedeutet es schon, dass er der Großvater meiner Mutter ist?" Wir sehen Behutsamkeit bei den einen und einen unabhängigen Geist bei den anderen und bevorzugen entsprechend unserer Natur die eine oder andere Tendenz. Wenn wir mutig und voller Energie sind, lieben wir den Geist der Unabhängigkeit. Sind wir eher zartfühlend, bevorzugen wir Behutsamkeit.

Sufis neigen nicht zur Einseitigkeit. Sie sagen, Lebhaftigkeit und Unabhängigkeit sind erwünscht, Behutsamkeit und Sanftmut sind ebenfalls wichtig. Wir brauchen beide, je nach der entsprechenden Situation. Die Frage ist, wie sollen wir wann reagieren, wann sollten wir energisch auftreten, und wann ist Behutsamkeit angemessen? Die Umstände erfordern eine lebhafte Energie, wenn eine Situation der Unterordnung und Abhängigkeit uns zwingt, uns zu befreien und unabhängig zu machen. Aber der Einsatz dieser Energie ist keine einfache Angelegenheit. Ein Streichholz kann im Wind nicht brennen. Im Wind braucht man eine Fackel. Deshalb kommen die unbedachten Mutigen, die gegen ihre Lebensbedingungen rebellieren, obwohl es ihrer lebhaften Energie an Kraft und Stärke fehlt, leicht zu Fall. Sie brauchen Geduld und Ausdauer, gepaart mit Mut und Klugheit.

Aber wenn Menschen moralisch durch Liebe und Güte unser Herz gewinnen, dann handelt es sich niemals um Unterwerfung. Beispiele dafür finden wir in der Fürsorglichkeit der Mutter, dem Schutz des Vaters, dem Rat einer älteren Freundin, dem Mitgefühl eines Nachbarn, der Liebe von Menschen, die uns den rechten Pfad durchs Leben zeigen, oder von Menschen, die vielleicht die Menschheit ins Licht geführt haben. In all diesen Fällen ist es unsere Weitherzigkeit, die uns erlaubt, die Größe dieser Menschen anzuerkennen, ihnen Ehre und Achtung zu erweisen und sich ihnen zu fügen. Allerdings kann man in Bezug auf dieses Thema nicht alle über einen Kamm scheren und mit allen auf die gleiche Weise umgehen. Im Koran heißt es: „Wir haben unter den Dschinn und den Menschen Individuen aller Reifungsgrade geschaffen."[1] Wir müssen also unterscheiden, in welchem Ausmaß Behutsamkeit und Zartgefühl verschiedenen Menschen gegenüber angemessen ist.

Unser Umgang mit Gott

Für die Sufis ist Gott nicht nur ein himmlischer Herrscher oder ein Ideal, das verehrt wird, sondern eine Freundin und ein Geliebter. Gott ist den Sufis näher und lieber als alle anderen Wesen auf der Welt. Wir müssen mit Gott so umgehen, wie aufrichtig Liebende mit ihren Geliebten umgehen. Ist es Zeit zur Anbetung, dann müssen wir Gott anbeten wie der Soldat, der es als seine Pflicht ansieht, vor seinem Vorgesetzten zu salutieren. Ist es aber Zeit für die Kommunion, das vertraute Miteinander, müssen wir mit Gott engen Kontakt aufnehmen, wie es Liebende und Geliebte tun.

Alles, was wir tun, wenn es rein, ideal und befriedigend für andere ist, müssen wir Gott zuschreiben. Für alles, was nicht unserem Ideal entspricht und für andere nicht befriedigend ist, müssen wir selbst einstehen und die Verantwortung übernehmen. Denn alle Dinge, die aus der vollkommenen Quelle stammen, sind ideal und erfüllend, und deshalb gebührt dafür Gott, dem oder der einzig Verehrungswürdigen, jegliches Lob. Alle Dinge dagegen, die nicht ideal und erfüllend sind, entspringen der Unvollkommenheit, die aus unserem unvollkommenen Selbst hervorgeht. Wenn wir alle Akte der Freundlichkeit gegenüber anderen Menschen für Gott tun, dann können wir nicht enttäuscht werden. Wenn wir die Freundlichkeit aber für eine Person tun, die wir lieben und der wir vertrauen, die sich aber nach einer Weile als unserer Liebe nicht wert erweist und unser Vertrauen nicht verdient, dann werden wir enttäuscht und entmutigt, weiterhin anderen Menschen Gefälligkeiten zu erweisen oder ihnen unser Vertrauen zu schenken.

1 Koranzitate ähnlichen Inhalts: „Und Ich habe die Dschinn und die Menschen nur darum erschaffen, damit sie Mir dienen sollen. (51:56) „Und manche sind solche, die rechtschaffen sind, und manche sind weit davon entfernt; es gibt verschiedene Gruppen, die unterschiedliche Wege gehen." (72:11)

Wir müssen jeden Tag vor Gott, unserem göttlichem Ideal, Rechenschaft ablegen. Wir dürfen keinen Tag auslassen, unsere Unzulänglichkeiten in demütiger Reue vor Gott auszubreiten und Gott, die Allmächtige, um Hilfe zu bitten und um die Stärke und den Mut, es morgen besser zu machen. Wir sollten uns niemals mit unseren guten Taten brüsten, denn Gottes Güte ist größer als die größte gute Tat, die wir je vollbringen können. Dieser Stolz ruft in uns nur falsche Eitelkeit hervor, und die Eitelkeit ist der einzige Schleier, der unsere Sicht auf Gott verhüllt. Es geht darum, dass wir anfangen, die göttliche Präsenz zu fühlen. Auf diese Weise wird Gott nach einiger Zeit ganz sicher zu einem lebendigen Wesen vor unseren Augen werden, und alles andere außer Gott, dem lebendigen Sein, wird uns wie tot erscheinen. Wenn dieses Stadium erreicht ist, beginnt die göttliche Kommunion.

Unsere Reaktion auf die Art, wie andere Menschen mit uns umgehen

Durch das ständige Studium des Lebens erkennen die Sufis, dass wir Menschen, die behaupten, die gerechtesten Wesen in der ganzen Schöpfung zu sein, uns am Ende als die ungerechtesten Wesen herausstellen. Wir empfinden uns meist als gerecht, wenn wir jemand anderen beurteilen, fühlen uns aber ungerecht behandelt, wenn das Urteil uns selbst betrifft; nur sind wir uns dessen nicht bewusst. Deshalb müssen die Sufis im Gesetz der Gegenseitigkeit lernen, es als ganz natürlich zu betrachten, wenn sie Ungerechtigkeit von anderen erfahren. Gleichzeitig versuchen sie im Umgang mit anderen stets so gerecht zu sein, wie sie nur können. Sie tolerieren die Ungerechtigkeit anderer Menschen so weit, wie ihr Entwicklungsstand es ihnen ermöglicht; doch wenn sie spüren, dass die Ungerechtigkeit das erträgliche Maß überschreitet, leisten auch sie Widerstand dagegen mit Erklärungen, Überredungskunst, sogar mit Drohungen. Die Toleranz, die ihnen gestattet, die Ungerechtigkeit im Verhalten anderer zu übersehen, gilt nur in Bezug auf die anderen. Betrifft es den eigenen Umgang mit anderen Menschen, gestatten sie sich nicht die geringste Ungerechtigkeit. Der Gerechtigkeitssinn ist nicht bei allen gleichermaßen ausgeprägt, sondern abhängig von der persönlichen Entwicklung und dem Ideal der Menschen.

Ein wohlwollendes Verhalten anderer muss wohlwollend aufgenommen werden. Einem schroffen Benehmen sollten wir mit einem Lächeln begegnen – und mit Mitgefühl dafür, dass die anderen nicht hoch genug entwickelt sind, um achtungsvolle Umgangsformen zu pflegen. Wenn wir anderen Gefälligkeiten erweisen, müssen wir in erster Linie darauf achten, dass es selbstlos geschieht. Wir dürfen keinerlei Anerkennung oder Antwort erwarten. Wer Gutes tut und auf eine Gegengabe wartet, leistet Lohnarbeit. Wer Gutes tut, ohne es zu registrieren, erreicht Meisterschaft in Wohltätigkeit und hat das Gute in das universelle Bewusstsein eingraviert, sodass nur Gutes als Echo daraus widerhallt.

Unsere Reaktion auf die Art, wie unsere Freunde und Freundinnen mit uns umgehen

Für nachdenkliche Menschen ist es immer verwirrend, wenn sie sich im Kontakt mit Personen unterschiedlichen Temperaments und Entwicklungsstandes, die ihnen im Leben begegnen, für die richtige Art der Interaktion entscheiden sollen. Zu einem echten Rätsel wird es, wenn wir in der Freundschaftsbeziehung mit üblen Verhaltensweisen von Freunden oder Freundinnen konfrontiert sind. Das Erste und Wichtigste, was wir in Bezug auf Freundschaft lernen müssen, ist Langsamkeit im Aufbau der Beziehung und noch größere Langsamkeit im Abbruch. Kinder gehen tausendmal am Tag Freundschaften ein, und tausendmal streiten sie über kleine Dinge und sind unfreundlich zueinander. Wenn Erwachsene sich ebenso verhalten, ist es für klarsichtige Menschen ein Zeichen für deren Entwicklungsstufe.

Wir dürfen den Umgang anderer mit uns nicht vergleichen mit unserem Umgang mit ihnen, denn jedem ist sein eigenes Selbst am liebsten. Wenn wir unser mitmenschliches Verhalten gegen das der anderen abwägen, dann geben wir natürlich dem unseren mehr Gewicht als dem der anderen. Um irgendeinen Ausgleich zu finden, müssen wir deshalb immer daran denken, dass eine freundliche Geste, ein guter Gedanke, eine kleine Hilfe, ein wenig Achtung vonseiten eines Freundes oder einer Freundin mehr zählen, als wenn wir dasselbe für ihn oder sie getan hätten. Umgekehrt aber sollten wir etwas, was uns im Verhalten von Freundinnen und Freunden uns gegenüber nicht gefällt, für weniger kritikwürdig halten, als wenn wir dasselbe ihnen angetan hätten; zum Beispiel eine Beleidigung, ein Schaden, der uns zugefügt wurde, eine Enttäuschung, ein nicht gehaltenes Versprechen, ein Verrat. Es geht darum, jede gute und wohlwollende Tat vonseiten befreundeter Menschen sehr hoch zu bewerten; wenn wir dasselbe jedoch für sie tun, sollten wir eher denken, es sei nicht genug. Ebenso gilt es, die Freunde und Freundinnen für tadelnswertes Verhalten weniger streng zu beurteilen als uns selbst. Das dadurch entstehende Gleichgewicht ist wahre Wechselseitigkeit. Menschen, die täglich Freundschaften eingehen und sie täglich wieder brechen, bleiben ihr ganzes Leben lang ohne Freunde. Wer aber großzügig zu Freunden und Freundinnen ist und streng mit sich selbst in jeglicher Beziehung, wird sich als wahrer und guter Freund oder als wertvolle Freundin erweisen.

Unsere Reaktion auf die Art, wie unsere Feinde und Feindinnen mit uns umgehen

Im Umgang mit Feinden und Feindinnen ist es wichtig, zu bedenken, dass wir uns möglicherweise in übertriebene Fantasien hineinsteigern, denn die allerkleinste Bosheit vonseiten einer feindseligen Person erscheint uns als riesiger Berg von Bosheit, ebenso wie das kleinste Gute vonseiten einer freundschaftlich gesonnenen Person uns wie ein Berg von Güte vorkommt. Feinde zu überschätzen in der Macht, die sie tatsächlich haben, zeugt von Ängstlichkeit, aber es ist dumm, sie in ihrer wahren Macht zu unterschätzen.

Gemäß dem Gesetz der Gegenseitigkeit ist es ein Fehler, der Feindin oder dem Feind zu erlauben, uns zu beleidigen oder zu verletzen. Ein Gleichgewicht kann nur hergestellt werden, wenn wir eine Beleidigung mit einer Beleidigung und eine Verletzung mit einer Verletzung beantworten. Wenn wir mit feindlich gesinnten Personen zu tun haben, müssen wir uns zuerst mit ihnen vergleichen in Bezug auf Intelligenz und Stärke. Wir müssen prüfen, ob es überhaupt möglich ist, vor ihnen und ihrer Feindseligkeit zu bestehen oder nicht. In dem Fall, dass es eine Chance für uns gibt, gilt es, die Person mit Kraft, Mut und Intelligenz zu überwältigen, bevor sie dasselbe mit uns macht. In Feindschaft bietet der erste Schlag einen großen Vorteil. In dem Fall, dass wir uns als schwächer oder minderwertiger als den Gegner einschätzen, ist es am besten, keine Feindschaft zu zeigen, solange wir noch nicht die Kraft entwickelt haben, dem Gegner Paroli zu bieten. Warte geduldig und vertrauensvoll, bis die rechte Zeit kommt, bis dahin bleibe in Frieden und Harmonie. Im Sinne der Wechselwirkung ist das keine Täuschung.

Es widerspricht jeglicher Klugheit zuzulassen, dass überhaupt jemand zu unserem Feind oder unserer Feindin wird, sofern wir es irgendwie verhindern können. Wir sollten uns immer zurückhalten und in allen Lebensumständen vorsichtig sein, damit wir uns keine Feinde machen, denn wir haben im Leben schon genug Feinde.

Gemäß dem Gesetz der Gegenseitigkeit sollten wir niemals Schwäche zeigen gegenüber unseren Gegnern, sondern ihnen immer unsere starken Seiten präsentieren. Gib ihnen niemals eine Möglichkeit, einen Schlag vorzubereiten, und achte darauf, sie zu schlagen, bevor sie zum Schlag ansetzen.

Wir dürfen jedoch keinen Augenblick versäumen, freundlich und in gutem Einvernehmen zu sein, wenn die Gegner es auch wollen. Wenn es in unserer Macht liegt, dürfen wir keine Zeit verlieren, mit ihnen Freundschaft zu schließen. Wir müssen immer bereit sein und unser Bestes geben, um aus Feinden Freunde werden zu lassen, sofern wir dadurch nicht lediglich die Eitelkeit der Feinde nähren.

Es ist keinesfalls erstrebenswert, diejenigen zu sein, die eine Feindschaft starten. Wer Feindschaft auslöst, ist tadelnswert, und von ihm oder ihr sollte der Versuch ausgehen, Harmonie zu schaffen. Manchmal entfachen wir Feindschaft im Herzen eines Menschen, indem wir schlecht von ihm oder ihr denken, obwohl vorher keine Feindseligkeit bestand. Sie ist allein aus unseren negativen Gedanken und Vorstellungen hervorgegangen. Eine ähnliche Gesetzmäßigkeit gilt auch für Freundschaft. Wenn wir intensiv und voller Liebe an jemanden denken, selbst an einen Feind, wird unsere Gedankenkraft den Feind in einen Freund verwandeln.

Unsere Reaktion auf die Umgangsweisen anderer gemäß unserem eigenen Entwicklungsstand

Der Umgang mit anderen ändert sich je nach unserer Beziehung zu ihnen. Sagt zum Beispiel eine gute Freundin etwas, um uns zu necken, nehmen wir es als Spaß. Sagt aber eine Hausangestellte oder eine Person, die uns nicht so nahe steht, dass wir mit ihr scherzen, dasselbe, sehen wir es als Beleidigung an. Das zeigt, dass es nicht die Umgangsform ist, die sich bei uns auswirkt, sondern die Beziehung, in der wir zum anderen stehen. Unsere Reaktion verändert sich je nach der Art unserer Beziehung. Vorschriften von Eltern, Lehrern und Lehrerinnen, alten Menschen, Vorgesetzten im Beruf oder in geschäftlichen Zusammenhängen bzw. von Personen, die in Bezug auf Reichtum, gesellschaftlicher Position oder Einsicht über uns stehen, wirken weniger hart, als wenn sie von jüngeren, untergeordneten oder unvernünftigen und weniger erfahrenen Menschen kommen.

Es ist immer weise, Umgang mit unseresgleichen zu pflegen in Bezug auf die Art zu denken, die soziale Position und Macht und dabei stets danach zu streben, weiterzukommen und in einen noch höheren Kreis von Menschen einzutreten, motiviert nicht nur von Ehrgeiz, sondern aufgrund unserer Eignung. In jeder Lebenssituation muss die Selbstachtung bewahrt werden, und wir müssen uns im Denken, Sprechen und Handeln vor Demütigung schützen.

Wenn eine andere Person uns grundlos und unrechtmäßig schlecht behandelt, müssen wir dagegen kämpfen und beweisen, dass diese Umgangsweise nicht angemessen war. Aber wenn wir durch eigenes Fehlverhalten einen Grund dafür geliefert haben, sollten wir uns schuldig bekennen, anstatt der anderen Person die schlechte Behandlung übel zu nehmen. Sollte uns jemand viel besser behandeln, als es uns gebührt, dürfen wir nicht vergessen, dass wir diese gute Behandlung nicht verdienen, sondern es als Akt der Güte dieser Person betrachten. Im Falle, dass wir finden, wir verdienen die gute Behandlung, sollten wir es nicht zum Anlass nehmen, stolz oder eitel zu werden. Vielmehr müssen wir daraus die Stärke ziehen, zu hoffen, dass wir noch besser werden, sodass die Güte Gottes sich durch uns manifestieren kann.

Gottes Umgang mit uns

Im Allgemeinen schreiben die Leute, wenn sie Angenehmes im Leben erfahren, die Güte Gottes ihrem eigenen Wert zu, und unangenehme Erfahrungen führen sie auf den Zorn Gottes zurück. Richtiger ist es, jede angenehme Erfahrung als Gottes große Barmherzigkeit für die eigene sehr geringe Güte zu betrachten, die keinem Vergleich mit der göttlichen Gnade standhält. Aber es kann auch als Ermutigung angesehen werden, das Gute in uns selbst wachsen zu lassen. Jede unangenehme Erfahrung sollte als gemäßigter Zorn Gottes über das unmäßige Böse in uns gewertet werden, um uns zu lehren, davon loszukommen und die göttliche Gnade in beidem zu sehen. In angenehmen Erfahrungen ist sie sichtbar, in unangenehmen Erfahrungen ist sie verborgen.

Weise Menschen zeichnen sich dadurch aus, dass sie zwischen ihrem Glauben und ihrer Furcht ein Gleichgewicht finden. Es ist der Glaube an Gottes Barmherzigkeit, der sich in dem Gedanken äußert: „Selbst wenn die ganze tugendhafte Welt untergeht, werde ich mit meiner festen Überzeugung von Gottes Güte gerettet werden, so wie Noah in seiner Arche." Und es ist die Furcht, die in dem Gedanken zum Ausdruck kommt: „Selbst wenn die ganze sündhafte Welt gerettet wird, kann es sein, dass ich vom Zorn Gottes zur Rechenschaft gezogen werde." Wer diese Moral nicht versteht, gerät leicht in die Irre und sieht die Bösen sich freuen und die Tugendhaften leiden.

Für das ungeschulte Auge sind die Welt und das Leben in der Welt eine Illusion. Sie täuschen und verwirren das Auge des Menschen und geben ihm Rätsel auf. Der erste Schritt in die richtige Richtung besteht deshalb darin, zu schauen, was Gott gefällt und was Gott missfällt, indem wir das Leben genau beobachten und uns dann unablässig bemühen, den Weg der Gottgefälligkeit einzuschlagen und den Weg derer zu meiden, die mit ihrem Handeln Gottes Missfallen erregen.

TEIL 2
DAS GESETZ DER GÜTE

Unser Umgang mit Freunden und Freundinnen

Im Allgemeinen wird Freundschaft als eine Beziehung verstanden, die vielleicht ein bisschen mehr ist als Bekanntschaft. In Wirklichkeit aber ist Freundschaft heiliger als jede andere Beziehung auf der Welt. Wenn aufrichtige Menschen sich auf eine Freundschaft einlassen, so ist es für sie wie der Einlass in das Himmelstor, und der Besuch bei einem Freund oder einer Freundin ist wie eine Pilgerreise zu wahrer, liebevoller Begegnung.

Gedanken wie: „Ich werde dich lieben, wie du mich liebst" oder „Ich verhalte mich zu dir wie du zu mir" nehmen der Freundschaft jeglichen Wert, denn sie beschreiben eine geschäftsmäßige Haltung, die überall in der kommerziellen Welt vorherrscht. Bei allem, was getan wird, geht es nur um Rentabilität, und es gilt Maß für Maß. Freundschaft aber muss der Gegenpol zur praktischen Seite des Lebens sein. Wenn wir die Selbstsucht in unserer Umgebung nicht mehr ertragen können, spüren wir das Bedürfnis, in der Liebe und Güte einer mitfühlenden Freundin oder eines wohlwollenden Freundes Zuflucht zu suchen. Wenn aber selbst in der Freundschaft Egoismus eine Rolle spielt, wohin kann sich dann eine Seele wenden, die vom Eigennutz in ihrer Umgebung müde und verärgert ist?

Freundschaft bietet Erholung nach all den Mühen des Alltags. Sie bedeutet, mit jemandem zusammen zu sein oder zu reden, der oder die anders ist als alle übrigen Menschen im Leben. Schwierigkeiten tauchen jedoch auf, wenn wir erwarten, dass unsere Freundinnen oder Freunde sich unserem Ideal entsprechend verhalten sollten. Das führt am Ende zur Enttäuschung. Denn das Gesetz der Güte lehrt uns: Wertvoll ist die Güte, die sogar Schlechtigkeit aushält, und kostbar ist die Freundlichkeit, die der Tyrannei standhält. Nicht alle Menschen sind bereit, diesem Ideal zu folgen. Es hängt von ihrer persönlichen Stärke ab, wie weit sie diesen negativen Einflüssen widerstehen können. Aber wenn wir überhaupt ein Ideal haben, dann werden wir uns zwar nicht von Anfang an, aber am Ende doch zu diesem Ideal hin entwickeln, das wir vor Augen haben.

Eine Freundschaft, die wir eingehen, um die Dinge und Ziele, die wir im Leben anstreben, mithilfe der Liebe und Güte von befreundeten Menschen zu erreichen, ist nichts weiter als Geschäftemacherei. Nur der selbstlose Freund ist ein wahrer Freund. Nur die selbstlose Freundin ist eine wirkliche Freundin. Eine solche Freundschaft wird halten, eine Freundschaft auf der Grundlage von Egoismus dagegen wird zerbrechen. Eigennützige Freunde und Freundinnen werden immer Eigennutz im Herzen ihrer Freunde und Freundinnen hervorbringen, während selbstlose Freunde und Freundinnen Großmut in die Herzen ihrer Lieben einpflanzen. Früher oder später bekommen wir zurück, was wir geben, denn ein Herz kennt den Zustand eines anderen Herzens. Deshalb gibt es kein besseres Motto als Freunden und Freundinnen mit aller Liebe und Zuneigung Gutes zu wünschen, über sie nur Gutes zu sagen und Gutes für sie zu tun, ohne auch nur für einen Augenblick daran zu denken, ob sie unsere Güte, Freundlichkeit und Liebe verdienen.

Der Umgang mit unseren Verwandten

Unsere Liebe und Güte, unser Einsatz und Mitgefühl gelten den Menschen in unserer Lebenswelt, ganz besonders denen in unserer unmittelbaren Umgebung, und zwar je nach deren Erwartung. Fremde erwarten normalerweise weniger als Bekannte, Bekannte erwarten weniger als Freunde und Freunde weniger als Verwandte. Darum haben die Verwandten mehr Rechte, um unsere Liebe und unsere tätige Hilfe zu bitten, und es ist unsere vordringliche Pflicht, ihnen all das zu geben. Es macht nichts aus, wenn sie uns gegenüber nicht ähnlich liebevoll und hilfsbereit sind oder wenn sie sich, gemessen an unserem Ideal, als unwürdig erweisen. Selbst weise Menschen machen den Fehler, dasselbe, was sie anderen geben, auch von ihnen zu erwarten. Wir nehmen oft an, dass alle unserem Ideal entsprechen müssten. Dabei ist es doch sogar für uns selbst schwer, uns unserem Ideal entsprechend zu verhalten. Wir mögen uns für noch so großartig halten, am Ende versagen wir in der Prüfung. Deshalb ist es weise, den Menschen, die es von uns erwarten, alles uns mögliche Gute anzutun, und ganz besonders denen, die solche Erwartungen an uns als ihr Recht empfinden. Dabei sollten wir nicht im Geringsten daran denken, ob sie uns dasselbe auch geben würden oder ob sie es verdienen.

Es gibt einige, die selbstbewusst zu ihren Verwandten stehen. Es ist recht, sich auf die Seite der Verwandten zu stellen und ihnen voller Stolz beizustehen, denn es ist der erste Schritt zur Geschwisterlichkeit unter allen Menschen. Kein Mensch kann auf einmal den großen Sprung in die Universalität schaffen. Manche tragen so etwas wie einen natürlichen Hass auf ihre Verwandten in sich und lieben diejenigen, die in keiner verwandtschaftlichen Beziehung zu ihnen stehen. Aber sie gehen in die Irre; denn wer seine eigene Familie nicht lieben kann, wird auch zu keiner anderen Person familiäre Beziehungen aufbauen können, weil es versäumt wurde, diese Lektion zu Hause zu lernen. Abgesehen vom Hass auf die Verwandten, eine weise Person wird nicht einmal einen Feind hassen. Wenn wir unsere Verwandten hassen, weil sie unsere Liebe nicht wert sind, machen wir sie noch wertloser. Schenken wir ihnen jedoch unsere Liebe, wird eines Tages der Wert in ihnen sichtbar werden, den wir uns wünschen.

Die häusliche Harmonie breitet sich aus und macht die Welt harmonisch für uns, während häusliche Disharmonie in die ganze Welt ausstrahlt und für uns eine disharmonische Welt erschafft. Eine Person zum Beispiel, die zu Hause Streit hatte und nach China auswandert, um dort in Frieden zu leben, bringt die Disharmonie mit nach China und kann dadurch in ihrem ganzen Leben keinen Frieden finden.

Wie schlecht auch unsere Lebensbedingungen sein mögen, es ist weitaus besser und wertvoller, uns nach Kräften zu bemühen und die gegebene Situation zu meistern, als dem Wunsch zu folgen, die Situation zu verändern. Die Situation verändern zu wollen ist nichts anderes als Schwäche. Es ist wunderbar, wenn zwischen Brüdern und Schwestern Harmonie besteht, ein Band der Liebe und des Gleichklangs zwischen Eheleuten und ganz besonders Liebe und Zuneigung zwischen Eltern und Kindern. Es gibt wahrhaftig kein größeres Licht als die Liebe.

Unser Umgang mit Untergebenen[1]

Gleich welche gesellschaftliche Position wir im Leben einnehmen, wir sind nie unabhängig, wir sind nie autark. Jedes Individuum ist abhängig von anderen und braucht Hilfe, und andere wiederum sind auf dessen Hilfe angewiesen. Aber häufig werden Personen, die für andere Dienstleistungen erbringen, abgewertet, und zwar von jenen, die es sich

1 Im englischen Original „servants", d. h. „Diener, Dienerschaft, Personal"

leisten können, anderen Menschen Hilfe zukommen zu lassen. Doch sind alle Menschen zugleich Vorgesetzte und Dienende, nur vergessen sie im Rausch ihrer vermeintlichen Macht allzu leicht ihren Platz als Dienende und betrachten die Personen, die ihnen Hilfe leisten, als Untergebene. Weise Menschen, deren Feingefühl erwacht ist, denken gründlich über diese Frage nach und vermeiden nach Kräften jede Möglichkeit, ihren Untergebenen auch nur im Geringsten das Gefühl zu geben, dass sie in untergeordneter Funktion sind, geschweige denn sie auf irgendeine Art abzuwerten oder ihre Gefühle zu verletzen.

Wie bedeutend unsere gesellschaftliche Stellung im Leben auch sein mag, es ist klug, zu vermeiden, die eigene Last anderen aufzubürden. Es ist richtig, sich die Arbeit mit Bediensteten zu teilen, mag es auch noch so demütigend erscheinen. Nichts, was im Leben getan werden muss, kann zu demütigend sein. Wenn wir selbst etwas Bestimmtes leisten können, sollten wir die Arbeit nicht einer armen Person überlassen, nur weil wir in einer höheren Position sind. Sicher sind Hilfskräfte notwendig, aber es ist gerecht, dass wir alles, was im Leben anfällt, selbst anpacken, ungeachtet unserer Reichtümer, Macht oder Position.

Der Moral unserer Vorfahren gemäß wurden Bedienstete wie Kinder der Familie betrachtet, und es wurde darauf geachtet, dass sie sich in keiner Weise minderwertiger fühlen mussten als die Familienmitglieder. Wir können keine größere Sünde begehen, als die Gefühle von Menschen zu verletzen, die uns dienen und von unserer Unterstützung abhängig sind. Als der Prophet einmal hörte, wie sein Enkel einen Bediensteten mit seinem Namen rief, sagte er: „Nein, mein Kind, das ist nicht die rechte Art, wie man ältere Menschen anspricht. Du musst ihn ‚Onkel' nennen. Es spielt keine Rolle, ob er bei uns in Diensten steht, wir sind alle Diener und Dienerinnen füreinander, und im Angesicht Gottes sind wir alle gleich." Es gibt einen Vers von Mahmud Ghaznavi[2]: „Der Herrscher Mahmud, dem Tausende von Sklaven aufwarteten, wurde zum Sklaven seiner Sklaven, als die Liebe begann, aus seinem Herzen zu strömen." Niemand erscheint uns minderwertig, wenn liebende Güte in unserem Herzen entfacht ist und unsere Augen offen sind für die Schau Gottes.

---

2 Mahmud Ghaznavi (971-1030) war ein mächtiger persischer Herrscher, der die Hauptstadt Ghazni zu einem bedeutenden kulturellen, wirtschaftlichen und intellektuellen Zentrum in der islamischen Welt machte.

Unser Umgang mit Vorgesetzten[3]

Es ist ganz natürlich, dass jeder Mensch, vom Bettler zum Herrscher, einen Vorgesetzten oder eine Vorgesetzte hat. Es gibt auf Erden keine Person, die nicht eine gewisse Führung von einer anderen erfährt, unter deren Kontrolle und Leitung sie handeln soll. In der Schule sind es die Lehrer und Lehrerinnen, in der Armee der Kommandeur, in der Werkstatt der Meister oder die Vorarbeiterin, in einer Nation das jeweilige Staatsoberhaupt, zum Beispiel die Präsidentin, der General oder sonstige Führungspersonen. Es gibt keinen Bereich des Lebens, in dem das Führungsprinzip nicht gilt. In dieser gegebenen Situation ist es weise, sich den übergeordneten Personen gegenüber so rücksichtsvoll zu verhalten, wie wir es von den uns untergeordneten Personen erwarten würden.

Loyalität, Achtung, gute Umgangsformen, Aufrichtigkeit, Zuvorkommenheit, diese Verhaltensweisen gegenüber unseren Vorgesetzten sind immer notwendig. Zeigen wir diese Verhaltensweisen nicht, werden wir feststellen, dass diejenigen, von denen wir ähnliches Benehmen erwarten, es uns gegenüber auch nicht zeigen. Kinder, die frech zu ihren Eltern sind, werden von ihren Kindern wiederum Frechheit erfahren. Menschen, die unverschämt mit ihrem Chef oder ihrer Chefin umgegangen sind, werden von ihren Untergebenen stets auch unverschämt behandelt werden. Das ist ein Naturgesetz. Deshalb sind in jedem Lebensbereich ein respektvoller Umgang und eine wohlwollende Haltung gegenüber unseren Vorgesetzten erstrebenswert.

Unser Umgang mit Bekannten

Wir müssen uns immer bemühen, unsere Bekannten zu Freunden zu machen. Das gilt zumindest für Menschen, mit denen dies möglich ist. Bei Menschen, mit denen es unmöglich ist, sollten wir wenigstens die Bekanntschaft erhalten, anstatt uns von ihnen abzukehren. Die Leute fragen immer: „Können wir wirklich mit jedem eine Freundschaft aufbauen? Freundschaft ist doch etwas so Seltenes." Und so warten sie vielleicht mit ihrem hohen Ideal ihr ganzes Leben lang und finden nie ihren idealen Freund oder ihre ideale Freundin. Sie gehen an allen, mit denen sie Bekanntschaft machen, vorbei und verpassen die Chance, mit ihnen

---

3 Im englischen Original „masters", d. h. „Meister"

Freundschaft zu schließen. Sie denken, die anderen seien es nicht wert. Es fällt uns allen leicht, über eine andere Person zu sagen, sie sei unsere Freundschaft nicht wert. Dabei wissen und fragen wir nicht, wie viel wir selbst wert sind.

Die Weisen hingegen sind dankbar, wenn sie Menschen begegnen, die ihnen mehr oder weniger freundlich zugeneigt sind, und sie nutzen die Gelegenheit bestmöglich, indem sie drei Vorteile daraus ziehen. Der erste Vorteil besteht darin, dass wir, wenn wir mit jemandem befreundet sind, in unserer Persönlichkeit den Geist der Freundschaft entwickeln. Der zweite Vorteil ist, dass wir unserem Freundeskreis einen weiteren Menschen hinzufügen. Der dritte Vorteil ist die Freude darüber, einander wechselseitig Liebe und Zuneigung zu geben. Und das ist besser und wertvoller als alles andere auf der Welt. In der Erweiterung unseres Freundeskreises liegt jeglicher Gewinn, und wenn wir einen Freund oder eine Freundin aus unserem Kreis verlieren, ist es ein großer Verlust.

Wir sollten jede Bekanntschaft als Saat betrachten, mit der wir Freundschaft säen, und nicht als eine Situation, die uns aufgezwungen wurde. Denn wenn wir einer Person den Rücken zukehren und mit Verachtung auf sie herabsehen, tun wir das letztendlich Gott an. Der Gedanke „diese Person ist nicht wertvoll, jene Person ist nicht wichtig“ ist unfreundlich und darüber hinaus auch unpraktisch. So wie alle Dinge nützlich sind, Blumen und Dornen, süß und bitter, so sind auch alle Menschen nützliche Wesen. Es spielt keine Rolle, welche Position sie bekleiden, welcher gesellschaftlichen Schicht, welcher ethnischen Gruppe oder Kaste sie angehören. Freundschaft ist immer förderlich, mit guten oder schlechten, weisen oder dummen, hoch oder niedrig angesehenen Personen, ob für uns selbst oder für die anderen. Was macht es aus, wenn ein anderer Vorteile durch deine Freundschaft genießt, denn auch du möchtest doch einen Gewinn aus der Freundschaft des anderen ziehen. Diejenigen Menschen, die Bekannte als Freunde behandeln, sind weise, während die, die Freunde wie Bekannte behandeln, töricht sind. Und ganz unmöglich sind Menschen, die sowohl Freunde als auch Bekannte wie Fremde behandeln. Ihnen ist nicht zu helfen.

Unser Umgang mit Nachbarn und Nachbarinnen

Das Wort „Nachbar“ wird traditionell für diejenigen verwandt, die in unserer Umgebung wohnen oder mit denen wir im Büro oder in der Werkstatt zusammenarbeiten. Tulsidas[4], der Hindu-Dichter sagt, die Essenz der Religion sei Güte. Die, die bereit sind, im Leben Güte walten zu lassen, dürfen keinen Unterschied zwischen den Menschen in ihrer Umgebung machen. Sie dürfen sie nicht einteilen in Personen, zu denen sie freundlich sein müssen, und Personen, zu denen sie nicht freundlich sein müssen. So freundlich und gütig wir auch zu denen sind, die wir mögen, zu denen wir freundlich sein wollen – wir können nicht als von Natur aus gütig gelten. Wahre Güte strömt aus dem Herzen zu denen, die es wert sind, ebenso wie zu denen, die es nicht wert sind.

Einige Menschen sind von Natur aus freundlich, wissen aber nicht, wie man diese Eigenschaft zum Ausdruck bringt und erweisen sich dann trotz all ihrer Freundlichkeit im Leben als unfreundlich. Es gibt verschiedene Wege, die Freundlichkeit auszudrücken, unter vielen anderen vor allem diese drei: gewaltlos sein, niemanden beunruhigen und sich gegenüber den Menschen in der Umgebung rücksichtsvoll verhalten. Das sind die wichtigsten Regeln für freundliches Verhalten.

Mit Gewaltlosigkeit ist folgendes gemeint: Auch wenn es so aussieht, als würden Menschen nicht, wie die Tiere im Wald es tun, anderen Menschen Schaden zufügen, so zeigt doch die scharfe Beobachtung, dass Menschen einander mehr verletzen, als die wilden Tiere andere Tiere verletzen. Die Menschheit ist das Resultat der Entwicklung der ganzen Schöpfung, und deshalb hat sich das Ego, das uns selbstsüchtig macht, im Menschen stärker entwickelt als in jeder anderen Kreatur. Selbstsucht macht uns lebenslänglich blind, sodass wir kaum merken, wenn wir einem anderen Menschen Schaden zufügen.

Niemanden beunruhigen besagt, dass selbst eine kleine Grobheit in unserem Denken, Sprechen oder Handeln andere Menschen irritieren und verletzen kann. Das passiert im Leben ganz leicht, ohne dass wir weiter darüber nachdenken. Unser menschliches Gespür hat die Qualität

4 Tulsidas (1511-1623), indischer Mystiker, Reformator und Philosoph, dessen Hauptwerk „Ramacaritmanas“ („See der Taten des Gottes Rama“) einen bedeutenden Einfluss auf die Hindu-Kultur Nordindiens ausübte.

des göttlichen Zartgefühls, und es verstört andere Menschen sehr, wenn wir unsere eigene Grobheit nicht einmal bemerken.

Rücksichtnahme bedeutet: Unser weltliches Leben ist ein Leben in Armut – Armut auf die eine oder andere Weise, auch wenn wir in einem Palast leben. Im Koran heißt es: „Gott allein ist reich, und alle Menschen auf Erden sind arm."[5] Wir Menschen mit unseren unzähligen Ansprüchen, den Erfordernissen des Lebens, den Bedürfnissen unserer Natur sind arm. Wenn wir das Leben genau beobachten, erscheint uns die ganze Welt von Armut geplagt, und alle Menschen kämpfen für ihr Ego. Wenn wir in diesem Lebenskampf so rücksichtsvoll sein können, dass wir unsere Augen offen halten für alle Menschen, die durch bestimmte Umstände in unsere Nähe gekommen sind, und wenn wir schauen, auf welche Weise wir ihnen helfen können, dann werden wir reich und erben das Reich Gottes.

Der Umgang mit unseren Mitmenschen

Gerecht und fair mit unseren Mitmenschen umzugehen ist nicht nur eine Tugend, sondern auch ein Gewinn für uns selbst, sogar vom praktischen Standpunkt aus gesehen. Manchmal denkt jemand: „Ich habe jemanden besiegt und davon profitiert. Zwar habe ich dabei die Würde verloren, aber einen Gewinn gemacht." Das Geheimnis ist jedoch, dass unser Gewinn im Leben abhängig ist vom Gewinn anderer. Wir sind aufeinander angewiesen. Die innere Gesetzmäßigkeit arbeitet so, dass sie allen einen Anteil am gemeinsamen Verlust und Gewinn gibt, auch wenn es nach außen hin nicht so erscheint. Die Menschen sind verblendet und können diese Tatsache nicht erkennen, weil sie die eine Person in Schmerzen sehen, während eine andere ihr Vergnügen hat. Sie sehen, dass einer einen Gewinn aus dem Verlust eines andern zieht. Es stimmt, dass es auf der äußeren Ebene so läuft, aber auf der inneren Ebene ist es nicht wahr. Ein Räuber ist in der Nacht nach seinem Raub so ruhelos wie der oder die Beraubte. Die Lehre Jesu Christi, gütig und wohltätig zu sein, und die Anweisungen all der anderen Lehrerinnen und Lehrer, die den Menschen den rechten Weg gezeigt haben, sind absolut praktisch. Zwar mögen sie, vom Standpunkt des *Common Sense* aus betrachtet, der als allgemeiner gesunder Menschenverstand bezeichnet wird, ganz anders

5 „Allah ist Derjenige, Der reich ist, und ihr seid alle arm." (Koran 47:38)

erscheinen; doch aus der Perspektive des *Uncommon Sense* gesehen, des besonderen gesunden Menschenverstandes, in anderen Worten des „Superverstandes", sind sie äußerst praktisch. Willst du wohltätig sein, denke an das Wohl der anderen. Willst du glücklich sein, denke an das Glück deiner Mitmenschen. Möchtest du gut behandelt werden, behandle andere gut. Wünschst du dir, dass die anderen gerecht und fair mit dir umgehen, erweise dich zuerst selbst als gerecht und fair, damit du ihnen ein Beispiel geben kannst.

Unser Umgang mit Übeltätern

Die Leute sind immer bereit, andere Menschen für Taten anzuklagen, die sie sich selbst ohne weiteres gestatten. Einige begehen vielleicht nicht denselben Fehltritt, den sie anderen vorwerfen, aber sie haben in ihrer Vergangenheit Ähnliches getan. Es gibt auch Menschen, die andere beschuldigen, etwas zu tun, was sie selbst aufgrund ihrer äußeren Lebensumstände gar nicht tun können. Hafis hat das Thema in seiner Dichtung in ein Bild gefasst: „Oh du Frommer, ich würde dir zuhören, wenn du jung wärst und es wäre Frühling und es gäbe einen Garten mit einer Schönen darin, die dir einen Kelch mit Wein reicht, und du ihn ablehnen würdest." Es ist leicht, andere wegen ihrer Fehltritte anzuklagen, und leicht, sie zu verurteilen; aber schwierig, selbst beurteilt zu werden. Die Worte der Bibel beziehen sich darauf: „Wer unter euch ohne Sünde ist darf den ersten Stein werfen."[6]

Häufig bewerten wir eine Tat als unrecht nach unserem eigenen Verständnis von Unrecht. Aber das Empfinden für Recht und Unrecht ist bei jeder Person abhängig von ihrem jeweiligen Entwicklungsstand und ihrem eigenen Urteilsvermögen. Oft beschuldigen wir Menschen wegen irgendeines Vergehens, ohne zu bedenken, was sie zu dieser Tat veranlasst hat, wie ihre Lebensumstände aussehen, ob sie die Tat willentlich oder unwillentlich begangen haben, ob sie das Vergehen aus eigenem Antrieb begangen haben oder von jemandem oder einem unvorhergesehenen Ereignis dazu verführt oder gezwungen wurden. In einigen Fällen bezichtigen wir jemanden einer Handlung, ohne sie mit eigenen Augen gesehen zu haben. Wir haben sie lediglich von jemandem gehört. Solche Taten zu

6 Johannes 8:7

verurteilen, die wir nicht selbst beobachtet haben, ist ein noch größerer Fehler.

Wir finden viele Mängel bei anderen Menschen, wenn wir sie nur mit dem Verstand betrachten. Aber wenn wir sie mit unserem Gefühl anschauen, können wir gar nicht anders als zu überlegen, wie wir das, was sie taten, rechtfertigen können. Wenigstens fällt es uns dann leichter zu tolerieren, was sie aus Schwäche oder aus Versehen taten; ist doch seit Adam, dem Vater der Menschheit, jedes menschliche Wesen von Natur aus anfällig für Fehler. Je tiefer das Mitgefühl, das Menschen in ihrem Herzen entfaltet haben, umso eher sind sie bereit zu vergeben. Denn in ihren Augen sind die Erdbewohner kleine Kinder, so klein, wie sie von einem Flugzeug aus erscheinen. Ebenso wie wir bereitwillig die Fehltritte von Kindern vergeben, sind die Weisen stets bereit, die Fehler der Menschen zu vergeben.

Unser Umgang mit Feinden und Feindinnen

Der Unterschied zwischen dem Gesetz der Gegenseitigkeit und dem Gesetz der Güte besteht darin, dass Menschen im ersten Fall gerechtfertigt sind, wenn sie sich nach „Maß für Maß“ verhalten, d. h. nach dem Prinzip „Wie du mir, so ich dir“, während im zweiten Fall von ihnen erwartet wird, dass sie sich nachsichtig, vergebend und gütig zeigen, sodass Feinde zu Freunden werden können. Es gibt Fälle, da können wir zwar keine Güte, aber immerhin Nachsicht aufbringen. Es gibt Fälle, da können wir nicht vergeben, und doch fühlt sich Rache für uns als humane Personen unnatürlich an. Solange wir die Fehler anderer Menschen übersehen können, werden wir weniger Anlass für Zwietracht und noch weniger für Feindschaft geben.

Manchmal kommt der Einwand: „Wenn wir freundlich zu unseren Feinden sind, bestärken wir sie doch nur in ihrer Tyrannei.“ Aber solange Güte in unserem Herzen wohnt, wird sie den Charakter derjenigen, die uns feindlich gesonnen sind, weicher anstatt härter machen; denn alles, was wir austeilen, bekommen wir zurück. Ein freundliches Wort als Entgegnung auf ein schroffes Wort, eine freundliche Handlung als Reaktion auf eine verletzende Handlung, ein liebevoller Gedanke als Antwort auf einen böswilligen Gedanken; all diese Verhaltensweisen haben eine viel größere Wirkung als ein Verhalten nach dem Prinzip Maß für Maß.

Eisen lässt sich nicht mit einem Hammer brechen, aber es schmilzt im Feuer. Das Feuer ist die Liebe, und Güte ist ihr bevorzugter Ausdruck. Haben wir in unserem Herzen genügend Liebe und Güte entwickelt, dann können wir früher oder später Feinde in Freunde verwandeln. Meistens ist es die eigene Unfreundlichkeit, die überall um uns herum Feindschaft hervorbringt; und dann schieben wir unseren Feinden die Schuld zu und sind entsetzt über ihre große Zahl. Schließlich beklagen wir uns über die ganze Welt, die Natur der Menschen und ihre Art zu leben. Wenn aber dem menschlichen Denken die ganze Welt schuldig erscheint, wie kann dann ihr Schöpfer frei von Schuld bleiben? Schließlich fühlen wir uns ganz allein schuldlos, während alles um uns herum schuldig ist. Dann wird das Leben zur Qual. Wir denken, es habe keinen Wert zu leben, wir werden selbstgerecht, und es scheint so, als wären alle Menschen gegen uns.

Es ist immer weise, jede Möglichkeit zu vermeiden, Feindschaft zu verursachen, und jegliche Mühe auf sich zu nehmen, alle Feindinnen und Feinde wieder zu Freundinnen und Freunden zu machen. Dazu zählen auch Personen, die sich nur ganz leicht verletzt fühlen, mit denen ein geringfügiges Missverständnis aufgetaucht ist oder die sich vielleicht ein bisschen über uns geärgert haben. Darum müssen wir uns bemühen, nicht damit wir uns selber glücklich fühlen, selbst nicht um des Glücks der anderen willen, sondern allein wegen des guten Prinzips und wegen des ganz konkreten Vorteils. Denn wie unbedeutend ein Feind oder eine Feindin auch sein mag, sie könnten uns großes Leid oder schwere Verletzungen zufügen. Und wie lose die Freundschaft zu einer Person auch sein mag, diese Person könnte eines Tages sehr nützlich werden. Selbst abgesehen von allen konkreten Vorteilen, das Gefühl „diese Person freut sich über mich, ist mir wohlgesonnen, ist nicht länger meine Feindin“ ist in sich schon ein großer Gewinn.

Unser Umgang mit Gott

Gott ist das Ideal, das die Menschheit auf die höchste Stufe der Vollkommenheit erhebt. Ebenso wie wir in unserem Gewissen unseren Umgang mit anderen Menschen betrachten und bewerten, betrachten die, die Gott in Wahrheit verehren, ihren Umgang mit Gott. Ob sie anderen geholfen haben, freundlich zu anderen waren, ein Opfer für jemanden gebracht haben, sie suchen nicht die Anerkennung oder eine

Gegenleistung von denen, denen sie Gutes getan haben. Für sie ist es so, als hätten sie es für Gott getan. Und deshalb machen sie es mit Gott aus, nicht mit den Menschen, mit denen sie zu tun hatten. Selbst wenn sie für ihre Taten kritisiert anstatt gelobt werden, macht es ihnen nichts aus, denn sie haben es ja für Gott getan, und Gott ist die beste Richterin und der beste Kenner aller Dinge.

Es gibt kein höheres Ideal als das Gottesideal. Es kann unseren moralischen Wertmaßstab erhöhen, aber die Wurzel von allem ist die Liebe, und unser Gottesideal ist die Frucht der Liebe. Ob die Liebe sich weiterentwickelt, sich ausdehnt und ihren Höhepunkt erreicht, all das ist abhängig vom Gottesideal. Wie viel Angst haben Menschen, wenn sie etwas tun, was ihre Freunde und Freundinnen, ihre Nachbarn und alle, die sie lieben und achten, verletzen könnte. Und doch, wie begrenzt ist ihre Güte, wenn es um eine bestimmte Person oder bestimmte Leute geht. Man stelle sich vor, sie würden auf Gott so viel Rücksicht nehmen wie auf die Freunde und Nachbarn, dann würden sie sich an allen Orten und allen Menschen gegenüber rücksichtsvoll verhalten. Ein Sufi sagt in folgendem Vers: „Wohin ich immer gehe, ich finde Deine heilige Wohnstatt, und wohin ich auch schaue, ich sehe Dein schönes Antlitz, mein Geliebter."

Die Liebe zu Gott ist gleichbedeutend mit der Weitung des Herzens, und alle Handlungen von Menschen, die Gott lieben, sind Tugenden. Sie können nichts anderes sein. Unser Blick auf das Leben ändert sich, wenn die Liebe zu Gott unser Herz erfüllt. Wer Gott liebt, wird niemanden mehr hassen, denn wer die göttliche Schöpfung hasst, hasst auch die Schöpferin. Die Gottliebenden können nicht unaufrichtig sein und nicht treulos, weil sie davon überzeugt sind, dass Aufrichtigkeit und Treue gegenüber den Menschen bedeutet, aufrichtig und treu Gott gegenüber zu sein. Man kann den Menschen, die Gott lieben, immer vertrauen, mögen sie auch manchmal unrealistisch oder wenig schlau erscheinen. Denn den Gedanken an Gott stets im Geiste festzuhalten reinigt die Seele von aller Bitterkeit und verleiht den Menschen die Kraft der Tugend, die sie nirgendwo sonst und durch nichts anderes erreichen können.

TEIL 3
DAS GESETZ DER ENTSAGUNG

Leben in Gott

„In Gott leben und bewegen wir uns; in Gott sind wir."[1] Diese Lehre der Bibel spricht von der Natur Gottes: Gott ist das Meer, und in den Wellen des Meeres, den großen und kleinen, zeigt sich die dynamische Kraft des Meeres. Der Koran bestätigt das, wenn es heißt, dass kein einziges Atom sich ohne Befehl Gottes bewegt, verbindet oder löst.[2] Rumi erklärt es noch einfacher: „Luft, Erde, Wasser und Feuer sind Gottes Diener. Uns erscheinen sie leblos, aber für Gott sind sie lebendig."[3] Menschen, die dieses Wissen im Bewusstsein halten, entwickeln in sich – je nach dem Grad ihrer Erkenntnis und Verwirklichung dieser Wahrheit – den Geist der Entsagung, der als göttlicher Geist bezeichnet werden kann.

Wer etwas begehrt, ist kleiner als das gewünschte Objekt, wer aber etwas weggibt, ist größer als das verschenkte Objekt. Deshalb wird für Mystikerinnen und Mystiker jeder Akt der Entsagung zu einem weiteren Schritt in Richtung Vollkommenheit. Erzwungener Verzicht, sei es durch Moral, Religion, Gesetz, Konvention oder äußere Umgangsformen, ist nicht zwangsläufig Entsagung. Der wahre Geist der Entsagung ist Bereitwilligkeit, und bereitwillige Entsagung stellt sich ein, wenn wir uns über die Dinge erhoben haben, denen wir entsagen. Der Wert einer jeden Sache im Leben – Reichtum, Macht, gesellschaftliche Position, Besitz – hängt ab vom Entwicklungsstand eines Menschen. Es gibt in unserem Leben eine Zeit, da ist Spielzeug unser Schatz, und dann kommt eine Zeit, in der wir das Spielzeug zur Seite legen. In dem einen Lebensabschnitt bedeuten

1 Apostelgeschichte 17:28: „In Gott leben, weben und sind wir." (Luther-Übersetzung)

2 „Und Allah erschuf die Sonne, den Mond und die Sterne, alles nach Seinem Befehl. Wahrlich, Sein ist die Schöpfung und der Befehl." (7:54) „Er weiß, was in den Himmeln und was auf der Erde geschieht; und Allah hat Macht über alle Dinge." (3:29) „Und zu Seinen Zeichen gehört die Schöpfung der Himmel und der Erde und jeglicher Lebewesen, die Er darin angesiedelt hat. Und Er hat die Macht, sie allesamt zu versammeln, wenn Er will." (42:29)

3 Jalal ad-Din Rumi, Masnavi, Erstes Buch, 4. Geschichte

Kupfermünzen alles für uns, in einem anderen können wir sogar Goldmünzen weggeben. Zu einer Zeit hat eine Hütte für uns hohen Wert, zu einer anderen verschenken wir einen Palast. Die Dinge haben keinen Wert an sich, ihr Wert wird von der jeweiligen Person bestimmt, und er verändert sich auf jeder ihrer Entwicklungsstufen.

Ganz gewiss liegt kein Gewinn darin, das eigene Haus, die Freunde und Freundinnen zu verlassen und alle Angelegenheiten des Lebens aufzugeben, sich in die Wälder zurückzuziehen und ein asketisches Leben zu führen. Und doch, wer hat das Recht, diejenigen, die genau das tun, zu kritisieren? Wie kann eine weltliche Person den Standpunkt von Menschen, die Entsagung üben, beurteilen und verstehen? Vielleicht hat das, was für eine weltliche Person von höchstem Wert ist, keine Bedeutung für andere, die es losgelassen haben. Sufis machen aus der Entsagung weder ein Gebot noch ein Verbot. Auch lehren sie Entsagung nicht. Sufis sind der Meinung, dass es keinen Wert hat, irgendetwas im Leben zu opfern, was man nicht opfern will. Entsagung ist für sie eine ganz natürliche Sache, die mit fortschreitender Entwicklung im Menschen wächst. Ein Kind, das in einem frühen Kindheitsstadium nach seinem Spielzeug schreit, erreicht mit fortschreitendem Alter ein Stadium, in dem es eben dieses Spielzeug bereitwillig verschenkt.

Es gibt drei Stufen der moralischen Entwicklung. Die erste Stufe ist die Moral der Gegenseitigkeit. Sie ist völlig natürlich für diejenigen, die vorrangig Unterschiede zwischen sich und den anderen sehen und jede Person als abgegrenztes Individuum betrachten. Die zweite Stufe ist das Gesetz der Güte, auf der wir zwar ebenso uns selbst und die anderen als Entitäten, als separate Wesen, erleben, aber dennoch eine Verbindungsschnur sehen, die durch uns selbst und alle anderen hindurchgeht. Wir erfahren uns als eine Art Kuppelgewölbe, in dem ein Echo alles Guten und Bösen erschallt. Um ein gutes Echo auszulösen, geben wir Gutes für Gutes und Gutes für Böses. Die dritte Stufe der moralischen Entwicklung ist die Moral der Entsagung. Hier löst sich der Unterschied zwischen „mein“ und „dein“ und die Abgrenzung von „ich“ und „du“ allmählich auf in der Erkenntnis des Einen Lebens innen und außen, unten und oben. Das ist die Bedeutung des Bibelverses „In Gott leben, bewegen wir uns und sind wir.“

Entsagung 1: Rechtzeitig loslassen

Diejenigen Menschen im Osten, die aus ihrer mystischen Einstellung heraus Vergnügen, Komfort, Reichtum, Besitz aufgegeben haben, haben diesen Verzicht nicht geleistet, weil sie zu schwach waren, diese Dinge festzuhalten, oder sie nicht begehrenswert fanden. Der Grund ihres Verzichts war allein, dass sie etwas, was sie besaßen, loslassen wollten, bevor es ihren Händen entrissen würde. Alles, was wir im Leben besitzen, haben wir aus eigener Kraft angezogen. Und wenn wir es verlieren, ist es ein Beweis dafür, dass wir diese Anziehungskraft verloren haben. Wenn wir aber unseren Besitztümern aus eigenem Antrieb entsagen, bevor wir diese Anziehungskraft verlieren, erheben wir uns über sie. Alle Dinge, die in unserem Besitz sind, gehören uns nicht wirklich, auch wenn wir es im Augenblick so empfinden. Wenn wir sie verlieren, erkennen wir, dass sie nicht unser Eigentum waren. Aus diesem Grund besteht die einzige Möglichkeit, für immer glücklich zu sein, in dem Bewusstsein, dass nichts, was wir besitzen, unser Eigen ist, und dass wir alles rechtzeitig loslassen, bevor es uns loslässt.

Entsagung 2: Gewinn und Verlust

Betrachten wir das Leben genauer, sehen wir, dass es keinen Gewinn gibt, der nicht ein Verlust ist, und keinen Verlust, der nicht ein Gewinn ist. Mit allem, was die Menschen gewonnen haben, haben sie auch etwas verloren, nur wissen sie es manchmal nicht. Und manchmal, wenn sie es wissen, bezeichnen sie den Verlust, sofern er nur gering ist, als Kosten. Aber wenn sie es nicht wissen, ist der Verlust groß. Denn letzten Endes ist jeder Gewinn vergänglich, und die Zeit, die wir einsetzen, um ihn zu erzielen, ist ein Verlust, der sogar größer ist als der Gewinn. Dagegen ist der Verlust alles Vergänglichen ein Gewinn in den unsterblichen Sphären, weil er das Herz aufweckt, das bei der Jagd nach Gewinn und der Freude am Gewinn eingeschlafen ist. Bei genauerer Betrachtung unseres eigenen Lebens und unserer Angelegenheiten stellen wir fest, dass es keinen Verlust gegeben hat, den wir bedauern müssten. Vielmehr lag verdeckt unter dem Mantel eines jeden Verlusts ein noch größerer Gewinn. Und wir können auch feststellen, dass mit jedem Gewinn ein Verlust einherging, der im Vergleich mit dem Gewinn größer war.

In den Augen der Welt erscheinen Menschen, die irdischen Freuden, Annehmlichkeiten und flüchtigen Glücksgefühlen entsagen, töricht. Aber sie geben nichts auf, ohne zugleich etwas Größeres zu gewinnen. Allerdings muss auch erwähnt werden, dass Entsagung um des Gewinns willen nichts anderes ist als Gier. Die einzige Entsagung, die einen Wert hat, ist die Entsagung aus Freude an der Entsagung.

Habgier und Großzügigkeit

Solange eine Person ein Objekt im Auge hat, das sie erlangen möchte, ist sie kleiner als das Objekt. Hat die Person jedoch das Objekt erlangt, ist sie größer als das Objekt. Aber wenn sie dann daran festhält, wächst der Wert des Objekts und die Stärke der Person nimmt ab. Wenn sie hingegen das erreichte Objekt loslässt, erhebt sie sich über das Objekt und begibt sich auf eine neue und höhere Stufe im Leben. Jeder Schritt beim Besteigen eines Berges führt uns höher und höher hinauf. Ebenso machen wir mit allem, was wir im Leben erreichen, sei es spirituell oder materiell, Fortschritte in unserer Entwicklung.

Wenn wir zum Beispiel den Wunsch haben, hundert Pfund zu besitzen, sind wir geringer als die hundert Pfund. Sobald wir das Geld verdient haben, sind wir größer als die verdiente Summe. Aber wenn wir das Geld festhalten, steigt in unseren Augen der Wert der hundert Pfund mehr und mehr, bis er dem Empfinden nach möglicherweise bis auf eine Million Pfund anwächst. Gleichzeitig werden wir in unserer Selbsteinschätzung kleiner und kleiner. Wir haben das Gefühl, als wären wir kein zweites Mal in der Lage, diese hundert Pfund zu verdienen. Wenn wir aber die hundert Pfund verdient und ausgegeben haben, sind wir über diese Summe hinausgewachsen und streben als nächstes Ziel tausend Pfund an.

So ist es in jedem Bereich unseres Lebens. Die Lehre daraus müssen wir uns merken: Was uns wertvoll erscheint, sollten wir anstreben; aber wenn wir es erreicht haben, müssen wir uns frei darüber erheben und in unserem Leben einen Schritt weiter gehen, anstatt uns von dem Erreichten niederdrücken zu lassen. Wer im Leben vorangekommen ist, verdankt es dieser Einstellung. Wer dagegen auf seinem Lebensweg stecken geblieben ist, hat an dem, was er oder sie erreicht hat, festgehalten und war nicht bereit, es wieder loszulassen. Auf diese Art rufen wir Misserfolg herbei. Habgier, so gewinnbringend sie auch erscheinen mag, macht uns letztendlich schwach, während Großzügigkeit uns stark macht, auch wenn sie mitunter unvorteilhaft erscheint.

Die Notwendigkeit des Verzichts im Leben

„Ohne Schmerz kein Gewinn“ oder „Ohne Fleiß kein Preis“, diese Redewendungen, richtig interpretiert, bedeuten, dass alles etwas kostet, dass alles seinen Preis hat. Das ist ein Naturgesetz. Es lehrt uns, dass für jeglichen Erfolg im Leben, vom geringsten zum höchsten, Verzicht notwendig ist. Verzicht in Form von Geduld, in Form von Dienen, in Form von Genügsamkeit, vielleicht auch in Form von Opfern. Welche Form der Verzicht auch annehmen mag, er dient immer einem bestimmten Zweck. Jeder Erfolg im Leben ist verbunden mit einem Risiko oder Verlust. Im Licht des unmittelbar spürbaren Gewinns nehmen wir den Verlust vielleicht nicht als solchen wahr; aber wenn es viel Zeit und Einsatz braucht, um bestimmte Dinge zu erreichen, oder Geduld, um Umstände zu verändern, dann empfinden wir diesen scheinbaren Verlust als bitteres Opfer.

Deswegen ist auch unsere Tendenz gerechtfertigt, immer einen angemessenen Grund für den Verzicht in seinen verschiedenen Formen zu finden. Die Schwierigkeit dabei ist jedoch, dass wir auf diese Weise keine Dinge erreichen können, die abstrakt sind und jenseits des alltäglichen Verständnishorizonts liegen, weil wir für solche Ziele nichts aufgeben oder einsetzen wollen. Andererseits sind auch diejenigen Verlierer, die ohne Grund verzichten, denn sie verzichten, ohne irgendetwas zu gewinnen. Die Lösung ist: Der Erfolg des Verzichts liegt im Verzicht selbst, das heißt, wenn der Verzicht an sich uns Befriedigung gibt und nicht der erstrebte Gewinn. Nur diese Entsagung kann als Tugend bezeichnet werden.

Es gibt vier Ziele, nach denen Menschen streben: irdische Freuden, Reichtum, Pflichterfüllung, Gott. Jedes dieser Ziele erfordert einen Preis, und niemand sollte denken, es sei möglich, auch nur eines dieser Ziele ohne Verzicht zu erreichen. Deshalb müssen wir Entsagung von Anfang an lernen, obwohl die Lehre von der Entsagung am Ende unseres Weges steht.

Die Relativität von Gewinn

Das Leben ist ein ständiger Kampf um Gewinn gleich welcher Art. Etwas zu gewinnen scheint der Lebenszweck zu sein, und wir erreichen es durch Meisterschaft und Disziplin. Das bedeutet natürlich, dass wir versuchen müssen, alles zu erreichen, was wir für gut und erstrebenswert halten oder was wir im Leben brauchen. Es ist ein Zeichen für Meisterschaft, wenn wir Erfolg haben. Fehlender Erfolg spricht für einen Mangel an Meisterschaft. Bei genauerer Betrachtung dieses Themas erkennen wir, dass jeder Gewinn, den wir anvisieren, unseren Blick bis zu einem gewissen Grad auf dieses angestrebte Ziel einengt, unsere Aktivitäten auf einen bestimmten Kurs ausrichtet und unsere Schicksalslinie vorzeichnet. Der Blick auf das angestrebte Ziel verstellt uns die Vision eines noch größeren und besseren Gewinns. Wir verlieren die Handlungsfreiheit, mit der wir möglicherweise etwas noch Wertvolleres erreichen könnten.

Aus diesem Grund üben die Sufis Entsagung. Mit jeder freiwilligen Entsagung macht der Mensch einen weiteren Schritt in Richtung auf ein höheres Ziel. Keine Entsagung ist jemals vergeblich. Wer einen Gewinn anstrebt, ist kleiner als der erstrebte Gewinn. Wer etwas Erreichtes wieder loslassen kann, hat sich darüber erhoben. Jeder Schritt, der weiter und höher führt, ist zugleich ein Schritt der Entsagung. Die Armut derjenigen, die Entsagung geübt haben, ist wahrer Reichtum im Vergleich zu dem Reichtum derjenigen, die an ihrem Gewinn hängen. Wir können reich sein in Bezug auf Geld und Besitz und in Wirklichkeit doch arm, und wir können ohne einen Cent reicher sein als der reichste Mensch auf der Welt.

Entsagung und Verlust

Es gibt zwei verschiedene Arten der Trennung: die eine ist Entsagung, die andere ist Verlust. Entsagung praktizieren wir, wenn wir über etwas hinausgewachsen sind, das wir einmal wertgeschätzt haben. Unser Hunger und unser Durst nach der erstrebten Sache sind gestillt, und sie erscheint uns nicht mehr so wertvoll wie einst. Vielleicht haben wir uns auch weiterentwickelt und sehen das Leben anders, nicht mehr so wie zuvor. Entsagung ist in all diesen Fällen ein Schritt voran in Richtung Vollkommenheit. Die andere Art der Trennung erfahren wir, wenn wir zur

Aufgabe von etwas gezwungen sind. Das geschieht, wenn die Umstände uns daran hindern, unser gewünschtes Ziel zu erreichen, oder wenn wir etwas aus Hilflosigkeit verlieren oder wenn wir in eine Lage geraten sind, in der wir das begehrte Objekt nicht erreichen können – entweder aus körperlicher oder geistiger Schwäche oder weil wir nicht über die erforderliche gesellschaftliche Position und Macht oder die nötigen finanziellen Mittel verfügen. Diese Art erzwungener Entsagung ist ein Verlust. Anstatt uns zur Vollkommenheit hinauf zu führen, zieht dieser Verlust uns herab in Richtung Unvollkommenheit.

Aus diesem Grund verzichten die Weisen lieber freiwillig auf das, was sie aufgeben möchten. Aber um das, was sie gewinnen wollen, bemühen sie sich unablässig. Durch ein oder zwei Fehlschläge lassen sie sich nicht entmutigen. Auch nach hundert Fehlschlägen stehen sie wieder auf mit ungetrübter Hoffnung, und am Ende werden sie das gewünschte Ziel erreichen.

Eine andere Schwäche besteht darin, festzuhalten was wir gewonnen haben und darin zu schwelgen. Das begrenzt uns auf das Erreichte, verhindert größeren Gewinn und führt sogar dazu, dass wir langfristig das, was wir erworben haben, nicht mehr halten können. Diese Philosophie haben die Asketen in ihrem Leben umgesetzt, die von Ort zu Ort gereist sind. Sie freuten sich eine Zeit lang über das Glück, die Annehmlichkeiten und Freundschaften, die sie an einem Ort erfuhren, und verließen dann alles wieder, um sich nicht für immer fest daran zu binden. Das heißt nicht, dass ein solches Leben weisen Menschen notwendigerweise als Modell zum Nachahmen dienen soll, aber unser Weg durch die Erfahrungen des Lebens ist ebenfalls eine fortwährende Reise. All das Gute und Schlechte, das Richtige und Falsche, das Auf und Ab, das wir in der Vergangenheit erlebt haben, müssen wir hinter uns lassen. Wir müssen den Erfahrungen von gestern den Rücken kehren und vorwärtsgehen mit neuer Hoffnung, neuem Mut und mit Begeisterung – im Vertrauen auf die allmächtige göttliche Schöpferkraft in unserem Geist.

Entsagung lernen

Die Menschen denken, dass Entsagung durch Selbstlosigkeit gelernt wird. Es sind die Zuschauer, die Entsagung als Selbstlosigkeit betrachten, so wie vielleicht ein Hund einen Akt der Entsagung darin sieht, wenn jemand einen Knochen wegwirft. Der Hund versteht nicht, dass der Knochen nur für ihn wertvoll ist, nicht aber für den Menschen, der ihn wegwirft. Ein Objekt hat für jeden einzelnen Menschen einen ganz eigenen Wert, und im Laufe der individuellen Entwicklung im Leben eines Menschen ändert sich der Wert der Dinge. Wenn wir bestimmten Dingen entwachsen, lassen wir sie los. Wer noch nicht über sie hinausgewachsen ist und beobachtet, wie andere ihnen entsagen, bezeichnet diesen Akt entweder als dumm oder als selbstlos.

Wir müssen Entsagung nicht lernen, das Leben lehrt uns zu entsagen. Und wenn wir doch in einem geringen Ausmaß auf dem Weg der Entsagung etwas lernen müssen, dann ist es dies: Wenn wir Silbermünzen erwerben wollen, müssen wir lernen, die Kupfermünzen loszulassen. Darin besteht die einzige Selbstlosigkeit, die wir lernen müssen: Wir können nicht beides haben, Kupfer und Silber.

Ein Spruch in Hindi lautet: „Wer nach Ehre strebt, stirbt für einen Namen, wer nach Geld strebt, wird für eine Münze sterben." Für diejenige Person, für die eine Münze kostbar ist, gilt der Name nichts; für eine andere, die den Namen für kostbar hält, zählt Geld nichts. Die eine Person kann die Einstellung der anderen nicht verstehen, es sei denn, sie zieht den Mantel der anderen an und sieht das Leben aus deren Perspektive. Es gibt nichts Wertvolles außer dem, was wir im Leben wertschätzen. Menschen tun recht daran, wenn sie alles, was sie haben oder was immer ihnen angeboten wird, aufgeben für das, was sie wertschätzen; auch wenn es ihnen nur in diesem Augenblick wertvoll erscheint.

> Oh, lasst uns alles ausgeben,
> was wir noch haben,
> und das Beste daraus machen,
> bevor auch wir zu Staub werden,
> Staub zu Staub,
> und unter dem Staub liegen
> ohne Wein, ohne Lieder, ohne Sänger,
> ohne Ende.
>
> Omar Khayyam[4]

---

4 Omar Khayyam (1048-1131), persischer Dichter, Philosoph, Mathematiker und Astronom. Zitat aus Omar Khayyam, deutsche Ausgabe: Vierzeiler (Rubiayyat), Berlin 2010, Vers 24

Das Wesen der Entsagung

Aus faktischer Sicht ist das Leben eine Reise. Sie führt vom nicht-manifesten Zustand des Seins als Startpunkt der Reise zum manifesten Zustand und aus der Manifestation wieder zurück zum nicht-manifesten, zum vollkommenen Zustand des Seins. Dem Menschen bietet das Leben das größte Privileg, nämlich etwas über die Reise zu wissen und bis zu einem bestimmten Grad die Ereignisse auf dieser Reise lenken zu können. Uns Menschen ist es möglich, die Reise angenehm zu gestalten und mitzuwirken, dass wir zur gewünschten Zeit an unserem Bestimmungsort ankommen. Mystiker und Mystikerinnen versuchen, dieses Privileg im Leben umzusetzen, und alle spirituellen Weisheitslehren beschreiben die Art, wie diese Reise gestaltet werden sollte.

Da wir als menschliche Wesen aus dem nicht-manifesten Bereich kommen, ist es offenkundig, dass wir allein kommen, ohne irgendetwas und irgendwen, der bei uns ist. Nachdem wir hier auf Erden angelangt sind, fangen wir an, uns Objekte, Besitz, Eigentum, sogar Lebewesen anzueignen. Und eben die Tatsache, dass wir allein gekommen sind, ohne irgendetwas, macht es notwendig, dass wir am Ende auch wieder allein gehen, um zum Ziel unserer Reise zu gelangen. Wenn wir aber einmal irdische Dinge besitzen, wollen wir uns nicht gerne von ihnen trennen. Wir haben den Wunsch, sie auf unserer Reise mitzunehmen. Wir wollen das Gewicht unseres gesamten Besitzes tragen, eine schwere Last, die uns niederdrückt und die Reise unangenehm macht. Aber da uns in Wirklichkeit nichts und niemand gehört, muss alles rechtzeitig von uns abfallen. Das macht uns gegen unseren Willen einsam. Doch nur die bereitwillige Entsagung kann uns von dieser Last auf unserem Weg befreien.

Es ist nicht notwendig, dass wir Entsagung in Form von Indifferenz unseren Freundinnen und Freunden gegenüber üben. Wir können die mit uns befreundeten Menschen lieben, ihnen dienen und doch innerlich ungebunden sein. Jesus Christus lehrte: „Gebt dem Kaiser, was dem Kaiser gehört, und Gott, was Gott gehört."[5] Diejenigen praktizieren Entsagung, die die weltlichen Dinge, die sie erworben haben, der Welt zurückgeben. Diejenigen hingegen, die die angesammelten weltlichen Güter für sich behalten, wissen nichts von Entsagung. Die Liebe ist ein Segen, doch sie wird zu einem Fluch durch Anhaftung. Bewunderung alles Schönen ist

5 Matthäus 22:31

ein Segen, doch sie wird zu einem Fluch, wenn wir versuchen, es ganz für uns zu behalten. Der Weg von Menschen, die Entsagung verwirklichen, besteht darin, dass sie alle Dinge kennen, sie bewundern und erwerben, aber dann alles wieder weggeben aus der Überzeugung heraus, dass ihnen nichts gehört und sie nichts wirklich besitzen. Dieser Geist der Entsagung befreit die Menschen von ihren irdischen Fesseln, die sie im Allgemeinen ihr ganzes Leben lang gefangen und gebunden halten.

Der endgültige Erfolg

Der endgültige Gewinn im Lebenskampf ist für jeden von uns Menschen erreicht, wenn wir losgelöst sind, das heißt, wenn wir uns über das, was wir am meisten schätzen, erhoben haben. Der Wert von allem besteht für uns so lange, wie wir ihn nicht verstehen. Wenn wir alles vollkommen verstanden haben, geht der Wert verloren, gleich ob es sich um die niedrigste oder höchste Sache handelt. Wenn wir nicht verstehen, ist es so, als wenn wir das Bühnenbild im Theater für einen echten Palast halten. Das gilt für alle weltlichen Dinge. Sie erscheinen uns wichtig oder kostbar, wenn wir sie brauchen oder wenn wir ihren Wert nicht richtig verstehen. Sobald der Schleier, der das Verständnis behindert, gehoben wird, erkennen wir, dass sie nichts sind.

Darum wundere dich nicht über die Entsagung der Weisen. Vielleicht müssen alle Menschen auf dem spirituellen Weg durch Entsagung gehen. Entsagung bedeutet nicht, Dinge wegzuwerfen oder uns von befreundeten Menschen zu distanzieren oder zu trennen. Vielmehr geht es darum, dass wir uns Geschehnisse nicht mehr so schwer zu Herzen nehmen, wie wir es aus Mangel an Verständnis normalerweise tun. Kein Lob, kein Tadel hat irgendeinen Wert, kein Schmerz, keine Freude ist wirklich wichtig. Aufstieg und Abstieg sind natürliche Auswirkungen, ebenso wie Liebe und Hass. Welchen Unterschied macht es schon, ob es dieses oder jenes ist? Es ist nur wichtig, solange wir kein rechtes Verständnis haben. Ohne Zweifel ist Entsagung ein Giftbecher, aber die Mutigen trinken daraus. Und letztendlich erweist sich das Gift als Nektar, und unser Mut führt uns zum endgültigen Erfolg.

Der Inhalt von „Bewusstsein und Persönlichkeit“ wurde zusammengestellt aus den bislang unveröffentlichten „Ergänzenden Schriften“ („Supplemental Papers“) mit zwei zusätzlichen Kapiteln. Das Kapitel „Schönheit“ stammt aus „The Complete Works of Pir-o-Murshid Hazrat Inayat Khan: Original Texts, Lectures on Sufism 1922“, vol. 1, 51-53. Das Kapitel „Können wir unser Schicksal lenken?“ stammt aus „The Complete Works of Pir-o-Murshid Hazrat Inayat Khan: Original Texts, Lectures on Sufism 1925”, vol. 1, 37-42.

BEWUSSTSEIN UND PERSÖNLICHKEIT

BEWUSSTSEIN UND PERSÖNLICHKEIT

Wenn wir die Welt betrachten, erkennen wir, dass alles in einem Kreislauf geschieht. Der Same einer Pflanze wächst aus der Erde in seine ausgereifte Form und kehrt wieder zurück zur Erde. Menschliche Wesen entwickeln sich von der Kindheit über die Jugend und das Erwachsenenstadium bis zum Alter. Man sagt, das sei ein Argument für die These, dass wir durch viele Leben hindurchgehen. Aber nicht der gesamte Kreislauf des Lebens wandert von einem zum nächsten Leben, sondern es ist eine Reise vom Punkt der Geburt kreisförmig bis zur Rückkehr zu diesem Ausgangspunkt. Es ist das Bewusstsein, das unentwegt auf dieser Reise ist, und nicht die individuelle Seele.

In einer Quelle schießen die Wassertropfen in die Höhe, einige steigen höher, einige niedriger, die einen legen nur einen kleinen Weg zurück, die anderen einen längeren. Schließlich fällt jeder Tropfen wieder herab und versinkt im Fluss. Er fließt mit dem Fluss davon und steigt nicht wieder auf. Jedoch das Wasser desselben Flusses steigt wieder auf und fällt in Tropfen zurück. Das beweist uns, dass es das Wasser ist, das ständig steigt und wieder fällt, nicht aber der einzelne Tropfen. Das Wasser steigt und fällt nur in Form einzelner Tropfen, und der Anteil von Wasser ist in jedem Tropfen unterschiedlich.

Im Rad der Evolution entfaltet sich das Bewusstsein allmählich über Gestein, Pflanzen, Tiere hin zum Menschen. Wenn das Bewusstsein den Menschen erreicht, kann es sich nicht weiter an der Oberfläche manifestieren, weil durch die Reise alle Kraft verausgabt ist. Menschen sind die aktivsten Wesen, sie haben mit den meisten Dingen und Angelegenheiten zu tun. Ein Felsen ist wenig aktiv; er existiert über sehr lange Zeiten. Ein Baum zeigt ein bisschen mehr Aktivität, und sein Leben ist nicht so lang wie das des Felsens. Es gibt etliche Tiere, die viel länger leben als Menschen. Der Mensch zeigt die größte Aktivität, und im Menschsein erreicht das Bewusstsein den höchsten Grad der Manifestation.

VORSTELLUNGSKRAFT

Es wird oft gefragt, wo die Vorstellungskraft angesiedelt ist. Sie ist in unserem Geist[1]. Dann kommt die Frage: Wo ist der Geist? Ob er im Körper oder außerhalb des Körpers zu finden ist. Ob es stimmt, was einige Wissenschaftler und Naturalisten sagen, dass der Geist ein Produkt des Gehirns ist und nichts weiter. Aber wenn es so wäre, dann würde der Geist nur so lange existieren, wie das Gehirn existiert, und hätte ein Ende, wenn das Gehirn zerstört wäre. Wenn es so wäre, dann befände sich die ganze Arbeit einer Schriftstellerin von drei oder vier Monaten, all die vielen Bücher und Seiten, im Gehirn; dazu das gesamte Werk, das ein Künstler über zehn Jahre geschaffen hat; ein ganzes Studio voller Bilder wäre im Gehirn untergebracht. Wo ist denn in unserem kleinen Gehirn so viel Platz für all das?

Man kann sagen, dass sich in den Augen unsere momentanen Gedanken spiegeln. Wenn wir traurig sind, dann verändert sich der Ausdruck unserer Augen, der Augenbrauen und der Stirn. Sind wir froh, dann lächeln Augen und Stirn. Zwar können wir unser Lächeln unterdrücken, doch die Stirn lächelt immer noch. Wenn wir sehr viel denken, ermüdet unser Gehirn. Manchmal stellt sich ein Gefühl von Depression ein und eine Schwere, besonders in der Brust und in unserer linken Seite. Empfinden wir Freude, so fühlen wir eine gewisse Leichtigkeit im Herzen. Denn so wie das Denken sein Organ, das Gehirn, hat, so ist das Herz das Organ des Fühlens. Mit dem Blutstrom sendet es seine Schwingungen in jede Pore und jedes Atom unseres Körpers.

Der Geist wird als etwas Kleines angesehen, wenn wir sagen: „Mein Geist; in meinem Geist". Das, was oft „mein" genannt wird, scheint klein zu sein, wie „mein Geldbeutel" oder „meine Reisetasche" – kleiner als der physische Körper, etwas, das in einer Reisetasche getragen werden kann. In Wirklichkeit aber ist der Geist viel größer als der physische Körper. Der

1 Das Wort „mind" im Originaltext hat im Englischen eine große Anzahl von Bedeutungen, wie Geist, Gemüt, Verstand, Psyche, Gedächtnis, Gedanken, Denken, Denkweise, Bewusstsein u. a.. Es ist kaum genau ins Deutsche übersetzbar, denn alle diese Begriffe drücken immer nur einen Teil dessen aus, was das Wort „mind" im jeweiligen Satzzusammenhang bedeutet.

Schatten des Körpers ist viel länger als allgemein bekannt. Die Übungen der Mystik können uns helfen zu erkennen, wie ungeheuer weit der Schatten reicht. Und der Geist ist noch viel größer als der Schatten.

Ich kann hier sitzen und meine Gedanken nach Paris schicken. Aber dann erhebt sich vielleicht die Frage: „Wenn ich hier bin, und meine Gedanken sind in Paris, bin ich dann getrennt von meinem Geist? Kann ich rausgehen und meinen Geist im Haus lassen, und bei meiner Rückkehr finde ich ihn wieder?" Nein, der Geist hat Flügel, die sich von hier nicht nur bis Paris ausbreiten, sondern auch bis New York oder Russland oder Japan, bis zum Nordpol und Südpol und noch viel weiter. Wenn ich von hier meine Gedanken zu Freundinnen und Freunden in Indien sende und dabei achtgebe, dass meine Gedanken durch nichts gestört werden, dann werden sie es in ihrem Leben spüren. Wenn ich gute Gedanken schicke, dann wird ihnen etwas Gutes begegnen.

Es gibt ein Couplet von meinem Murshid[2]:

Ich bin arm und habe doch eine solche Kraft,
dass meine Augen, hätten sie Augen,
die Schnelligkeit meiner Schritte nicht sehen könnten.
Selbst wenn die Augen die äußerste Stärke besäßen,
könnten sie das Tempo meines Gangs nicht erkennen.
Das ist die Stärke der Starken.

Wenn Menschen das Couplet lesen und die verborgene Bedeutung nicht kennen, werden sie es nicht verstehen. Mit den Schritten sind „die Schritte der Gedanken" gemeint. Wir fühlen uns in unserem physischen Körper total eingeengt, weil das Wesen der Materie darin besteht, sich zu verdichten. Doch selbst in diesem physischen Körper können wir uns ein wenig ausdehnen. Wir können unsere Hände und Arme bewegen, und obwohl wir so klein sind, können wir meilenweit laufen. Das zeigt die Neigung zur Ausdehnung, die wir in uns haben.

2 Der Murshid des Autors war Shaykh al-Mashaykh Sayyid Muhammad Abu Hashim Madani

GEDANKE UND GEFÜHL

Wir sprechen oft über Gedanken und Gefühle, als wären sie dasselbe, aber in Wirklichkeit sind sie so unterschiedlich wie Feuer und Luft oder wie Erde und Wasser. Manchmal wird gesagt: „Mein Gemüt ist mein Denken, und mein Denken ist mein Gehirn."

Einige Wissenschaftler und Wissenschaftlerinnen behaupten, dass das Gehirn eine Substanz sei, die die Gedanken produziert. Aber das Gehirn könnte nie groß genug sein, um die ganze Gedankenwelt zu enthalten. Das Gehirn empfängt die Schwingungen vom unsichtbaren Geist. Ebenso empfängt auch das Herz die Schwingungen vom unsichtbaren Geist. Wenn wir sehr viel denken, halten wir unseren Kopf, weil der Kopf schwer geworden ist. Die Wissenschaftler schreiben dem Herzen als Organ des Gefühls keinerlei Wichtigkeit zu. Für sie ist es einfach ein Organ, das die Blutzirkulation ermöglicht. In Wirklichkeit empfängt das physische Herz Eindrücke aus dem unsichtbaren Herzen. Ein Gefühl der Freude oder des Glücks spüren wir nicht im Gehirn. Wir spüren es in der Brust, besonders auf der linken Seite, wo sich das physische Herz befindet. Das Gefühl der Furcht spüren wir ebenfalls nicht im Gehirn, sondern im Herzen. Depression oder Traurigkeit verursacht eine Empfindung von Schwere in der Brust.

Eine geistig schwerfällige Person versteht weniger als eine intelligente. Wenn jemand mit zwei Personen, die nebeneinander sitzen, spricht, versteht möglicherweise die eine viel weniger als die andere. Die Schwingungen erreichen beide in gleicher Weise, aber das Gehirn der einen Person kann sie besser auffangen als das der anderen.

Sowohl das Gehirn als auch das Herz verändern sich ständig. Zum Beispiel ist jemand berührt, bewegt und bricht in Tränen aus bei der kleinsten Kleinigkeit, die etwas mit Liebe und Wahrheit zu tun hat; und fünf Jahre später kann es sein, dass bei derselben Person auch in der größten Freude oder Trauer kein Anzeichen von Rührung wahrnehmbar ist. Ebenso finden wir gleichgültige und kaltherzige Menschen, deren Herz drei oder vier Jahre später in einem zärtlichen und weichen Zustand ist. Die jeweilige emotionale Verfassung hängt unter anderem von dem physischen Zustand des Gehirns und des Herzens ab. Das hat zu tun mit dem Thema der physischen Kultur. Wir können unser Gehirn und Herz entwickeln. Aus diesem Grund praktizieren wir den *zikr* und *fikr*[1] und die verschiedenen Sufi-Übungen in Verbindung mit dem Herzen. Die Sufis legen großen Wert auf die Kultivierung des Herzens.

Gedanken entwickeln sich aus Gefühlen. Umgekehrt können Gedanken auch Gefühle auslösen. Der Gedanke an einen Feind kann Traurigkeit oder Rachegefühle in uns hervorbringen. Wir können froh gestimmt sein, und das Bild einer Freundin und der Gedanke an sie, die wir lange nicht gesehen haben, machen uns traurig. Trotzdem ist es vor allem das Gefühl, das große kreative Kraft hat, während die Gedanken eher empfänglich sind. Zum Beispiel sitzt eine Person in einem Raum voller Menschen, und ihr ist zum Lachen zumute. Obwohl sie das Lachen unterdrückt, sodass man es in ihrem Gesicht nicht sehen kann, werden die anderen im Raum eine Neigung zum Lachen verspüren. Oder es tritt ein Mensch in unsere Gegenwart, der sich traurig und niedergeschlagen fühlt. Er sagt zwar kein Wort darüber, trotzdem breitet sich in uns eine gedrückte Stimmung aus.

Der Blick in den Himmel und die genaue Beobachtung der Wolken führt uns zur Lösung eines großen Problems. Wir sehen irgendwo eine kleine weiße Wolke. Dann taucht eine zweite Wolke auf, die mit der ersten verschmilzt, sodass sich ihre ursprüngliche Form verändert. Wenn eine dritte Wolke sich mit beiden verbindet, entsteht wiederum eine neue Form. Bald darauf trennt sich ein Teil aus dieser Form. Dann wieder wächst sie ins Zehnfache, und erneut trennt sich ein Teil, sodass sie kleiner wird. Genauso ist es mit unseren Gedanken. Sie wandeln sich unablässig wie die Wolken. Der Geist ist der Himmel. So wie die Sonne die Wolken zerstreut, löst die Seele die Gedanken auf. In Indien und anderen Ländern, wo die Sonne sehr intensiv scheint, werden die Wolken schnell vertrieben. Wenn die Seele große Kraft hat, lösen sich auch die Wolken unserer Gedanken auf.

Es wird oft gesagt: „Halte die Wurzel des Gedankens, halte das Gefühl, das den Gedanken erschafft, fest." Dann wird das Gefühl wachsen und wachsen. Wer einen Wunsch hegt, zum Beispiel „Ich will Geld", wird auf jeden Cent achten und Geld ansammeln, bis er vielleicht Millionär wird. Der Funken von Ärger, den wir gegen eine feindselige Person hegen,

1 Zikr (persisch; arabisch: *dhikr*), wörtlich „Erinnerung, Sufi-Ritual des Gottgedenkens, Fikr (arabisch): wörtlich „Gedanke", „Denken", stiller *zikr*, stille Meditation

wird in unserem Denken und Fühlen zu einer Flamme werden, sodass wir schließlich nicht nur dieser Person gegenüber Feindschaft verspüren, sondern sogar befreundeten Menschen voller Ablehnung begegnen. Das Denken ist viel größer als alle materiellen Objekte, die aus ihm hervorgegangen sind. Die Gedanken Shakespeares sind immer noch lebendig, obwohl sein Körper längst zerfallen ist. Die Gedanken Beethovens leben auf dem Notenpapier weiter, während vielleicht kein einziges Atom seines Körpers mehr übrig geblieben ist. Was Jalal ad-Din Rumi in der Zeit, als seine Seele sich nach Befreiung sehnte, gedacht hat, rührt immer noch die Herzen aller, die es lesen.

Die Leute erklären häufig: „Ich habe das, was ich gesagt habe, nicht so gemeint." Das stimmt niemals. Was sie gesagt haben, haben sie auch gedacht, und was sie gedacht haben, haben sie gefühlt. Wir mögen uns in der Eile versprechen und zum Beispiel „dumm" statt „stumm" sagen, oder wir kennen uns in der Sprache nicht recht aus, aber etwas zu sagen, was wir nicht gedacht haben, das ist nicht möglich.

Wenn ein Gedanke wie „Ich wünsche mir Rosen" in mir aufsteigt und immer wieder in meinem Geist auftaucht, dann gibt es zwei Möglichkeiten, was geschehen wird: Entweder wird mein Gedanke mich dazu führen, rauszugehen und Rosen zu kaufen, oder jemand wird kommen und mir Rosen bringen. Wenn du denkst, du möchtest Fisch zur Hauptmahlzeit, und der Gedanke kreist in deinem Kopf herum, dann wird der Koch Fisch auf den Tisch bringen. Der Koch selbst hatte nicht die Idee, Fisch zu servieren, es war dein Gedanke, der ihn dazu veranlasst hat.

Es ist die Kraft des Gedankens, womit Schwarzmagier einen Menschen töten oder um den Verstand bringen können. Ich habe einige gekannt, deren Gedankenkraft so groß war, dass sie Holzkisten in einem entfernten Haus Feuer fangen und brennen ließen, ohne dass sie das Haus betraten. Trotzdem können sie nicht als Heilige oder Weise bezeichnet werden, denn sie tun, was sie tun, ohne Entsagung – nicht durch die Kraft der Seele, sondern durch die Kraft ihrer Gedanken.

Es ist zwar erstrebenswerter, diese Kraft für einen besseren Zweck einzusetzen, aber erproben sollten wir sie zunächst einmal an unseren eigenen Angelegenheiten. Wenn wir sie dann zum Wohl anderer verwenden, mit Entsagung und Liebe, ist es besonders wertvoll. Meist denken wir von morgens bis abends darüber nach, wie wir unser Haus komfortabler machen und in den Besitz schöner Kleidung oder eines schnellen Autos kommen können, und denken nicht an die anderen Menschen, die ebenfalls im Haus leben. Wichtiger ist uns, Weihrauch gegen die schlechten Gerüche im Haus zu haben. Aber was nützt es uns, dass unser Auto gut läuft, wenn das Fahrzeug unseres Geistes nicht reibungslos läuft. Wir sollten uns in erster Linie um die kümmern, die mit uns im Haus leben.

Könnten wir doch unserer Seele sagen: „Du bist mein wahres Selbst. Strahle hell in meinem Geist. Für dich ist alles, was um mich herum geschieht, eine Show, ob sie mir gefällt oder nicht. Für dich ist es einfach nur eine Erfahrung. Du schaust dir das Geschehen an, selbst wenn es traurig oder widerwärtig ist, ohne von all diesen Dingen berührt oder beeinträchtigt zu werden. Du bist viel zu großartig, als dass dich irgendetwas beflecken könnte. Du bist immer gleich, stets unverändert. Und gleichzeitig bist du die Seele aller Wesen. Du bist das Licht Gottes."

Das ist die Bedeutung des Bibelworts: „Suche zuerst das Reich Gottes."[2] Das Reich Gottes ist die Seele. Es ist das Licht Gottes. Wenn wir so sprechen können, wie immer auch unsere Lebenssituation aussehen mag, werden sich unsere Depression und Traurigkeit wie Wolken vor der Sonne auflösen, und wir werden im Licht und Frieden unserer Seele ruhen.

***

Frage: Wenn all unser Wissen im Bewusstsein liegt, wozu brauchen wir dann das Denken? Und wenn das Denken aus der äußeren Welt hervorgeht, wie könnte dann das Universum ohne Denken erschaffen worden sein?

Antwort: Das Bewusstsein enthält alles Wissen. Das Denken ist die Aktivität des Bewusstseins, das Eindrücke aus der äußeren Welt erhält. Das Denken ist notwendig, um die Aktivität des Bewusstseins zu kontrollieren.

2 Matthäus 6:33

SCHÖNHEIT

Schönheit ist das Wesen Gottes. Wir können weder Gott noch die Schönheit erklären, obwohl wir es immer wieder versuchen. Die Sure im Koran „Gott ist schön und liebt die Schönheit“[1] greift dieses Thema auf. Wir können eine Form, eine Farbe bewundern, die Schönheit in jeder sichtbaren oder unsichtbaren Form, aber wir können nicht erklären, was genau das Schöne daran ist. Das besagt, dass alles, was eine schöne Gestalt ausmacht, auf Schönheit hindeutet, aber in Wahrheit ist die Schönheit der fehlende Teil darin, der sich gleichzeitig zeigt und nicht zeigt. Wir versuchen vielleicht, in schöner Musik eine bestimmte Phrase hervorzuheben, in einem schönen Gedicht auf eine besondere Formulierung oder in einer schönen Persönlichkeit auf ein spezifisches Verhalten hinzuweisen, doch den zentralen Punkt der Schönheit können wir damit nicht erfassen. Wenn wir trotz allem erklären wollen, was Schönheit ist, dann ist es nur möglich zu sagen, dass das Zusammenspiel der Ursache für jegliche Form und ihrer Wirkung Schönheit hervorbringt.

Etwas kürzer ausgedrückt lässt sich sagen, Schönheit ist Harmonie, sie ist das Resultat von Harmonie. Wenn eine Linienführung harmonisch ist und Farben miteinander harmonieren, wenn Worte harmonisch aufeinander abgestimmt sind, Töne harmonisch zusammenklingen und sich Harmonie in Bewegungen ausdrückt, dann offenbart sich die Schönheit.

Je enger unser Blickwinkel ist, desto mehr fehlt es an Schönheit. Je weiter unser Blickwinkel, desto mehr Schönheit entdecken wir. Der Grund dafür ist, dass Schönheit erst im Gesamtbild aufscheint, das aus vielen verschiedenen Details zusammengesetzt ist.

Jeder Mensch hat eine andere Vorstellung von Schönheit. Sie ist abhängig vom Entwicklungsstand einer Person. Für jedes Individuum ist die Welt der Schönheit etwas ganz Unterschiedliches. Bei einer Person tut sich in einem bestimmten Objekt ein Universum der Schönheit auf, während eine andere darin nichts als Dunkelheit sieht. Deshalb ist es absurd, wenn zwei streitbare Menschen über die Schönheit diskutieren. Es ist ebenso absurd, wie es Diskussionen über unterschiedliche Gottes-

1 Hadith, Sahih Muslim

vorstellungen sind. Schönheit ist ein Bereich, in den wir nur vordringen können, wenn wir auf eine bestimmte Entwicklungshöhe hinaufwachsen. Schönheit wird von Heiligen mit ihren feinen Sinnen wahrgenommen. Je mehr unser Sinn, mit dem wir differenziert Schönheit erfassen können, entwickelt ist, umso tiefer wird unsere Freude an der Schönheit. Sobald wir die Tore des Schönheitssinnes öffnen, bewegen wir uns auf die Schönheit zu; verschließen wir die Tore, entfernen wir uns von ihr.

Die äußeren fünf Sinne – Sehen, Riechen, Hören, Berühren, Schmecken – sind lediglich die Instrumente des inneren Sinnes, der Schönheit empfinden und die verschiedenen Welten der Schönheit erfahren kann. Ist dieser Sinn daran gewöhnt, Schönheit mit den Augen wahrzunehmen, erfahren wir die sichtbare Welt der Schönheit, indem wir die Schönheit der Form, Linien und Farben bewundern. Ist unser Schönheitssinn vor allem auf das Hören ausgerichtet, genießen wir die Harmonie von Ton und Rhythmus. Konzentriert sich dieser Sinn hauptsächlich auf den Kopf, schätzen wir die intellektuelle Schönheit. Und wenn dieser Sinn unser Herz als sein wichtigstes Instrument benutzt, haben wir Freude an Empfindungen und der Schönheit von Gefühlen. Der große indische Dichter Amir[2] sagt: „Oh suchende Seele, könntest du nur erkennen, dass der oder die Geliebte sich in so vielen verschiedenen Formen von Schönheit manifestiert, würdest du Ihn oder Sie sehen, wohin auch immer du deine Augen richtest."

Warum suchen wir die Schönheit? Weil die Quelle unseres Seins das Zentrum der Schönheit ist. Alles Leid im Leben stammt aus der mangelhaften Wahrnehmung der Schönheit, und alles, was uns glücklich macht, ist Schönheit in ihren mannigfaltigen Formen. Jede Seele sehnt sich nach Schönheit, wenn auch die Suche bei jedem Menschen in eine ganz eigene Richtung führt, weil es unterschiedliche Welten von Schönheit gibt. Je mehr wir auf Schönheit achten, desto stärker strahlen wir Schönheit aus. Eine Seele wird schön durch die Kontemplation von Schönheit – ebenso wie ein Insekt im Frühling eine grüne Farbe annimmt, wenn die Bäume grün werden. Schönheit ist der Schlüssel zum Glück. Wer die Schönheit sucht, öffnet ohne Zweifel die Tür zur Schönheit im Herzen. Wer ständig die Schönheit im Sinn hat, erreicht eines Tages einen Zustand, in dem die ganze Manifestation zu einer einzigen Schau der göttlichen Schönheit wird.

2 Amir Khusrau (1253-1325), persisch-sprachiger Dichter und Musikwissenschaftler aus Indien

ZERBROCHENE IDEALE

Diejenigen, die nie ein Ideal hatten, können nur hoffen, eines zu finden. Sie sind aber besser dran als diejenigen, die zulassen, dass die Lebensumstände ihr Ideal zerbrechen. Hinter unser Ideal zurückzufallen heißt, dass unser Ideal zerbricht. Dann macht sich in unserem Kopf Verwirrung breit, und das Licht, das wir hochhalten sollten, wird verdeckt und verdunkelt, sodass es nicht mehr mit voller Strahlkraft unseren Weg beleuchten kann. Der beginnende Niedergang Napoleons lässt sich auf den Tag datieren, an dem er Josephine verließ. Mit dem Zerbrechen des Ideals bricht die Struktur des ganzen Lebens zusammen und löst sich völlig auf. Sobald wir anfangen zu denken: „Ich habe dieser und jener Person unrecht getan oder den einen oder anderen meiner Grundsätze verletzt", sind wir nicht länger Königin oder König in unserem inneren Reich und können auch das äußere Reich nicht mehr beherrschen. Das soll nicht bedeuten, dass die Guten im Leben Erfolg haben und die Schlechten Misserfolg, sondern dass wir uns allein durch das Aufrechthalten unserer Ideale höher entwickeln können. Das Gute ist in jedem Menschen ganz individuell und besonders.

Religion ist die Schule, die zur Entwicklung der Menschheit beigetragen hat. Die Ideale, die alle religiösen Lehren anbieten, weisen den Weg, der hinauf zur Vollkommenheit führt, zu dem Ziel, das jede Seele von Natur aus und mit sehnsüchtigem Verlangen anstrebt. Die Schwierigkeiten beginnen, wenn wir unsere ethischen Grundsätze als Ziel ansehen, anstatt lediglich als Mittel zum Ziel. Wenn wir anfangen, unsere eigenen Prinzipien zu verehren, werden wir zu schlichten Götzendienern und zerstören die Essenz und das Leben unseres Ideals.

Kann irgendjemand ein bestimmtes Datum in der Geschichte angeben, an dem die Menschheit zuerst Weisheit erlangt hat? Weisheit ist der Menschheit wesensmäßig eigen. Nur die Ausdrucksformen der Weisheit unterscheiden sich zu verschiedenen Zeiten, jeweils angepasst an die Lebensweise der einzelnen Völker. Was immer vorrangig wahrgenommen wurde, das sind die Unterschiede und nicht die Ähnlichkeiten. Wir sind stets bereit, die äußeren Formen zu betonen, wenn wir sagen: „Meine Religion, meine Heilige Schrift, meine Sitten und Bräuche sind anders." Auf diese Weise trennen wir uns im Bemühen, unser Ideal durchzusetzen, von eben dem Geist, der das Ideal erschaffen hat. Wir lassen uns dabei von einem primitiven Impuls antreiben, den wir selbst verachten, sobald wir ihn erkennen. Wir betonen vielleicht: „Ich habe den Wunsch, eine Veränderung zu bewirken und etwas zu erreichen"; aber eigentlich stehen wir unter dem Zwang eines blinden und animalischen Antriebs, anderen Menschen möglicherweise Schmerz zuzufügen oder sie zu tyrannisieren oder einfach unsere persönliche Macht zu stärken. Dieses Element der Unwahrhaftigkeit und des Selbstbetrugs in Bezug auf unsere menschlichen Motive zeigt den aufrichtigen Beobachtern, dass es nichts im Leben gibt, das unserer unhinterfragten Hingabe und Loyalität wert wäre.

Die Weisen haben zu allen Zeiten gelehrt, dass nur die Erkenntnis des Göttlichen Seins das Leben wertvoll macht und die einzige Realität darstellt. Obwohl menschlichem Tun eine Reihe komplizierter Motive zugrunde liegt, von denen einige sehr niedrig und grob sind, ist es doch das Streben nach Göttlichem, das Verlangen nach Schönheit, das unserem Tun Seele, Leben und Wirklichkeit verleiht. Und entsprechend der Stärke oder Schwäche unseres Strebens nach Schönheit ist unser Ideal hoch oder niedrig, unsere Religion wichtig oder unwichtig.

DER TRAUM

Der Traum ist das wunderbarste Studienthema im Leben. Er enthält verschiedene Aspekte.

In einer Hinsicht ist der Traum ein exaktes Bild der Realität, wie wir sie früher oder später in unserem sogenannten realen Leben erfahren können. Das zeigt, dass die Ereignisse, mit denen wir unerwartet im Leben konfrontiert werden, vorherbestimmt sind. Weiter lehrt es uns, dass auf der Ebene des Traums, auf der Oberfläche des individuellen Geistes, die Welt als Ganzes existiert, obwohl wir hier auf der physischen Ebene als voneinander getrennte Wesen erscheinen. Ein Einzelwesen auf der physischen Ebene verwandelt sich auf der Traumebene in die ganze Welt, auch wenn wir weiter an unserer Individualität festhalten, selbst dann noch, wenn wir allein sind und uns von niemandem abgrenzen müssen.

Der zweite Aspekt des Traums spiegelt die Gegensätzlichkeit im Wesen der Erscheinungen. Alles im Traum erscheint als Kehrseite dessen, was möglicherweise geschehen wird. Wenn wir zum Beispiel im Traum eine tote Person sehen, bedeutet es, dass sie ein langes Leben haben wird, und die Krankheit eines Freundes im Traum kündet vom Gegenteil, nämlich von guter Gesundheit. Aufgrund ihrer negativen Natur zeigen alle Dinge mit negativem Charakter, sei es der Druckstock[1], die fotografische Platte, der Zerrspiegel, zunächst den Gegensatz dessen, was dann am Ende als Positiv erscheint.

Der dritte Aspekt des Traums ist von geringer Bedeutung. Er betrifft Träume von Menschen, die aus einer unausgeglichenen geistigen Aktivität hervorgehen oder aus gesundheitlichen Störungen. Solche Träume erzeugen zwar für die betreffende Person eine Art Film, sind aber in der Regel unwichtig und unnütz.

Der erste Aspekt des Traums offenbart sich gewöhnlich den spirituellen Menschen. Seltener haben durchschnittliche Personen derartige Träume.

Der zweite Aspekt zeigt sich in den Träumen derjenigen, die das Attribut der Menschlichkeit auszeichnet. Es sind Menschen, die vorrangig an die

1 Druckstock: In früheren Zeiten wurden die Bücher im Blockdruckverfahren hergestellt, bei dem jede einzelne Seite komplett in einen Druckstock aus Holz geschnitten und dann abgezogen wurde.

Welt mit all ihren Aufgaben und Verpflichtungen denken, verbunden mit dem Gedanken an Gott.

Der dritte Aspekt des Traums wird allen Menschen in ihrem täglichen Leben zuteil, hervorgerufen durch die Aktivität ihres Geistes.

In der Sichtweise der Sufis ist ein Traum eine Inspiration. Es gibt vier Arten von Träumen.

Der Seelentraum ist die Vision von etwas, das vergangen ist oder das geschehen wird.

Der Herzenstraum ist stärker von Gefühlen bestimmt als von Dingen, die man sieht. Die Gefühle sind Ausdruck eines vergangenen oder zukünftigen Ereignisses.

Der symbolische Traum stellt sich bei Personen mit künstlerischer oder mystischer Veranlagung ein. In der Traumsprache erkennt die träumende Person die Vergangenheit, Gegenwart und Zukunft.

Im mentalen Traum wiederholt der Traum die Eindrücke, die sich während des Tages im Geist festgesetzt haben. Der Traum spiegelt diese Eindrücke wider.

DIE PERSÖNLICHKEIT ALS TROPFEN IM WASSER

Unsere Persönlichkeit ist wie ein Tropfen im Wasser. Die Wahrscheinlichkeit, dass ein Tropfen, der sich im Meer aufgelöst hat, wieder als dieselbe Menge und Zusammensetzung des Wassers, aus dem er ursprünglich bestand, aus dem Meer auftaucht, ist gering. Ebenso gering ist die Wahrscheinlichkeit, dass die Seele, wenn sie sich einmal im Meer des Bewusstseins aufgelöst hat, wieder hervortritt als Form, die aus genau denselben Anteilen von Bewusstsein besteht wie zuvor. Es kann sein, dass der Tropfen an denselben Ort zurückfließt, und er kann aus derselben Menge Wasser bestehen oder völlig anders zusammengesetzt sein. Möglicherweise enthält er als zweiter Tropfen nur die Hälfte seiner ursprünglichen Wassermenge oder einen noch kleineren Anteil, vermischt mit einem gewissen Anteil zusätzlichen Wassers.

Wir könnten einen Tropfen, wenn er aus dem Wasser auftaucht, Herr Johannes, den anderen Herr Thomas und noch einen anderen Frau Elisabeth nennen. Aber sie bestehen alle aus demselben Wasser. Wenn wir das Wasser Herr Johannes nennen, dann sind alle anderen ebenfalls Herr Johannes. Es ist alles derselbe Geist, dasselbe Leben, das in den verschiedenen Formen und Namen zum Ausdruck kommt. Aus dieser Perspektive gesehen, gibt es im Licht der Wirklichkeit kein Ich, kein Du, kein Er, keine Sie, kein Es. Alle sind lediglich die Unterschiede eines Augenblicks. Jeder Tropfen verliert, sobald er sich im Wasser auflöst, entweder seine Reflexionen oder jegliche Eigenschaften, die er während seiner Existenz besaß. Und selbst wenn er mit der Wahrscheinlichkeit von eins zu tausend in genau derselben Zusammensetzung zurückkäme, so hätte er doch nicht seine vorherigen Eigenschaften beibehalten.

Genau dasselbe gilt für das Bewusstsein. Da Bewusstsein von vornherein eine noch geringere Dichte und Stabilität als Wasser besitzt, gibt es keinen Grund für die Annahme, dass derselbe Teil des Bewusstseins ohne Zusätze oder Verluste in der Konsistenz tatsächlich wieder auf der Oberfläche erscheint. Aber selbst wenn dies geschehen würde, wäre es immer noch völlig unmöglich, dass die Eigenschaften und Eindrücke aus der

Vergangenheit beibehalten werden können. Denn durch das Versinken in das Meer des Bewusstseins wird dieser Bewusstseinstropfen vollkommen von allen vorherigen Eigenschaften und Eindrücken gereinigt.

Wenn sogar ein Tropfen Tinte seine Eigenschaften im Meer verliert, wieso sollte nicht das Meer des Bewusstseins sein eigenes Element von allen anderen Elementen, die ihm fremd sind, reinigen? Im Hinduismus wird der Glaube vermittelt, dass ein einmaliges Bad im Sangam[1], wo zwei Ströme zusammenfließen, die Menschen von den Sünden ihres ganzen Lebens befreien kann. Wie könnte es dann geleugnet werden, dass die Seele, wenn sie auch nur ein einziges Mal in das Meer des Bewusstseins eintaucht, von allen Eigenschaften, die sie während ihres vorangegangenen Lebens entwickelt hat, gereinigt wird? Das völlige Aufgehen im göttlichen Geist bedeutet wesensmäßig eine Reinigung vom materiellen Zustand des Seins, und es liegt im Wesen der Manifestation, dass die Seele ganz neu und frisch darin auftaucht.

1 Sangam (Sanskrit), ist der Ort des Zusammenflusses der Ströme Ganga (Ganges) und Yamuna, wo der unsichtbare Saraswati-Fluss als Segen von oben herabfließt.

DAS MYSTERIUM DES SCHATTENS

Zum Thema des Schattens fällt mir ein Gedicht von Shams-e Tabrizi[1] ein:

Als sich das Eine mit dem Sonnenantlitz erhob,
erwachte jedes Atom der zwei Welten.
Als das Licht des göttlichen Antlitzes seinen Schatten warf,
entstanden aus dem Schatten verschiedene Namen.
Die Dinge – was waren sie?
Sie waren die Bilder der Namen.
Die Atome – was waren sie?
In Wirklichkeit waren sie Gott.
Die Wellen – was waren sie?
Sie waren in Wirklichkeit das Meer.

Shams-e Tabrizi erklärt in diesem Gedicht das Mysterium des Schattens. Wie erstaunlich, dass jemand das vor fast tausend Jahren in solcher Klarheit vermittelt hat, nicht als Glaube oder als Religion, sondern als Wissenschaft. Im Vedanta[2] wurde diese Wissenschaft noch viel früher dargelegt, nämlich im sogenannten Purusha Shastra.

Betrachten wir jetzt die glänzenden Dinge, die auf dem Teppich liegen. Ist das Licht in ihnen enthalten? Nein. Das Licht ist nicht in ihnen, sondern sie reflektieren das Licht, das vom Gaslicht stammt. Das Holz des Kaminsimses reflektiert ebenfalls das Licht. Seine Reinheit verleiht ihm die Fähigkeit, das Licht zu reflektieren. Gäbe es hier einige dunkle Materialien, sie könnten die Strahlen nicht zurückwerfen. Wenn ich diesen Messingbecher gegen das Licht halte, wird sein Schatten sehr dicht und dunkel sein. Halte ich mein Taschentuch gegen das Licht, so ist der Schatten, den es

1 Shams-e Tabrizi (1185-1246), persischer Mystiker und spiritueller Lehrer von Jalal ad-Din Rumi

2 Vedanta (wörtlich: „Ende der Veden") ist die indische Philosophie des Absoluten (Brahman) und der Einheit unseres innersten Seins (Atman) mit dem Absoluten („Atman ist Brahman"). Sie bezieht sich auf die Upanishaden, die der letzte Teil der Veden sind.

wirft, weniger dicht. Der Stoff des Taschentuchs lässt das Licht hindurchscheinen. Würde ich ein Glas gegen das Licht halten, wäre sein Schatten sehr hell. Das zeigt uns: Je stärker die Teilchen eines Objekts zusammengeballt sind, desto weniger lichtdurchlässig ist es. Hieraus können wir erkennen, dass es nicht Gottes Schuld ist, wenn der eine Mensch weise und ein anderer dumm, die eine Person tugendhaft und die andere sündhaft ist. Das Licht Gottes strahlt immer, aber je nachdem, ob wir es durch uns hindurchscheinen lassen, reflektieren wir seine Helligkeit stärker oder schwächer.

Während ich hier sitze, spiegelt sich meine Reflexion in Ihren Augen, und die Reflexion einer jeden Person ist unterschiedlich je nach dem Platz, wo Sie sitzen. Das zeigt uns, wie alles auf der Welt geformt wird durch Reflexionen und Schatten, die entsprechend der jeweiligen Situation darauf fallen. Im Osten gibt es im Zusammenhang mit dem Schatten viel Aberglauben. Einem Kind wird weder erlaubt, einen Schatten zu betrachten noch das eigene Bild im Spiegel. Wenn die Brahmanen in Malabar[3] zum Baden ans Meer gehen, achten sie stets darauf, dass niemals der Schatten einer anderen Person auf sie fällt. Geht jemand auf derselben Straßenseite wie sie, überqueren sie die Straße zur anderen Seite, damit der Schatten dieser Person sie nicht berührt. Heutzutage hat man diese Gewohnheiten weitgehend aufgegeben. Die Brahmanen sagen: „Die wahre Bedeutung dieser alten Bräuche ist verloren gegangen, und wir werden heute nur noch bespöttelt." Es liegt jedoch eine tiefe Bedeutung in diesen Bräuchen.

Entsprechend unserer jeweiligen Situation ist unser Schatten lang oder kurz, schmal oder breit, fällt nach rechts oder nach links; und all dies hat eine Bedeutung für die Arbeit, der wir uns widmen. Vergleichen wir die Schatten verschiedener Menschen, so sehen wir, dass sie sich voneinander unterscheiden. Einige sind dunkler, einige heller. Es ist äußerst schwierig, den Grad der Tiefe eines Schattens festzustellen, ebenso schwierig wie zu erkennen, welcher von mehreren Farbtönen eines dunklen Materials der dunkelste ist. Gäbe es aber ein Gerät, das die Tiefe unserer Schatten messen könnte, würden wir feststellen, dass sie bei jedem unterschiedlich ist.

Alle Geschichtsschreiber aus den Zeiten Mohammeds stimmen darin überein, dass Mohammeds Schatten niemals sichtbar war. Wir finden

3 Malabar ist ein Gebiet im Südwesten Indiens an der Küste des Arabischen Meeres.

diese Aussage bei Bukhari Sharif[4], und kein zeitgenössischer Historiker hat ihm widersprochen. Selbst im kräftigen Sonnenlicht Arabiens konnte man den Schatten des Propheten nicht sehen. Hierin lag das lebendige Wunder seiner Existenz. *Nur*, das göttliche Licht, strahlte bereits in ihm. Das Licht war da, das Ich des Propheten war nicht da. Warum sollte das Licht der Sonne nicht durch ihn hindurchscheinen?

Die Reflexion im Spiegel, der Schatten, der auf die Erde fällt, das Spiegelbild im Wasser, sie sind alle verschieden. Der Schatten auf der Erde ist dunkel, weil die Erde kein eigenes Licht hat und dunkel ist. Das sind die äußeren Schatten. Es gibt aber auch die Schatten und Reflexionen im Innern. Die Fähigkeit, die Hellsichtigkeit genannt wird, beruht darauf, dass die Menschen das innere Licht durch sich hindurchströmen lassen, sodass sie die Reflexionen im Innern sehen können. Der Schatten fällt auf die Erde; er fällt auch in den Raum, und dort ist er viel heller. Im Raum werden die Farben der Elemente widergespiegelt. Es ist äußerst schwer, die Reflexionen im Raum wahrzunehmen, weil unsere Augen so sehr gewohnt sind, auf die Dinge der Erde zu schauen, dass sie selbst grobstofflich geworden sind und das, was feiner und subtiler ist, nicht mehr sehen können. Die Mystiker, die Sufis, haben Methoden, um die Sehfähigkeit der Augen zu entwickeln. Sie zeigen uns Wege, wie wir so in den Raum schauen können, dass die Augen fähig werden zu sehen, was im Raum reflektiert wird. Aus diesen Reflexionen lässt sich die Vergangenheit, Gegenwart und Zukunft und alles, was eine Person umgibt und prägt, ablesen.

Dann gibt es noch die inneren Schatten, die Schatten, die auf unseren Geist fallen, alle Schatten der Erde. Je nachdem, wie sie auf uns fallen, lösen sie bei uns Freude, Kummer, Glück oder Qualen aus, all die verschiedenen Zustände und Stimmungen, die unsere Befindlichkeit ausmachen. Das, was Inspiration oder Offenbarung genannt wird, bedeutet, dass wir uns für das Licht öffnen. Wir lassen zu, dass das Licht durch uns hindurchscheint. Dann erhält die Seele Kenntnis von allem und sieht alles. Es ist die *nafs*[5], das Ich, das uns verdunkelt und unfähig macht zu sehen. Je mehr sich die Atome, die unser Ich aufbauen, zusammenballen, je fester und

4 Sahih al-Bukhari ist eine Hadithsammlung, die von al-Bukhari (810-870) zusammengestellt wurde.

5 Nafs (arabisch, fem.): Ego, Selbst; auch Seele. Im deutschen Sprachraum gibt es unterschiedliche Schreibweisen: Neutrum und Femininum. Wir verwenden in diesem Band das arabisch korrekte Femininum.

härter wir unser Ich machen, desto weniger kann das Licht durch uns hindurchscheinen. Das Licht ist immer vorhanden, aber wir versperren ihm den Durchgang. Je mehr unser Ego sich auflöst, desto mehr wird das göttliche Licht, das Licht Allahs, in uns strahlen.

ZUSTÄNDE DES GEISTES

Der Geist zeigt drei Zustände: *jalal, jamal* und *kamal.*

Jalal ist der Zustand, in dem wir überlegen, was wir tun wollen, und Pläne machen. Wir denken zum Beispiel: „Ich sollte eine Seifenfabrik gründen" oder: „Ich sollte diese oder jene Sache lernen." Der Geist ist in seiner vollen Kraft, und die Gedanken sind energiegeladen.

Jamal ist der Zustand, in dem wir darüber nachsinnen, was wir getan haben. Zum Beispiel: „Ich war im Britischen Museum und habe so viele wunderbare Juwelen, Bücher und schöne Statuen gesehen."

Kamal beschreibt zwei Zustände. Entweder ist der Geist völlig gedankenleer – das betrifft nur die Mystikerinnen und Mystiker, die diesen Zustand durch bewusstes Üben anstreben –, oder kein Gedanke wird absichtlich geformt, sodass wir dem ersten Gedanken, der uns in den Sinn kommt, folgen und genau das dann auch tun.

Wenn wir immer im *Kamal*-Zustand wären, bräuchten wir keine weitere Anleitung oder Führung. Es wäre nicht nötig, sehr viel zu lernen, denn wir würden alle Dinge unmittelbar wissen, weil diese Art von Wissen direkt aus dem universellen Bewusstsein stammt. Glauben Sie nicht, dass Gott, der die Erfahrung aller Dinge und aller Zeiten in sich trägt, mehr weiß, als irgendwer von uns in unserem kurzen Leben lernen kann?

DER WILLE

Die Aktivität, die von der Intelligenz gesteuert wird, ist der Wille. Fehlt die Intelligenz, die die Aktivität steuert, bleibt nur ein blinder Impuls. Wo keine Aktivität ist, ist auch kein Wille vorhanden. Der Wille kann gestärkt werden, indem wir ihn einsetzen. Wir setzen ihn ein, um innere und äußere Hindernisse zu überwinden, den Neigungen unseres Egos entgegenzuwirken, unsere spontanen Impulse zu kontrollieren, damit sie sich nicht mit voller Kraft durchsetzen können. Der Einsatz unseres Willens hält uns davon ab, gewisse Dinge zu tun oder zum Ausdruck zu bringen, zu denen wir neigen. Wir lassen nicht zu, dass wir von einem Wutausbruch oder einem Lach- oder Weinkrampf bei extremen Gefühlen von Freude, Leid oder anderen Emotionen überwältigt werden. Der Wille hilft uns, entweder die Gefühle durch strenge Kontrolle und Zurückhaltung in ihr Gegenteil zu verwandeln – Ärger in Milde, Lachen in Kummer, Tränen in Freude – oder den Gefühlen ihren Lauf zu lassen und sie gleichzeitig zügeln.

Zu wissen, wann wir auf unserem eigenen Willen beharren und wann wir dem Willen anderer nachgeben sollten, ist oft schwer. Am schwersten erscheint uns, zwischen dem Willen Gottes und unserem eigenen Willen zu unterscheiden. Manchmal nach sechs Monaten oder einem Jahr oder vielen Jahren sehen wir plötzlich klar, was wir in einem bestimmten Fall hätten tun sollen; welche Richtung wir hätten einschlagen müssen – all das, was wir trotz unserer Bemühungen damals nicht erkennen konnten. Könnten wir in dem Augenblick, in dem eine Schwierigkeit auftaucht, ruhig bleiben und frei von jeglichen Gedanken an die Freuden, das Glück, die Unannehmlichkeiten oder Verluste für uns selbst, die unsere Entscheidung mit sich bringen würde, dann könnten wir schon im gegebenen Moment alles klar erkennen und ganz deutlich den Willen Gottes wahrnehmen.

EINFLUSS UND UNSCHULD

Unser Einfluss auf andere Menschen

Vielleicht haben Sie die Geschichte von Daniel in der Löwengrube[1] gelesen. Sie hilft uns zu verstehen, dass es kein eindrücklicheres Zeichen für spirituelle Entwicklung gibt als unser persönlicher Einfluss, den wir auf andere ausüben. Die Geschichte liefert ein Beispiel für eine im spirituellen Leben hoch entwickelte Persönlichkeit. Menschen wollen immer wissen, ob sie auf ihrem geistigen Weg vorankommen oder zurückfallen. Ob wir vorangekommen sind, können wir nicht daran erkennen, dass wir viel gelesen und gelernt haben. Das wichtigste Kennzeichen ist, ob wir andere Menschen anziehen oder abstoßen, ob wir Harmonie oder Disharmonie ausstrahlen. Allein das kann uns sagen, wie weit fortgeschritten wir sind. Ohne Zweifel ist nicht jeder Tag wie der andere. Wir üben vielleicht an einem Tag einen stärkeren Einfluss auf andere aus als an einem anderen. Das Leben ist wie das Wasser, dessen Wellen steigen und fallen. Manchmal wirken sich bestimmte Umstände oder Situationen hinderlich auf uns aus. Aber wenn wir uns selbst genau beobachten, können wir durchaus feststellen, ob wir Fortschritte gemacht haben.

Weitere Zeichen für spirituelle Entfaltung sind, ob wir bescheiden, freundlich und rücksichtsvoll mit anderen umgehen, ob wir Weisheit und Stärke entwickelt haben. Mit Weisheit und Stärke werden wir zugleich Schönheit ins Leben bringen.

Dabei stellt sich die Frage: „Wie können wir diese Fortschritte erzielen?" Das Wichtigste sind Übungen und ihre regelmäßige Durchführung. Wir brauchen Vertrauen und Zuversicht, wenn wir die Übungen machen. Der Erfolg hängt von unserem Vertrauen in die Übungen ab. Wir müssen unseren Geist und Körper in einem ausgeglichenen Zustand halten. Zum Beispiel kann ein Augenblick der Erregung den Fortschritt von sechs Monaten zunichtemachen. Es ist wie beim Aufziehen einer Perlenkette: Wenn der Faden reißt, müssen wir wieder ganz von vorne anfangen. Wenn wir uns aufregen und dabei unser Geist und Körper aus dem Gleichgewicht

1 Daniel 6:1-29

geraten, vereiteln wir den Übungserfolg von sechs Monaten. Für diejenigen, die den spirituellen Weg gehen, hat es großen Wert, die Höhe ihrer inneren Einstimmung aufrechtzuerhalten, die notwendig ist. Die Schwierigkeit besteht darin, dass wir die ganze Zeit viele Dinge ertragen müssen, die uns verärgern oder verstimmen. Es sind Dinge, die uns aufregen und unsere Geduld erschöpfen. Deshalb müssen wir trotz aller Schwierigkeiten unser Durchhaltevermögen stärken. Das Leben ist ein ständiger Kampf, und um in guter physischer und psychischer Verfassung zu bleiben, ist es notwendig, unsere Kraft und Energie zu erhalten und nicht zu vergeuden. Das erreichen wir, wenn wir im Geist ruhig und gelassen bleiben. Mit Übungen, Konzentration, Meditation und Gebeten werden wir den Kampf in unserem Leben gewinnen.

Unschuld

Der Weg zu spirituellem Wissen ist dem Weg, auf dem wir weltliches Wissen erlangen, ziemlich entgegengesetzt. So wie wir den Himmel in entgegengesetzter Richtung zur Erde finden, so finden wir die Quelle der Erkenntnis spiritueller Zusammenhänge in entgegengesetzter Richtung von dem Ort zum Verständnis materieller Dinge. Durch intellektuelle Entwicklung erwerben wir Kenntnisse über die Welt. Das heißt jedoch nicht, dass wir dadurch spirituell werden. Im Gegenteil, der Gedanke „Ich kenne mich aus in weltlichen Dingen“ führt uns weiter weg von jeglicher Spiritualität. Was also ist die beste Möglichkeit, spirituelles Wissen zu erwerben? In erster Linie müssen wir in unserem Wesen jenen kleinen Funken entdecken, der göttlich ist und der in unserer Kindheit geleuchtet und uns etwas Reines, Himmlisches gezeigt hat.

Was uns am meisten anzieht, ist Unschuld. Unschuld vermittelt uns einen Eindruck von Reinheit. Aber wir dürfen das Ganze nicht falsch verstehen. Kenntnisse über die Welt sind notwendig, sogar mehr als notwendig. Es ist wichtig, in der Welt zu leben, das Beste aus unserem Leben zu machen und Gott und der Welt zu dienen. Es ist nicht notwendig, spirituelles Wissen zu erlangen. Was wir brauchen, ist Unschuld. Im Kreise unserer Freundinnen und Freunde, unserer Verwandten machen wir oft die Erfahrung, dass uns etwas sehr stark anzieht, und wahrscheinlich ist es die Unschuld im menschlichen Wesen. Wir Menschen vergeben denen, die uns lieb sind, sehr gerne, wir tolerieren ihre Schwächen. Wir sagen: „Er oder sie hat einen Fehler begangen, ist aber unschuldig." Es gibt eine Reinheit, die ist göttlich und wirkt anziehend auf alle Menschen. Unschuld ist wie eine Wasserquelle. Sie läutert alles, was dem Herzen und der Seele fremd ist.

Wie erwerben wir Unschuld? Unschuld ist unserer Natur nicht fremd, wir waren alle einmal unschuldig. Wenn wir uns dieser ursprünglich unschuldigen Natur bewusst werden, entwickeln wir sie. Wenn wir sie bewundern und wertschätzen, entwickeln wir sie ebenfalls. Alles, was wir bewundern, hinterlässt Eindrücke in unserem Wesen. Menschen mit einem schlechten Charakter, die aber gute Eindrücke gesammelt haben, werden im Laufe der Zeit ihren Charakter zum Guten verändern.

Während meiner Reisen durch Indien mit dem Ziel, den Weisen des Landes meine Verehrung darzubringen, beeindruckte mich folgende Erkenntnis am meisten: Je größer die Seele war, der ich begegnete, desto größer war auch ihre Unschuld. Es ist Unschuld, die wir in den Weisen sehen, nicht Einfalt. Wer einfältig ist, versteht nicht. Wir erfahren das im alltäglichen Leben: Die Einfältigen verschließen ihre Augen. Unschuld dagegen bedeutet, zu verstehen und sich darüber zu erheben. Wir alle sehen die anderen Menschen durch unsere eigene Brille, und oft stehen unsere Vorurteile zwischen uns und den anderen. Ein tiefes Verstehen verlangt die Erfahrung der Einheit. Wenn wir zur Einheit gelangt sind, haben wir wahre Spiritualität entwickelt. Menschen werden weise, wenn sie, nachdem sie zuerst vorwiegend auf den Verstand ausgerichtet waren, über den Intellekt hinausgewachsen sind. Dann sehen sie die Ursache hinter der Ursache und verstehen sogar das Denken und Fühlen von Personen, die ihnen feindlich gesonnen sind.

Wäre es praktisch, nach diesen Richtlinien zu leben? Eine Richtlinie muss im Leben umgesetzt, aber nicht sklavisch eingehalten werden. Wenn wir aus einer Richtlinie eine Fessel machen, sind wir ihre Gefangenen. Wir können uns nicht zur Unschuld zwingen. Fragt man jedoch nach einem Zeichen für Frömmigkeit oder Spiritualität, so gibt es kein besseres Kennzeichen als Unschuld mit einem allumfassenden Verstehen.

VAIRAGYA

Das Wort *vairagya* stammt aus dem Sanskrit und bedeutet Indifferenz oder Gleichmut. Die Sufis bezeichnen Indifferenz als *fana*. *Fana* ist ein Begriff, der durch das Kreuz, das Symbol der christlichen Religion, veranschaulicht wird.

Vairagya erfährt jedes Wesen als ersten Schritt zu seiner Auflösung, denn ohne Auflösung kann sich kein Atom weiterentwickeln. Die niederen Seinsformen, die Mineralien, Pflanzen, Tiere, entwickeln sich in Richtung der höheren. Weil der Mensch das höchste Geschöpf ist, gibt es kein erschaffenes Wesen, in das er oder sie sich noch verwandeln könnte. Doch die Indifferenz kann uns, wenn sie sich einstellt, einen Weg zu Gott bahnen, zum göttlichen Sein, aus dem wir hervorgegangen sind.

Vairagya erfährt das Kind, wenn es feststellt, dass seine Puppe nicht so interessant ist, wie es dachte, und dass es viel interessanter wäre, mit anderen Kindern zu spielen, die wenigstens lebendig sind. Dann wirft das Kind die Puppe weg. Aber in der Zeit davor hat das Kind die Puppe geliebt und mit sich herumgetragen. Und wenn die Hand der Puppe verletzt war, wollte es ein Heilmittel, und es brauchte ein Bett zum Ausruhen für die Puppe und einen Kinderwagen, um sie auszufahren. Hat das Kind das Wesen der Puppe jedoch einmal verstanden, legt es sie zur Seite und spielt lieber mit gleichaltrigen Kindern als mit Puppen, die niemals reden.

Dasselbe gilt für uns, die Kinder der Welt. Unsere Vorlieben und Schwärmereien für bestimmte Dinge haben ihre Grenzen. Wenn sie abflauen, setzt die Phase der Indifferenz ein. Wenn wir das Wasser der Indifferenz getrunken haben, verspüren wir keinerlei Wunsch mehr nach irgendetwas auf der Welt. Das Wasser, das wir hier auf Erden trinken, stillt unseren Durst nur für eine gewisse Zeit. Dann meldet sich der Durst wieder. Haben wir jedoch erst einmal vom Wasser göttlichen Wissens getrunken, werden wir nie mehr durstig sein. Dieser Zustand ist erreicht, wenn wir die Natur der Welt voll verstanden haben. Das ist das höhere Wissen. Dann haben wir erkannt, dass all die Dinge, denen wir so große Wichtigkeit beimessen und für die wir uns so sehr anstrengen, um sie zu erreichen, unwichtig sind.

In der Zeit vor dieser Erkenntnis nehmen wir unsere Freuden und unsere Sorgen viel zu wichtig. Sind wir traurig, erscheint uns die ganze Welt voller Traurigkeit; freuen wir uns ein wenig, ist für uns die ganze Welt voller Freude. Es ist, als wenn unsere Freude die Sonne aufgehen und unsere Traurigkeit die Sonne untergehen lässt. Wenn aber unser Interesse an all diesen Dingen abflaut, dann steht es an, Gleichmut zu entwickeln. Vorher wäre es ein Fehler. Ohne ein Interesse am Leben werden wir abgehoben und übellaunig. Zuerst müssen wir alle möglichen Erfahrungen im Leben machen. Erst danach kann sich unser Interesse in Indifferenz, in Gleichmut verwandeln. Wir dürfen nicht endlos auf dem Weg des Interesses bleiben, denn irgendwann wird der Geschmack von allen weltlichen Dingen schal und fad. Dann erkennen wir, dass alles, was wir in den Objekten suchen, denen wir hinterherlaufen, – alle Schönheit und alle Stärke – in uns selbst ist. Diese Erkenntnis kann als „Kuss des Kreuzes" bezeichnet werden. Von da an ist alles, was zählt, die Liebe.

Vairagya bedeutet Zufriedenheit, das Gefühl, dass kein Wunsch mehr in uns ist, der erfüllt werden wollte, dass es nichts auf der Welt gibt, das wir begehren. Das ist ein bedeutsamer Augenblick, und danach kehrt das Reich Gottes in uns ein. Warum ist Gott zufrieden mit der Welt, wenn Menschen, sobald sie einen gewissen Grad an Intelligenz erreicht haben, nicht zufrieden sind? Oder ist Gott nicht zufrieden?

Es gibt zwei Arten von Unzufriedenheit. Die erste entsteht, wenn Menschen sich so sehr dem äußeren Selbst verschrieben haben, dass die Welt die endlosen Bedürfnisse des Selbst nicht stillen kann. Die andere Art der Unzufriedenheit stellt sich ein, wenn das Verlangen nach noch mehr Erfahrungen und noch mehr Genuss versiegt. Letztere wird in der Hindi-Sprache *vairagya* genannt. Das ist die Indifferenz, der Gleichmut. Menschen, die Gleichmut entwickelt haben, sind nicht unglücklich. Im Gegenteil, sie sind glücklicher als andere. Alles, was sie verloren haben, ist das intensive Interesse an der Welt.

Eine Geschichte erzählt von einem Gaukler, der sich jeden Tag verkleidete, um den König, den Badishah[1], zu dessen Hof er gehörte, irrezuführen. Doch der König erkannte ihn in all den verschiedenen Verkleidungen. So dachte der Gaukler, dass er mit der Verkleidung als Asket mehr Erfolg haben würde. Er suchte sich also eine Höhle im Gebirge, wo er mit zwei Schülern lebte, die auch Komödianten waren. Er fastete lange, weil

1 Badishah ist der Titel des Herrschers in einigen Ländern des Mittleren Ostens.

er sich ganz in einen Asketen verwandeln wollte, damit die Verkleidung glaubwürdig war.

Nach vierzig Tagen begannen die Leute, die seine Schüler sahen, von dem Weisen zu reden, der in der Berghöhle hauste. Sie kamen und brachten ihm Geschenke und Geld, hundert, zweihundert Dirhams.[2] Der Komödiant lehnte alles ab mit den Worten: „Nehmt es wieder mit. Der Weise will kein Geld und keine Geschenke."

Sein Ruhm verbreitete sich immer mehr, sodass auch der König von ihm hörte und ihn sehen wollte. Er begab sich also zur Höhle, aber die Schüler verweigerten ihm lange Zeit den Zutritt. Als er schließlich eintreten durfte und ihm gestattet wurde, sich in die Gegenwart des Weisen zu begeben, sagte er: „Ich habe lange warten müssen, bevor ich dich sehen durfte." Der Weise entgegnete: „Den Hunden auf der Welt ist nicht gestattet, das Haus zu betreten." Das war für den König eine große Beleidigung, und er dachte, der Weise müsse eine ganz bedeutende Person sein.

So übergab er ihm ein Schriftstück, in dem stand: „Dieses ist eine *parvana* für den Unterhalt deiner Schüler." Eine *parvana* ist die Übergabe-Urkunde eines Stücks Land. Darauf sagte der Weise: „Wenn dies eine *parvana* ist, dann gehört sie ins Feuer", und er verbrannte sie. Das Wort *parvana* hat zwei Bedeutungen, es bedeutet auch „Motte" oder „Falter".

Als der König sich anschickte zu gehen, stand der Komödiant auf und dachte: „Jetzt muss ich dem König erzählen, wie gut ich ihn getäuscht habe." Da hörte er plötzlich eine Stimme sagen: „Dein vorgetäuschter Gleichmut hat den König zu dir geführt. Wäre es echter Gleichmut gewesen, wären Wir Selbst zu dir gekommen."

2 Dirham ist eine arabische Währungseinheit, die heute noch in einigen arabischen Staaten im Umlauf ist.

KÖNNEN WIR UNSER SCHICKSAL LENKEN?

Manchmal fragen wir uns, ob wir tatsächlich dazu bestimmt sind, unser Schicksal zu lenken, denn unsere Lebenserfahrung hat uns eher gelehrt zu sagen: „Der Mensch denkt und Gott lenkt."[1] Trotzdem möchte ich behaupten, dass wir die Schmiede unseres Schicksals sind. Die einfache Begründung dafür ist, dass wir uns zwar dem Schicksal ergeben, aber nicht glücklich sein können mit einem Schicksal, das wir uns nicht gewünscht haben. Wäre es unsere Bestimmung, Sklaven unseres Schicksals zu sein, dann wären wir zufrieden damit, dann wären wir glücklich in diesem Zustand. Die Tatsache aber, dass wir uns nicht damit zufriedengeben wollen und können, beweist, dass wir danach streben, unser Geschick selbst zu bestimmen. Wir wenden viel Mühe auf, um den Schlüssel zu dieser Art von Meisterschaft über unser Geschick zu finden, und gehen dabei richtige oder falsche Wege. Wenn wir mit derselben Motivation den falschen Weg einschlagen, erreichen wir diese Meisterschaft nicht, weil er uns in eine Illusion führt. Wir glauben, dass wir uns bemühen, unser Schicksal zu lenken, aber wir sind auf dem falschen Weg. Wer aber den rechten Weg einschlägt, findet den Schlüssel zur Meisterschaft über das Schicksal.

Jetzt taucht die Frage auf, inwieweit uns die Kraft gegeben wurde, unser Los zu bestimmen, und inwieweit wir in diesem Leben hilflos dastehen. Die Antwort ist: Es ist für jeden Menschen unterschiedlich. Aber wir haben alle bis zu einem gewissen Grad diese Kraft in uns. Wir müssen es so sehen: Eine Seele wird auf Erden als hilfloses Wesen geboren, das dann langsam aus der Hilflosigkeit herauswächst und lernt, sich selbst zu helfen. Während es vom Kind zum Jugendlichen heranwächst, entwickelt es immer mehr die Fähigkeit, sich selbst zu helfen. Das ist der Weg der Seele. Unsere Weiterentwicklung führt zu immer mehr Selbsthilfe.

Manchmal hören wir, wie ein Verwandter oder eine Freundin über jemanden sagt: „Diese Person ist ein Kind." Das bedeutet, die betreffende Person ist immer noch hilflos. Es zeigt uns auch, dass wir beides in uns

---

1 Diese Redensart geht zurück auf den Bibelvers "Der Mensch plant seinen Weg, aber Gott lenkt seine Schritte." (Sprüche 16:9)

haben: Ein Teil unseres Wesens ist hilflos, und ein anderer Teil verfügt über Meisterschaft. Es ist der äußere Teil, der unsere Hilflosigkeit offenbart; der innere Teil dagegen offenbart unsere Meisterschaft.

Da sich alle Menschen hauptsächlich ihres äußeren Wesens bewusst sind und kaum jemand seinem inneren Wesen Beachtung schenkt, so sind wir selten in der Position, unser Schicksal zu lenken, sondern erfahren unser Leben lang vor allem unsere Hilflosigkeit. Aber letztlich ist es die Bewusstheit, die uns eine Sache besitzen lässt. Wenn wir uns der Sache nicht bewusst sind, so mag sie uns zwar gehören, aber wir besitzen sie nicht. Zum Beispiel kann auf den Namen eines Kindes eine große Summe Geldes in der Bank hinterlegt sein. Das Kind weiß aber nichts davon, und deshalb besitzt es das Geld nicht, kann es nicht verwenden. Es gehört zwar dem Kind und keiner anderen Person, aber für das Kind hat es keine Bedeutung, und darum besitzt es das Geld nicht.

Nun werden Sie mich noch um eine Erklärung für den Glauben bitten, der sowohl bei Weisen als auch bei weniger weisen seit jeher existiert hat, nämlich dass es so etwas gibt, was Vorherbestimmung genannt wird. Ich werde es erklären. Nehmen wir eine Künstlerin, die den Plan für ein Bild in ihrem Kopf trägt und ihn auf eine Leinwand übertragen will. Sobald sie Farbe und Pinsel in die Hand nimmt und mit dem Malen des Bildes beginnt, deutet jede Linie, die sie zieht, und jede Farbe, die sie aufträgt, auf etwas hin, das ihren Plan völlig verändert. Ihre ursprüngliche Vorstellung wird immer undeutlicher in ihrem Kopf, und das, was vor ihr auf der Leinwand entsteht, ist ein völlig anderes Bild, als was sie sich zuvor ausgedacht hat.

Was zeigt uns das? Es zeigt uns die drei Stadien in der Entstehung eines Bildes. Im ersten Stadium entwirft der Künstler einen bestimmten Plan, ein Bild in seiner Vorstellung, das er auf die Leinwand bringen möchte. Das zweite Stadium ist die Herstellung des Bildes. Der kreative Prozess unterliegt mannigfachen Korrekturen und Veränderungen von richtig – falsch, richtig – falsch in ständiger Folge. Im dritten Stadium ist das Bild vollendet und erweist sich als etwas ganz anderes als der ursprünglich geplante Entwurf. Entsprechend ist das, was Vorherbestimmung genannt werden kann, der vorab erdachte Plan. Das, was in der Sprache der Hindus als Karma bezeichnet wird, ist der Prozess, in dem das Bild entsteht. Und die Vollendung des Bildes entspricht dem, was wir Meisterschaft nennen können.

Es geschieht nicht immer, dass das Bild völlig anders ausfällt als der ursprüngliche Entwurf, doch oft ist es so. Aber wie sehr sich der Entwurf und das fertige Bild auch unterscheiden, die Grundidee des ersten Plans bleibt bestehen. Das heißt, dass unser Leben trotz aller möglichen Unterschiede zwischen seinem tatsächlichen Verlauf und seiner Festlegung durch die Vorherbestimmung auf den ursprünglichen Plan aufgebaut und nach dieser Vorgabe ausgestaltet wird.

Zweifellos sagen Astrologen, Kartenlegerinnen und Wahrsagerinnen, Propheten und Prophetinnen nicht immer genau das voraus, was tatsächlich eintritt. Sie mögen sich irren, doch die Vorherbestimmung ist vorhanden. Der Fehler liegt in ihrer Auslegung, nicht in der Vorherbestimmung.

Trotz aller Ausgestaltungsmöglichkeiten wird sich die Redensart der Alten, dass die Füße des Säuglings ankündigen, was aus ihm wird, immer als wahr erweisen. Wer sehen kann, erkennt schon im Kleinkindalter, wer dieser Säugling einmal sein wird. Wenn andere es nicht erkennen können, so liegt es daran, dass sie nicht verstehen zu sehen. Der alte Ausspruch, dass einem Kind sein Schicksal auf die Stirn geschrieben ist, besagt dasselbe. In Wahrheit ist jeder Teil und jedes Detail des Säuglings ein Ausdruck dessen, was er einmal sein wird. Diejenigen, die die Augen, die Ohren, die Gesichtszüge und die ganze Gestalt wie Buchstaben lesen können, vermögen auch, ein Kleinkind, ein menschliches Wesen, wie einen Brief zu lesen. Sie brauchen nicht die Planeten zu befragen und Berechnungen anzustellen oder sich in anderen Wissenschaften auszukennen. Ihr intuitiver Sinn kann erfassen, was aus der betreffenden Seele einmal werden wird. Ihre Augen, die für das Schauen in die Zukunft offen sind, sind auch für den Prozess geöffnet, für das mittlere Stadium der Lebensreise. Sie können sehen, wie sich die Person entwickeln und durch welche Veränderungen sie im Leben gehen wird. Sie können im Scheitern einer Person einen Erfolg und im Erfolg ein Scheitern erkennen. Und wer fähig ist, dies alles wahrzunehmen, kann auch vorhersehen, welche Art von Bild entstanden sein wird, wenn es einmal vollendet ist. In der Vorausschau erkennen sie, wie das Bild am Ende aussehen wird.

Wenn wir die Argumente der Fatalisten unterstützen wollen, brauchen wir nicht weit auszuholen. Für die Dominanz der Vorherbestimmung finden wir viele Belege. Jeder Mensch in unserer Umgebung kann

Beispiele liefern. Es gibt hoch qualifizierte Menschen, die trotz ihrer Qualifikation ständig scheitern, und äußerst kluge Menschen, die doch immer wieder als Verlierer dastehen.

Doch auch für die Bestätigung der Argumente derer, die den freien Willen betonen, gibt es gute Gründe. Es sind die Aktiven, die Standhaften, die Mutigen, die Erfolg haben, während diejenigen, denen diese Eigenschaften fehlen, sitzen und warten können, warten bis in alle Ewigkeit.

Das alles lehrt uns, dass es ein großer Fehler ist, das Schicksal vom freien Willen zu trennen. Hinter dem Schicksal steht der freie Wille, und hinter dem freien Willen das Schicksal. Was wir Schicksal nennen, ist eine Art Hülle über dem freien Willen; und wenn der freie Wille frei am Wirken ist, spielt gleichzeitig doch der Geist mit, der das Schicksal bestimmt.

Ich komme nun zu der Frage, wie Mystikerinnen und Mystiker dieses Thema betrachten. Sie sehen im menschlichen Wesen zwei Aspekte: Der eine gleicht einer Maschine, der andere einem Ingenieur. Der Maschinen-Teil ist in seiner Funktion abhängig von klimatischen Veränderungen, von der Substanz, die in die Maschine gefüllt und mit der sie am Laufen gehalten wird. Und dann gibt es noch eine Maschine mit einer sehr viel feineren Mechanik, die als innerer Teil der Maschine arbeitet. Dieser innere Teil ist subtiler als der äußere Teil. Er fühlt die Atmosphäre, die Schwingungen, Behagen und Unbehagen, genießt Bequemlichkeit und vermeidet Unbequemlichkeit. Im inneren Teil finden sich alle Arten von Gefühlen. Dieser Teil ist der Ingenieur. Die Mystiker und Mystikerinnen sehen, dass die äußere Maschine, d. h. der äußere Teil des Menschen, für den inneren Teil gemacht ist, damit er von ihm benutzt wird. Solange aber der Ingenieur schläft und nicht auf seine Maschine achtet, kann er sie nicht bedienen. Die Maschine ist dann gänzlich den äußeren Bedingungen und Einflüssen ihrer Umgebung ausgesetzt, die auf sie einwirken. Wenn der Ingenieur-Teil des Menschen schläft und der äußere Teil den Umwelteinflüssen unterworfen ist, bedeutet es für das menschliche Wesen Krankheit mit Depressionen, Ängsten, Zusammenbrüchen und Hilflosigkeit. An dem Tag, an dem unser Ingenieur-Teil zu erwachen beginnt, spüren wir, dass wir Kontrolle über die Maschine haben, mit der Maschine umgehen und sie bedienen können. Wir fangen an zu begreifen, dass diese Maschine für uns gemacht ist, damit wir sie in bester Weise zu unserem Vorteil nutzen können.

Jetzt komme ich zum noch tiefer liegenden Bereich der Metaphysik. Dort erkennen wir, dass Gott sich manifestiert und das Leben in all seinen Aspekten als eigene Erfahrung erlebt, und zwar ganz besonders durch uns Menschen. Denn was ist diese gesamte Manifestation anderes als die grandiose und erhabene Vision des göttlichen Seins? Und bei all der Schönheit, die wir in der Schöpfung sehen, ist doch die Erfüllung dieser ganzen Schöpfung, die wir im menschlichen Wesen finden, das Größte und Bedeutendste. Dieses Ziel können wir nur erreichen, wenn wir erwacht sind für den Teil unseres Wesens, der Meisterschaft repräsentiert, in anderen Worten, das göttliche Selbst. Solange wir hingegen unser Interesse darauf richten, alles Notwendige für diesen Mechanismus, den wir unseren Körper und Geist nennen, aus der äußeren Welt zu beziehen, sind wir abhängig von der Außenwelt und leben nur in ihr. Wenn die Außenwelt unser Aktionsfeld und unsere einzige Nahrung ist, dann werden wir sterblich. Anders ausgedrückt, das unsterbliche Wesen wird dadurch sterblich, dass wir alles, was wir brauchen, aus der vergänglichen Welt beziehen. Je mehr wir uns vom äußeren Leben abhängig machen, desto mehr vergessen wir das innere Leben. Schließlich vergessen wir völlig, dass ein Leben oberhalb und jenseits dieses äußeren Lebens existiert.

Wir müssen nicht weit ausholen, um dafür ein Beispiel zu suchen. Es genügt, wenn wir uns den gegenwärtigen Zustand der Welt anschauen. Wir sehen, dass bei allem Fortschritt der Materialismus sich täglich stärker ausbreitet. Alles Leid, das die Menschheit durchgestanden hat und jetzt gerade wieder durchmacht, wird verursacht von dem ständig wachsenden Materialismus.

Die Menschen glauben an alles Äußerliche, an das, was wir berühren, was wir sehen und was wir in unserem äußeren Leben besitzen können. In diesem Zusammenhang lässt sich ganz im Gegensatz zur Aussage der Bibel sagen: „Wir leben, bewegen uns und gestalten unser Leben mit allem aus, was wir in der materiellen Welt finden."[2] Wenn wir so leben, werden unsere Augen verschlossen bleiben für den Funken der Meisterschaft, der entfacht werden muss. Wenn wir ihn entfachen, kann er zu einer Flamme anwachsen, die unseren Lebensweg erhellt und erleuchtet.

Aus diesem Grund ist es das einzige Ziel der Sufi-Bewegung und ihrer Arbeit in dieser Welt, die Menschen auf die Bedeutung der inneren Seite

2 Vergleiche Apostelgeschichte 17:28: „Wir leben, bewegen uns und haben unser Sein in Gott."

des Lebens aufmerksam zu machen, die viel wichtiger ist als die irdische Seite des Lebens. Deshalb ist die Sufi-Botschaft keine Botschaft, die ganz bestimmte Glaubensinhalte verkündet. Sie ist eine Botschaft, die den Menschen hilft, das Leben besser zu verstehen. Die Antwort auf die Frage, wie das innere Leben erreicht werden kann, lautet: Es ist nicht die Arbeit von einem Tag oder zwei Tagen. Es ist die Arbeit eines ganzen Lebens, genau wie in jeder Art von Kunst und Wissenschaft. Wer sagt: „In zehn Jahren werde ich es schaffen, Musik zu lernen", weiß nicht, was Musik ist. Wer sagt: „In zehn Jahren werde ich ein großer Dichter sein", weiß nicht, was Dichtung ist. Nicht einmal eine ganze Lebenszeit reicht dafür aus. Wenn wir uns klarmachen, wie schwer diese Dinge zu erreichen sind, können wir nicht erwarten, das Wissen um die tiefere Seite des Lebens in einem Tag zu erlangen. Doch gibt es immer einige enthusiastische Menschen, die an einem Tag voller Begeisterung sind, sich am nächsten Tag dann aber aus dem Staub machen, weil sie nichts Wunderbares gesehen oder erlebt haben.

Wenn wir uns auf den spirituellen Weg begeben, müssen wir zuallererst verstehen, dass wir einen Weg für alle Ewigkeit betreten haben. Wer nichts über die Ewigkeit weiß, sollte den Weg gar nicht erst betreten, denn er oder sie ist nicht berechtigt, den ersten Schritt auf dem spirituellen Weg zu tun. Wer den Wunsch hat, die Wahrheit zu finden, darf nicht an der Oberfläche suchen. Die Wahrheit kann man nicht suchen, man muss sie entdecken. Wir können die Wahrheit weder erlangen noch besitzen. Denn die Wahrheit ist die Wahrheit unseres eigenen Wesens, und wir selbst müssen uns zur Wahrheit entwickeln. Wir müssen zur Wahrheit werden. Das ist es, was wir in diesem ganzen Lebenskampf herausfinden können.

Oft denken die Menschen, Leiden und Schmerzen seien Zeichen von Spiritualität. Wir dürfen aber Spiritualität nicht als Leid und Schmerz missverstehen. Ja, in vielen Fällen kann uns Kummer und Qual dazu verhelfen, dass wir schneller auf dem spirituellen Weg vorankommen. Das bedeutet aber nicht, dass wir deshalb diese Zustände herbeiführen müssen, denn das Leben hält genug Leid und Schmerz für uns bereit.

Warum sucht ein Mensch nach dem Glück? Weil sein wahres Selbst in Wirklichkeit Glück ist. Wir haben dieses Selbst verloren und sind daher unglücklich. Die größte Tragödie im Leben ist Hilflosigkeit, Begrenztheit, und es geht darum, sich über diese Begrenztheit auf jede mögliche Weise zu erheben. Sich darüber zu erheben heißt, aus dem Materialismus zu spirituellen Idealen aufzusteigen. Wir müssen den Gipfel dieser Ideale erklimmen; und in dem Prozess des Aufstiegs liegt die Erfüllung des Versprechens, das das Leben uns gibt.

Der Inhalt von „Kunst, Künstlerinnen und Künstler" wurde zusammengestellt aus den bislang nicht publizierten „Ergänzenden Schriften" („Supplemental Papers"), erweitert durch „The Divinity of Art" aus „The Complete Works of Pir-o-Murshid Hazrat Inayat Khan: Original Texts, Lectures on Sufism 1922", vol. 1, 19-24. „The Divinity of Art" stammt aus einem Vortrag im Musée Guimet, Paris, vom 7. Januar 1922, und der transkribierte Text ist in Form von Aufzeichnungen in französischer Sprache erhalten. Cannon Labrie hat daraus eine ins Englische übersetzte Fassung hergestellt.

KUNST, KÜNSTLERINNEN UND KÜNSTLER

KUNST

Das Leben gleicht der Bewegung von Linien. In der Schönheit von Linien liegt die Weisheit und Schönheit des Lebens. Wer die Linien versteht, versteht Gottes Plan. Die Farbe wurde später erschaffen als die Linie. Farbe ist die Vollendung der Linie. Die Linie ist Gottes Macht und Geist, die Farbe Gottes Sanftmut, Mitgefühl und Weisheit, und das Licht ist Gottes ewig währendes Leben. Zu verstehen, wie dies alles in einem ewigen Schaffensprozess begriffen ist, bedeutet, die Sprache der Symbolik zu verstehen.

Künstlerinnen und Künstler brauchen drei Fähigkeiten: Beobachtung, Konzentration, Ausdruck.

Wenn die Beobachtung scharf und fokussiert ist, ist sie selbst schon Konzentration. Die Schärfe der Beobachtung beruht auf der Klarheit des Denkens und auf der Gabe, die Schönheit wertzuschätzen. Der Geist wird klar, wenn er zur Ruhe gekommen ist, so wie die Spiegelung auf der glatten Wasseroberfläche klar ist. Ist die Oberfläche des Wassers aufgewühlt, wird das Spiegelbild unscharf. Um die Schönheit wertschätzen zu können, braucht es Liebe zur Schönheit. Die Liebe zur Schönheit ist den Künstlern und Künstlerinnen angeboren, aber sie entwickeln sie ständig weiter aufgrund ihrer Neigung, fortwährend alles, was schön ist, zu bewundern.

Die Konzentration lässt sich in drei Aspekte unterteilen: Entwerfen, Ausführen, Vollenden.

Wollen wir das, worauf wir uns konzentrieren, entwerfen, müssen wir zunächst eine Skizze des Umrisses machen. Diese Fähigkeit kann sich entfalten, indem wir genau beobachten und den Umriss des Objekts in uns aufnehmen.

Das Ausführen hat zwei Aspekte: a) Wir füllen die Umriss-Zeichnung mit allen Einzelheiten und Details aus, aus denen das Objekt zusammengesetzt ist, wie winzig die Details auch sein mögen. b) Wir spüren nach, welche Farben die richtigen sind. Der erste Aspekt beruht auf der analytischen Beobachtung und Genauigkeit, mit der wir das Objekt in unserem Geist aufnehmen. Der zweite Aspekt gründet auf der Entwicklung des Farbensinnes, der eine natürliche Fähigkeit des Menschen ist.

Das Vollenden besteht darin, dass wir noch einmal das Objekt überprüfen, das wir im Sinn haben, und jedes kleinste Detail des Werks im Einzelnen und im Ganzen genau in Augenschein nehmen und es mit dem Objekt vergleichen, das wir gesehen haben. Das erfordert nicht nur eine analytische Fähigkeit, sondern auch Exaktheit und ein gut ausgebildetes Gedächtnis.

Alle Teile des Körpers, die Augen, die sehen, die Hand, die den Pinsel hält, dienen gehorsam dem Geist. Wenn Künstler oder Künstlerinnen ein Bild auf die Leinwand bringen wollen zu einer Zeit, wenn ihr Körper sich nicht vollständig dem Geist unterwirft und der Geist nicht absolut diszipliniert der Seele folgt, so gelingt es ihnen nicht, das Bild zu ihrer eigenen Zufriedenheit zu malen. Der Geist von Kunstschaffenden muss empfänglich für die leitende Stimme der Seele sein, und ihre Hand muss in rechter Weise von der Kraft des Geistes geführt werden. Es ist notwendig, dass die Hand eines Malers oder einer Malerin sehr geübt ist, um sie entsprechend der Anregung, die von ihrem Geist stammt, richtig zu führen. Ist die Hand nicht genügend geübt, ist der Geist unzufrieden. Wichtig ist, dass die Malenden das verwendete Material, die Pinsel, Farben und Leinwand, selber auswählen, damit sie selbst in höchstem Maß damit einverstanden sein können. Auch die Umgebung muss kongenial sein, das heißt, auf jeden Fall harmonisch, wenn nicht gar inspirierend. Ein künstlerisches Umfeld, eine harmonische Atmosphäre und Schönheit rundherum sind hilfreich.

Der Geist von Kunstschaffenden muss frei von den Sorgen und Ängsten sein, die das Leben mit sich bringt. Weder Gedanken an die Hässlichkeit und Bosheit im menschlichen Charakter noch Gefühle von Bitterkeit oder Gehässigkeit dürfen den Geist von Künstlern und Künstlerinnen erfassen. Denn ihr Geist muss vollkommen frei sein, damit sie Schönheit empfangen können, um Schönheit zu erschaffen. Künstlerisch Tätige müssen sich abschirmen gegen alles Schlechte in ihrem eigenen Wesen. Nur die Anmut und Lieblichkeit in ihrem Wesen wird als Schönheit in ihrer Kunst zum Ausdruck kommen. Auch dürfen sie nicht reizbar und ungeduldig sein und gegen niemanden Bitterkeit hegen, weil diese Eigenschaften die Schönheit im Leben fernhalten.

Künstlerisch Tätige müssen die Schönheit im Auftreten und Benehmen anderer Menschen lieben und sie in ihrem eigenen Verhalten zum Ausdruck bringen. Sie müssen alle Gedanken, Gefühle, Worte und Taten unterlassen, denen es an Schönheit fehlt. Je reiner ihr Herz ist, desto großartiger ist ihre Kunst. Je stärker sich ihre Liebe in ihrer Kunst zeigt, desto mehr Schönheit werden sie erschaffen.

NATUR UND KUNST

Die Natur ist die Vollkommenheit all dessen, was Menschen für sich erwählen können. Das beweist, dass die Natur eine Schöpfung Gottes ist und Gott sie nicht blind und wahllos erschaffen, sondern absichtsvoll eine Wahl getroffen hat. Das kennzeichnet die vollkommene Weisheit und Kunstfertigkeit Gottes. Die Natur ist die Kunst eines göttlichen Künstlers bzw. einer göttlichen Künstlerin. Gott hat die Natur so gestaltet, dass sie der eigenen Wahl entspricht. Die Schöpfung von Mineralien, Pflanzen, Tieren, sogar die Schöpfung des Menschen hat ihren Ursprung in Gott, aber in der Erschaffung des Menschen hat Gott die eigene Wahl dadurch verändert, dass Gott das Leben durch den menschlichen Geist und Körper erfährt.

Der vollkommene göttliche Geist erschafft in der Natur alles, was er seinem Wunsch entsprechend ins Leben rufen will. Nichts fehlt, denn Gott hat die Fähigkeit, etwas zu erschaffen, das nicht da war. Wenn aber ein Strahl des göttlichen Geistes die Form eines Menschen annimmt und durch den Menschen seine Wirkung entfaltet, dann vermag er nicht mehr, die Natur als Ganzes zu sehen und sich an der Vollkommenheit ihrer Schönheit zu erfreuen. Und doch will dieser Strahl des vollkommenen Geistes, der von Natur aus nach Vollkommenheit strebt, etwas erschaffen, was er noch nicht vorfindet. Dieser Wille macht es notwendig zu handeln.

Die Natur ist also eine Aktion Gottes, und die Kunst ist die Reaktion des Menschen. Die Kunst lässt sich in zwei Gruppen unterteilen: Imitation und Erschaffen. Zuerst äußert sich der künstlerische Impuls im Imitieren dessen, was eine Künstlerin oder ein Künstler bewundert. Im Imitieren spielen zwei Richtungen eine Rolle: reproduzieren und improvisieren bzw. verschönern. Einige Kunstschaffende können besser reproduzieren, andere besser improvisieren. Das Können ist in beiden Ansätzen gleich groß. Die Natur vollständig abzubilden übersteigt die menschlichen Fähigkeiten. Je höher jedoch die künstlerische Qualifikation ist, desto besser wird die Imitation der Natur. Um die Natur kopieren zu können, ist nicht nur eine scharfe Beobachtungsgabe, sondern auch eine tiefere Einsicht in das abzubildende Objekt notwendig.

Die Gabe der Improvisation mag in gewisser Weise höher eingestuft werden als die Fähigkeit des Nachahmens; denn der Künstler oder die Künstlerin versucht, die Darstellung der Natur so zu gestalten, dass die Natur besser aussieht, als sie ist. In Wirklichkeit kann die Natur, wenn man sie als Ganzes betrachtet, nicht verschönert werden. Wenn sie aber in ihren einzelnen Teilen betrachtet wird, erscheint sie sehr oft als verbesserungswürdig. Dann bemüht sich der Strahl des göttlichen Geistes, welcher die Seele des Künstlers oder der Künstlerin ist, das Fragment der Natur zu vervollkommnen, das unvollkommen erscheint, wenn es aus dem Gesamtzusammenhang der Natur herausgelöst ist. Darin zeigen sich die Aktion Gottes und die Reaktion des Menschen.

NACHBILDEN 1

Für das Nachbilden der Natur sind zwei Dinge wesentlich: Zielstrebigkeit und genaue Beobachtung. Zielstrebigkeit beruht auf Konzentration. Die Malerin bzw. der Maler muss erkennen, dass nur die Hand, die stillhalten kann, den Pinsel richtig zu führen vermag. Ebenso hat nur ein ruhiger Geist die Kraft zur Nachbildung. Mit genauer Beobachtung ist die Fähigkeit gemeint, den Blick zu fokussieren. Es ist ein durchdringender Blick.

Das Objekt, das die Malerin oder der Maler abbilden will, spielt eine große Rolle. Fesselt seine Schönheit das Auge und den künstlerischen Geist und kann es Interesse wecken, so ist es hilfreich beim Malen. Hingegen gibt es eine Eigenschaft, die sich hinderlich auf den Künstler und die Künstlerin auswirkt, und das ist ein unstetes, ewig wechselndes Temperament. Es kann einen so starken Einfluss ausüben, dass es den fokussierten Blick auf etwas Grelleres ablenkt, sodass der Künstler oder die Künstlerin die Geduld verliert, weiterhin konzentriert den einen Gegenstand vor sich zu betrachten.

Obgleich Beweglichkeit und Wandelbarkeit in gewisser Hinsicht Zeichen für die fließende Qualität des künstlerischen Geistes sind, die für Kunstschaffende natürlich ist, so führt doch erst die Kontrolle über diese Sprunghaftigkeit das mühevolle künstlerische Wirken zu einem erfolgreichen Abschluss. Deshalb hilft Konzentration in der künstlerischen Arbeit am meisten. Ein tiefes Verständnis der Schönheit fördert nicht nur die Kunst, sondern führt auch zu spiritueller Vollkommenheit. Es besteht nur ein sehr dünner Schleier zwischen künstlerisch Tätigen und Gott, und die tiefe Einsicht in die Schönheit zusammen mit ständiger Übung kann manchmal den Schleier heben. Dann wird die ganze Schönheit der Natur für die Künstler und Künstlerinnen zu einer einzigen Vision der erhabenen Immanenz Gottes.

NACHBILDEN 2

Imitieren ist eine charakteristische Neigung von Schülerinnen und Schülern, und große Meister sind gleichzeitig große Schüler. Diejenigen, die gerne nachbilden, müssen in der Tiefe ihres Wesens die Natur lieben, ihre Schwingungen spüren und ihre Schüler oder Schülerinnen sein. Es gibt einen Vers eines hindustanischen Dichters: „Ich will deine Locken lösen, oh stürmischer Wind, wenn du die Locken meiner Geliebten durcheinanderbringst." Nachbildende lieben die Schönheit, die sie sehen, und haben kein Verlangen, sie zu verändern. Ihnen geht es allein darum, die Schönheit im Original zu erhalten. Genau das beschreibt auch das Wesen derer, die Gott lieben. Künstlerinnen und Künstler, die gerne kopieren, bemühen sich ständig, der Schönheit immer näher zu kommen. Dabei erschaffen sie Schönheit in ihrem eigenen Wesen, und aus der inneren Schönheit entwickelt sich Harmonie in ihrem Charakter, sodass sie schließlich eins werden mit der Natur.

Das Kopieren fördert die Fähigkeit, tief nachzudenken, und lässt auf natürliche Weise die Geduld wachsen. Wer nachbildet, wird stets innerlich im Gleichgewicht bleiben, weil die Natur selbst, wenn sie als Ganzes betrachtet wird, nichts als Gleichgewicht ist. Gleichgewicht ist Leben, und der Mangel an Gleichgewicht bedeutet Tod. Nachbildende Künstler und Künstlerinnen entwickeln Mäßigung in ihrem Wesen, denn sie folgen behutsam der Natur. Auf diese Weise sind sie immer beschützt von der Natur, denn die Natur ist nichts als die Manifestation Gottes und vereint in sich allen Schutz und alle Hilfe des allmächtigen göttlichen Wesens.

DIE KUNST, DIE NATUR NACHZUBILDEN

Die Kunst, die Natur nachzubilden, weist auf die senkrechte Linie hin, die alles, was zwischen Himmel und Erde ist, repräsentiert. Die senkrechte Linie bedeutet Konzentration und Beobachtung. Der höchste Punkt auf dieser Linie zeigt zum Himmel, der tiefste zur Erde.

Die Klarheit des Blicks und die Beharrlichkeit, mit der Künstlerinnen und Künstler sich für die Eindrücke aus der Natur öffnen, werden als gerade Linie symbolisiert. Aus diesem Grund haben die Mystikerinnen und Mystiker vergangener Zeiten die gerade Linie *alif* genannt, was „zuerst" bedeutet und auf die Ursache und Quelle aller Dinge hinweist. Das Wort *alpha* stammt aus derselben Wurzel.

VERSCHÖNERN 1

Das Bestreben, die Natur zu verschönern, ist eine Welle in der Aktivität des Geistes, die höher steigt als das Bestreben, die Natur nachzubilden. Verschönern ist produktiv, nachbilden eher rezeptiv. Aber in beiden liegt eine besondere Kraft. Verschönern ist näher an der göttlichen Schöpferkraft, nachbilden näher an der Schöpfung. Während der Erfolg des Nachbildens sich langsam, aber sicher einstellt, kann das Verschönern in die richtige oder falsche Richtung gehen. Der Rhythmus des Nachbildens ist gleichmäßig, langsam und bewegt, der Rhythmus des Verschönerns ist aktiv, emphatisch und ausgleichend. Die Kunst des Kopierens wird von vielen Menschen weniger gut verstanden als die Kunst der Verschönerung.

Um die Kunst des Kopierens wertzuschätzen, ist eine tiefe Einsicht notwendig. So tief wie die Einsicht von Künstlern und Künstlerinnen, die weit hinunter in das Meer der Schönheit eintauchen und vom Meeresgrund Perlen in Gestalt von Formen und Farben zutage fördern. Die Tendenz bei erfinderischen und fantasievollen künstlerisch Tätigen, dass sich ihr Interesse an der eigenen Kunst sehr weit von der Natur entfernt, kann manchmal stark anwachsen. Sehr oft sind sie damit erfolgreich, doch am Ende einer genaueren Überprüfung erweist sich dieses starke Abweichen von der Natur als verhängnisvoll, denn die Sicherheit der Kunst beruht allein darauf, dass sie mit der Natur Hand in Hand geht.

VERSCHÖNERN 2

Künstlerinnen und Künstler, deren Kunst im Verschönern der Natur besteht, entwickeln kreative Fähigkeiten, die im Geist der göttlichen Schöpferkraft verwurzelt sind. Die Natur zu verschönern bedeutet, ihr das hinzuzufügen, was die menschliche Natur aus ihrem bestimmten Blickwinkel als inneres Bild geformt hat. Verschönern heißt, die Natur zu vervollkommnen. Der Weg derer, die nach Verschönerung streben, ist riskant. Manchmal müssen sie etwas hervorbringen, was das menschliche Auge noch nie gesehen hat. Deshalb spricht ihre Kunst nicht in erster Linie unseren Schönheitssinn an, sondern erweckt eher unsere Neugierde. Anstatt die Erfüllung zu bringen, die nur durch Schönheit bewirkt wird, kann sie das Gefühl von Verwunderung auslösen. Um überzeugend zu verschönern, muss ein Künstler oder eine Künstlerin ein großartiges und begnadetes Formgefühl besitzen.

Viele kreativ Tätige haben eine Kunst entwickelt, die im Betrachter Verwirrung auslöst. Sie nennen sich Illusionisten. Zum Teil antworten sie damit auf die symbolischen Fantasien der Menschheit, zum Teil sprechen sie die spirituelle Perspektive an, und zum Teil erschaffen sie in ihrer Kunst eine Vision, ein Gefühl für etwas Nebulöses. Diese Art Kunst kann natürlich zu einem Ausdrucksmittel für mystische Ideen werden, doch ist sie in den Händen von inkompetenten Künstlerinnen und Künstlern nichts weiter als eine sinnentleerte Kunst. Und in den Händen derer, die großspurig etwas vortäuschen und die Menschen hinters Licht führen wollen, ist sie einzig und allein ein Mittel zur Unterhaltung. Die beste Möglichkeit, in der Malerei die Natur zu verschönern, besteht darin, sich möglichst getreu an die Natur zu halten und lediglich ihre Schönheit deutlicher hervorzuheben und zu verstärken.

DIE KUNST DER VERSCHÖNERUNG

Die Kunst der Verschönerung steht in gewissem Sinne im Gegensatz zur natürlichen Form. Die natürliche Form und ihre künstlerische Darstellung sind nicht das Gleiche. Deshalb wird diese Haltung von Künstlerinnen und Künstlern der Natur gegenüber von der horizontalen Linie symbolisiert, die der ursprünglichen Natur vermutlich sagen will: „Du darfst nicht so bleiben, wie du bist. Ich werde dich anders und besser machen." Diese Haltung lässt sich als horizontale Linie darstellen, die von der vertikalen Linie geschnitten wird, sodass beide das Symbol des Kreuzes formen. Da das Kreuz den Weg zur Vollkommenheit weist, bringt der künstlerische Geist eine Vollkommenheit in der Materie zum Ausdruck, die in der Natur angelegt ist. Wenn wir die Kunst der Verschönerung aus dieser Perspektive betrachten, können wir nicht mehr sagen, sie sei eine voreilige Einmischung in die Kunstfertigkeit Gottes, denn wir haben erkannt, dass Gott die Natur zwar als Gott erschaffen hat, aber die göttliche Schöpfung durch die Hand des Künstlers und der Künstlerin vervollkommnet.

DAS BEDÜRFNIS, DIE NATUR ZU VERSCHÖNERN

Es gibt zwei Gruppen derer, die mit ihrer Kunst die Natur schöner darstellen wollen. Die einen geben beim Verschönern gleichzeitig acht, dass sie das Original nicht zerstören. Sie verstehen sich als Schülerinnen und Schüler der Natur und folgen behutsam ihren Spuren, was sich zweifellos auf den Erfolg ihrer Kunst auswirkt. Sie verschönern, ohne sich zu weit von der Natur zu entfernen. Sie lassen sich von der ursprünglichen Form berühren, rühren sie aber selbst nicht an. Sie erfüllen sanft und schonend ihren Auftrag, die ursprüngliche Natur zu vervollkommnen. Sie tun es mit Geduld und Bedachtsamkeit. Sie sind sozusagen scheu und zurückhaltend in der Gegenwart Gottes, des Schöpfers und der Schöpferin.

Die zweite Gruppe zeigt eine Neigung zur Übertreibung. Hier gibt es zwei künstlerische Richtungen. Die einen bringen die Farben der Natur in eine selbstgeschaffene Form, die anderen übernehmen die Form der Natur und füllen sie mit den von ihnen gewählten eigenen Farben aus. Bei einigen ist die Übertreibung ziemlich ausgeprägt. Sie verbessern die Formen der Natur bis hin zu ihrer Verformung. Sie machen zum Beispiel aus einem Blatt von der Größe einer Hand ein Blatt, das so groß ist wie ein Elefantenohr. Sie machen rund, was oval ist, und eine ovale Form zu einer runden. Sie verwandeln sogar etwas Gerades in etwas Krummes und eine natürliche in eine eigenartige und ungewohnte Form. Ohne Zweifel kreieren die wirklich begabten Künstler und Künstlerinnen unter ihnen auf diese Weise etwas, das nur sehr wenige zustande bringen, und als Belohnung für ihr mutiges Vorgehen werden Kunstwerke entstehen, mit denen sie Erfolg haben.

Aber da diese künstlerische Richtung immer ein Abenteuer ist, enthält sie alle Möglichkeiten zum Scheitern. Nur sehr wenigen Kunstschaffenden gelingt die Überzeichnung in ihrer künstlerischen Arbeit. Diejenigen, die sich ebenfalls in dieser Kunst versuchen und denen es nicht gelingt, beweisen damit nichts als ihre Unreife. In der Kunst der Verschönerung haben Künstlerinnen und Künstler für ihre kreativen Fähigkeiten einen so großen Spielraum, wie es ihren Wünschen entspricht. Keiner von ihnen hat es jedoch jemals geschafft – und wird es auch niemals schaffen –, eine Form zu kreieren, die nicht existiert. Es gibt keine Form und keine Farbe, die in der Natur nicht schon vorhanden ist. Zudem gibt es noch viele weitere Formen und Farben in der Natur, die in der Kunst und Wissenschaft unbekannt und unerforscht sind und es auch bleiben werden. Daraus folgt, dass Menschen, wie groß sie auch als Kunstschaffende sein mögen, immer nur Nachahmende der Natur sein werden. Das führt uns zu der Erkenntnis, dass letztendlich der Mensch ein Mensch bleibt, Gott aber Gott ist.

BEOBACHTUNG

Für Künstlerinnen und Künstler ist es nicht leicht, wahres Wissen über Farbe und Form zu erlangen. Die Sensibilität für die allerkleinsten Nuancierungen zwischen verschiedenen Farben und für die Vielfalt der Schattierungen in einer einzigen Farbe ist eine natürliche Gabe, die kein Studium und keine Übung vermitteln kann. Künstler und Künstlerinnen müssen von ihrem eigenen Genius inspiriert sein. Es ist ebenfalls schwierig, ein Gespür für die feinen Unterschiede in Konsistenz und Dichte der Materialien zu entwickeln. Noch schwieriger ist es für Durchschnittsmenschen, feine Farb- und Formveränderungen wahrzunehmen, es sei denn, sie sind mit dem künstlerischen Blick gesegnet. Zweifellos gibt es nur eine einzige Möglichkeit, diese Sensibilität zu entwickeln, und es ist umso besser, wenn sie sich von selbst einstellt.

Eine scharfsinnige Beobachtungsgabe ist zugleich die Ursache und die Auswirkung von Geduld, Liebe und Beständigkeit. Klare Beobachtung ist in Wirklichkeit eine Konzentration mit offenen Augen. Wenn der Blick auf ein Objekt der Schönheit fixiert ist und der Geist, nachdem er durch die Wirkung des Objekts still geworden ist, diese Ruhe von innen her ausstrahlt, wird die Konzentration vollständig. Aus mystischer Perspektive wird sie ein Weg zum Himmel. Das führt uns zur Erkenntnis der philosophischen These, dass Schönheit in jeglicher Form Vollkommenheit ist. Diese Vollkommenheit kann erreicht werden durch die Harmonie von zwei gegensätzlichen Ausrichtungen.

Wenn die Augen auf einen bestimmten Gegenstand gerichtet sind und der Geist an etwas anderes denkt, dann entsteht natürlich ein Widerstreit. Wenn zwei Aktivitäten zu gleicher Zeit in verschiedene Richtungen laufen und kein Hauch von Harmonie zwischen ihnen besteht, müssen beide erfolglos bleiben, weil Konflikte zu einem Bruch des Gesetzes der Vollkommenheit führen. Niemand kann sich besser konzentrieren als wahre Künstlerinnen und Künstler. Niemand kann in der Kunst zu wahrer Größe gelangen, ohne die Konzentration des Geistes zu entwickeln. Körper und Geist wirken aufeinander ein und reagieren aufeinander, ebenso wie die Kunst zur Konzentration verhilft und die Konzentration hilfreich für die Kunst ist.

ILLUSION IN DER KUNST

Es sind zwei Gruppen von kreativ Tätigen, die in ihrer Kunst Illusion schaffen: Die einen verfügen über große Intelligenz mit einem feinen künstlerischen Gespür, die anderen bringen in ihrer Kunst ihre eigene Verwirrtheit zum Ausdruck, weil ihr Geist nicht klar ist. Erstere sind die wahren Illusionisten, die anderen müssen für das genommen werden, was sie nicht sind.

Eine Art der Illusion in der Kunst besteht darin, dass auf den ersten Blick etwas gezeigt wird, das sich von dem, was ein zweiter Blick nahelegen würde, unterscheidet. Das erfordert ohne Zweifel großes Geschick und eine hohe Begabung für diese Kunstform. In dieser besonderen Kunstgattung kann man in einer Form viele Formen sehen. Schaut man von verschiedenen Seiten, manchmal sogar von nur einer einzigen Seite, so sieht man völlig andere Bilder, die alle die Kunstfertigkeit des Künstlers oder der Künstlerin unter Beweis stellen. In dieser Kunstform ist zweifellos die Kunstfertigkeit stärker betont als die Schönheit.

Ein Beispiel können wir in dem Löwentor von Mykene sehen. Es repräsentiert den Gedanken: „Suche alle Macht zu Füßen Gottes." Die Säule stellt den Fuß Gottes dar. Die Löwen stehen für Macht. Das Tor zeugt davon, dass alle Macht in Gott ist und alle Mächtigen der Welt ihre Macht von Gott beziehen. Das bedeutet, Gott ist allmächtig, Gott ist die Quelle jeglicher Macht, in Gott ist alle Macht gebündelt. Die vier runden Markierungen am Kopf der Säule haben die Bedeutung der vier Himmelsrichtungen, was besagt, dass das Reich Gottes überall ist. Die zwei Altäre zeigen, dass die Macht sich in zwei Aspekten äußert, obgleich beide aus einer und derselben Quelle stammen. Der eine Aspekt ist Stärke, der andere Schönheit.

Die Figur als Ganzes kann auch als menschlicher Kopf gesehen werden, die Säule als Nase, der Altar als Mund und die zwei Löwenköpfe als Augen. Das besagt, dass die allmächtige Gottheit im menschlichen Wesen, dem wahren Tempel und Altar Gottes, gefunden werden kann.

Es gibt noch eine andere Art der Illusion. Sie lässt vor dem konzentrierten Blick ein Bild entstehen, das real erscheint. Diese Fähigkeit erweist sich als größte Begabung in der Kunst.

Eine dritte Art der Illusion ist eine suggestive Kunst. Sie deutet im Bild eine bestimmte Idee oder Handlung auf eine Weise an, dass nur ein hinreichend hoch entwickelter Geist sie erkennen und verstehen kann. Für alle anderen ist es lediglich ein Bild. Diese Fähigkeit erfordert ohne Frage einen erwachenden Geist mit kreativer Kraft. Damit haben Künstlerinnen und Künstler eine Möglichkeit gefunden, wie sie in der bildenden Kunst anderen Menschen bestimmte Gedanken mitteilen können. Die Kunstschaffenden vergangener Zeiten waren generell Mystiker und Mystikerinnen. Sie haben in ihrer Kunst schon immer ihre Gedanken über das Gesetz des Lebens und der Natur und ihre Vorstellungen vom Himmel zum Ausdruck gebracht.

Eine vierte Art der Illusion ist noch mystischer als eine einfache suggestive Illusion. Hier geht es darum, einen Gedanken oder ein Gefühl, einen Charakter oder eine Eigenschaft bildnerisch darzustellen, die aus dem abstrakten Bereich kommen. Es ist der Versuch, etwas in Farbe und Form zu fassen, was weit jenseits der konkreten Welt angesiedelt ist. Diese Kunst kann keine allgemein verständliche Sprache sein. Diese Sprache versteht niemand besser als ihr Erfinder. Ein durchschnittlicher Geist ist in seiner Fähigkeit, das Abstrakte bildlich darzustellen, überfordert. Es gibt viele Künstler und Künstlerinnen, die versuchen, Musik oder Gedankenformen oder Emotionen in ein Bild zu fassen. Ohne Zweifel können ihre künstlerischen Bestrebungen leicht dazu führen, dass sie die Menschen verwirren mit bedeutungslosen Formen und Farben aus ihrer eigenen Fantasie. Auf jeden Fall ist diese Kunst jedoch ein zukunftsweisendes Abenteuer des jeweiligen Künstlers oder der Künstlerin.

Der wichtigste Aspekt der Illusion in der Kunst ist die Symbolik. Symbologie ist eine Sprache der Kunst. Sie hat nicht nur Bedeutung für künstlerisch Schaffende, sondern ist allen Menschen bekannt, von denen erwartet wird, dass sie ihren Sinn verstehen. Symbologie bedeutet „erkannte Illusion". Ihre Quelle liegt in der Inspiration des Künstlers und der Künstlerin, denn ihnen wird die Weisheit in Träumen über Kunst offenbart. Obwohl sie, wenn sie inspiriert sind, auf jeden Fall eine Botschaft in künstlerischer Form verkünden, ist es nicht notwendig, dass alle gleichzeitig auch mit Kenntnissen über Symbologie ausgestattet sind. Ein Talent in dieser Richtung ist nur bestimmten Künstlern und Künstlerinnen angeboren. Gehen sie den mystischen Weg, so können sie dieses Talent entwickeln, aber in ihrem Herzen muss schon ein Funke davon vorhanden sein. Um die

Bedeutung von Symbolen zu verstehen, muss man die Sprache der Natur verstehen. Denn hinter den anerkannten Symbolen gibt es zahllose weitere Symbole, die in jeder auf der Erde und im Himmel existierenden Form dargestellt werden können.

Das Löwentor von Mykene, circa 1250 vor Chr.

SYMBOLOGIE

Die symbolische Kunst liegt zwischen der Kunst des Nachbildens und der Kunst der Verschönerung. In der symbolischen Kunst sind diese beiden grundlegenden Aspekte der Kunst vereint und dadurch zur Vollendung gebracht. Wer sich vom symbolischen Ausdruck der Natur inspiriert fühlt, sieht in allen Formen der Natur ein Symbol, das etwas Bestimmtes abbildet und dabei gleichzeitig ein Geheimnis des Lebens und der Natur offenbart. Das Wissen um das Geheimnis ist ein Schlüssel für die ganze Schöpfung. Denjenigen, die über dieses Wissen verfügen, erscheint alles auf der Welt wie eine verschlossene Truhe, für die sie den Schlüssel besitzen. Sobald sie ihre Aufmerksamkeit auf irgendetwas richten, das sie sehen, finden sie sofort einen symbolischen Ausdruck, der wie ein Schlüssel die Tür zu jedem einzelnen verborgenen Schatz öffnet.

Die Kenntnis von Symbolen hat zwei Aspekte. Der eine Aspekt ist *nazul*, ein Zustand, in dem jedes Ding und jedes Wesen in der Natur dem Künstler und der Künstlerin den Schlüssel zu seinem Geheimnis in Form eines Symbols überreicht. Benutzen sie diesen Schlüssel, erschließt sich ihnen das Mysterium, das in jeglicher Form verkörpert ist. Der andere Aspekt ist *uruj*, ein Zustand, in dem sich eine Welle aus dem Herzen des Künstlers und der Künstlerin erhebt. Diese Welle lässt vor ihrem inneren Auge eine Art Design erscheinen, das ihre Gedanken am besten in Form eines Symbols zum Ausdruck bringen kann. Die Welle, die aus ihrem Herzen aufsteigt, wird in einem schmerzhaften Prozess von ihnen selbst hervorgerufen. Damit befriedigen sie den Anspruch ihres Geistes auf Vollkommenheit. In *uruj* empfangen Künstler und Künstlerinnen die Botschaft, in *nazul* geben sie die Botschaft weiter an die Welt. Mit diesem Akt erfüllen sie die spirituelle Aufgabe, zu der inspirierte Kunstschaffende berufen sind.

Je nach Temperament neigen Künstler und Künstlerinnen mehr zu *nazul* oder zu *uruj*. Wer mehr zu *nazul* neigt, hat ein *jamal*-Temperament, wer mehr zu *uruj* neigt, hat ein *jalal*-Temperament. Aber *uruj* und *nazul* wirken wechselseitig aufeinander ein. Ohne *uruj* ist *nazul* nicht möglich, ohne *nazul* kann *uruj* nicht sein. Sie sind in Aktion und Reaktion miteinander verbunden. Die Vollkommenheit liegt darin, beide Zustände zu erfahren. Zu bestimmten Zeiten überwiegt *nazul*, zu anderen Zeiten *uruj*, ebenso wie wir unsere Lebenszeit am Tage überwiegend in Aktivität und in der Nacht in Ruhe verbringen.

KUNST UND RELIGION

Wir leben in einer Zeit, in der alles im Leben voneinander getrennt betrachtet wird, sodass die Menschen Angst haben, auf irgendeine Weise oder in irgendeiner Form Kunst mit Religion in Verbindung zu bringen. In Wirklichkeit hat jedoch die Kunst schon immer der Religion einen großen Dienst erwiesen. Zu allen Zeiten und in den meisten Weltreligionen kam aber zugleich auch eine Reaktion auf dieses Zusammenspiel von Kunst und Religion auf, die diese beiden Bereiche wieder auseinandergerissen hat. Doch wenn die Kunst aus der Religion entfernt wird, ist es genau so, als würde der Atem aus dem Körper entfernt werden. Kein nachdenklicher Mensch wird jemals diese Tatsache leugnen. Und wenn wir noch einen Schritt weitergehen, werden wir erkennen, dass die Kunst in sich selbst eine Religion ist, denn sie erfüllt den gleichen Zweck wie die Religion.

Sollte ich Kunst mit Worten definieren müssen, so würde ich sagen, Kunst ist ein harmonischer Ausdruck der Seele. Und was ist Religion? Religion ist der Weg, auf dem wir zu diesem harmonischen Ausdruck gelangen. Ja, es gibt Menschen, die Kunst als etwas ansehen, das von Menschen gemacht ist, und sie sagen: „Kunst ist Kunst und Natur ist Natur." Sie haben Recht, aber es wäre auch nicht weniger wahr, wenn ich sagen würde: „Kunst ist Natur und Natur ist Kunst." Was in der Kunst geschaffen wird, ist eine Widerspiegelung der Natur und darüber hinaus, aus der philosophischen Perspektive betrachtet, eine Verfeinerung und Verschönerung der Natur. Es ist nicht übertrieben zu sagen: Das, was die Natur nicht erschaffen hat, erschafft die göttliche Schöpferkraft durch den Pinsel, die Feder oder das Musikinstrument von Künstlerinnen und Künstlern.

Es ist primitiv, zwischen den Werken des Menschen und den Werken Gottes zu unterscheiden. Wenn Gott das Licht des Himmels und der Erde ist, dann ist Gottes Schöpfung das, was wir Natur nennen, ebenso wie das, was wir Kunst nennen. Solange die Künstler und Künstlerinnen diese Wahrheit nicht kennen, ist ihre Kunst nur Kunst. Sobald sie aber diese Wahrheit verstanden haben, wird ihre Kunst zur Religion.

Machen wir uns einmal klar, in welchem Ausmaß Bildhauer, Malerinnen, Dichter und Musikerinnen die Menschheit inspiriert haben. Stellen wir uns vor, es gäbe keine Musik, keine Dichtung, keine Skulpturen und keine Malerei, um die Menschheit anzuregen und zu beflügeln – wie weit kämen wir, wenn wir unsere Inspiration allein aus dem, was wir Religion nennen, beziehen würden? Die Kunst hat immer einen zentralen Platz und eine zentrale Funktion in jeder Religion eingenommen. Kunst hat einen großen Einfluss und eine Kraft, den Menschen Ideen nahezubringen, die sich nicht gut in Worte fassen lassen. Wer, um eine Idee zu verstehen, auf Worte angewiesen ist, hat die Feinheit und das Zartgefühl noch nicht entwickelt, die notwendig sind, um eine Idee auch ohne Worte aufzunehmen. Wahre Inspiration entsteht aus der Kommunikation mit dem Leben. Wenn wir mit einem Kunstwerk kommunizieren, mit einem Bild, mit Poesie, mit Musik, die alle unserer Seele eine bestimmte Idee oder ein gewisses Gefühl vermitteln können, dann beginnt die Inspiration in unserem Leben wirksam zu werden.

In dem Prozess, den Sinn hinter der ganzen Schöpfung aufzuspüren, erkennen wir, dass die gesamte Schöpfung einem einzigen Ziel entgegenstrebt, und dieses Ziel ist, vollkommene Harmonie zu erreichen. Diese Harmonie können wir auch als Schönheit bezeichnen. Es gibt keine andere Erklärung für Schönheit. Alle Menschen sehen in einem Objekt irgendeine Art von Schönheit, aber fragt man: „Was an diesem Objekt bringt dich dazu, zu denken, es sei schön?", so können sie es nicht mit Worten erklären, weil ihre Reaktion abstrakt ist. Es ist eher ein Gefühl von Harmonie, das durch das Objekt ausgelöst wird. Das Gefühl lässt sie empfinden, dass das Objekt schön ist.

Es gibt sehr viele Töne in der Musik, zahllose Wörter in verschiedenen Sprachen, zahlreiche Farben, die alle ihre Besonderheiten haben, aber was wir in all diesen Bereichen der Kunst als schön bezeichnen, das liegt in ihrer harmonischen Verknüpfung, ihrer harmonischen Anordnung, in ihrem harmonischen Zusammenspiel.

Es ist der Auftrag der Kunst, Harmonie zu schaffen, Linien oder Farben oder Töne oder Worte harmonisch zusammenzufügen. Darin besteht die Kunst. Würde ich gebeten zu erklären, was an einem bestimmten Bild schön ist, so würde ich sagen: „Es ist die Musik, die in diesem Bild schwingt." Das Gleiche gilt für die Poesie. Was uns die Empfindung von Schönheit vermittelt, das ist die Musik in der Poesie, die Musik im Sinngehalt, der harmonische Klang der Worte und Reime, das harmonische Zusammenspiel der Ideen.

Und was lehrt uns die Religion? Auch sie lehrt uns die Wege der Harmonie. Der Auftrag der Religion besteht darin, uns anzuleiten, wie wir zu Hause und draußen in unserer Umwelt leben sollen, zusammen mit Freunden, Nachbarinnen; wie wir selbst sein können, wie wir im Einklang mit unserer Seele, mit unserem Denken und Fühlen sein können. Aus diesem Grund gibt es in der klassischen arabischen Sprache einen Namen, der der Gottheit gegeben wurde. Dieser Name ist „der Künstler" oder „die Künstlerin".

Es gibt eine Geschichte, die symbolisch den hohen Auftrag von Künstlerinnen und Künstlern zum Ausdruck bringt. Sie erzählt von einer Bildhauerin, einer jungen Frau, die ihr ganzes Leben, ihr ganzes Denken einem einzigen Kunstwerk widmete, einem kleinen Marmorblock, den sie bearbeitete. Es war einzig dieses Kunstwerk, das sie mehr interessierte als alles andere, dem sie im Leben begegnete. Sie war ihrer Kunst so ergeben, dass ihr Atelier ihr Tempel wurde. Es war der Ort, an dem ihre Seele Ruhe fand. Sie fühlte sich an keinem anderen Platz zu Hause. Nur hier konnte sie an ihrem Kunstwerk arbeiten. Ihre Freundinnen, ihre Gefährten erlebten sie alle als völlig hingegeben und versunken in ihre Kunst. Sie verbrachte keine Zeit mit anderen Menschen. Obwohl sie mitten im Leben stand, lebte sie ganz zurückgezogen und ging völlig in ihrer Kunst auf. Für nichts sonst zeigte sie Interesse. Die anderen wussten diese Neigung, ihre Seele voll und ganz ihrer Arbeit zu widmen, nicht zu schätzen und machten sich über sie lustig. Sie konnten sie nicht verstehen.

Sehr oft geschah es, dass ein gewisser psychologischer Einfluss von diesem Kunstwerk, das sie erschuf, ausging. Je näher es der Vollendung kam, desto stärker wirkte dieser Einfluss auf sie ein. Sie begann, mehr und mehr Leben in ihrem Werk zu sehen und eine Schönheit, die darin erwachte. Es war für sie nicht länger eine bloße Statue. Sie erblickte Leben in dieser Statue. Sie begann, zu ihr zu sprechen: „Ich habe dich gesucht, meine Freundin, meine Schöne. In dir erschaue ich die Schönheit. Alles andere auf dieser Welt ist unzuverlässig. Ich fühle mich nicht davon angezogen. Aber du bist erschienen als Ausdruck meines eigenen Wesens. Du bist meine Seele, mein Leben. Nichts anderes auf der Welt interessiert mich. Allein in dir kann ich erkennen, dass es im Leben wahre Schönheit gibt."

Und mit den Ohren ihres Herzens hörte die Künstlerin eine Stimme: „Ja, ich lebe und will leben. Ich kann sprechen, aber ich werde nur unter einer Bedingung zu dir sprechen, und die ist, dass du den Giftbecher aus meinen Händen entgegennimmst. Die einzige Bedingung dafür, dass ich lebendig werde, lebendig bleibe, ist: Du musst sterben, damit ich lebe." Die Künstlerin antwortete: „Nichts kann mich mehr erfreuen, als wenn du lebst, du, der Ausdruck meiner Seele, denn in dir erblicke ich die Schönheit, die in der Tiefe meiner Seele verborgen ist. Um dich lebendig zu sehen, will ich sehr gerne und mit Freuden den Giftbecher nehmen." Und was geschah? Sie trank aus dem Giftbecher, und während sie starb, wurde die Statue lebendig, hob die Künstlerin auf – und gab ihr das Leben zurück. Diese Geschichte steht symbolisch für alle schöpferisch Tätigen, die es in ihrer Kunst zu wahrer Meisterschaft gebracht und wirkliche Erfüllung in ihrer Kunst gefunden haben.

Musiker wie Beethoven, die ihr ganzes Leben ihrem Werk, ihrer Musik gewidmet haben, waren selbst ein Nichts. Ihr Selbst verschwand hinter ihrer Kunst, und ihre Kunst wurde lebendig. Sie sind jetzt tot, aber ihre Kunst lebt weiter. Ihre Kunst hat sie am Leben erhalten. Ähnlich ist es mit den verstorbenen Poeten und Dichterinnen der Weltgeschichte. Diejenigen, die ein bedeutendes dichterisches Werk geschaffen haben, das heute immer noch lebt, sind gestorben und doch lebendig. All die Schönheit, die sie erschaffen haben! Während sie diese Schönheit schufen, vergaßen sie sich selbst, und nach ihrem Tode leben sie weiter in den Armen ihrer Kunst.

Das zeigt uns, was Hingabe bewirken kann. Die Hingabe kreativer Menschen an ihre Kunst ist vergleichbar mit der Hingabe gläubiger Menschen an ihre Gottheit. Sobald sie in ihrer Ergebenheit das Geheimnis der Kunst ergründet haben, ist sie nicht länger Kunst für sie, sondern ein Ausdruck der Gottheit in Gestalt der Schönheit.

An diesem Punkt können wir erkennen, dass es zwar viele verschiedene Aspekte und Bereiche der Kunst gibt, doch die Kunst an sich bleibt immer dieselbe. Was die Malerei nicht darstellen kann, bringt die Poesie zum Ausdruck, was Poesie nicht erklären kann, wird in der Musik verständlich. Aber die größte aller Künste ist die Kunst der Persönlichkeit. Kreative, die ganz in ihrer Kunst aufgehen, entwickeln ohne Zweifel auch in ihrer Persönlichkeit Kunst, ohne dass sie es merken. Es ist aber auch möglich, dass jemand ein guter Künstler ist und doch dieses Etwas, das sich in seiner eigenen Persönlichkeit herausbilden sollte, nicht entwickelt hat. In diesem Fall hat er auch in seiner Kunst noch nicht die Vollkommenheit erreicht. Sonst hätte sich seine Persönlichkeit gleichzeitig vervollkommnet.

Die Mogulkaiser riefen für gewöhnlich einige Künstler und Künstlerinnen an ihren Hof. Oft ärgerten sich die Höflinge über diese Gewohnheit, doch gleichzeitig sagten sie: „Es liegt etwas Lebendiges darin, von Künsten umgeben zu sein." Es kann aber auch die Frage erhoben werden: „Nicht alle Menschen sind mit künstlerischem Talent geboren. Wären alle Menschen Künstlerinnen und Künstler, wie könnte es dann auf der Welt weitergehen? Was könnten wir mit all der Kunst machen?" Um Kunst zu lernen und sie im Leben auszuüben, müssen wir keine Malerinnen, keine Bildhauer sein. In welchen äußeren Umständen wir auch leben, welchen Beruf wir auch ausüben, immer haben wir genügend Raum in unserem täglichen Leben, die künstlerischen Fähigkeiten, die in uns stecken, zu entwickeln. Wir können diese künstlerischen Qualitäten am besten in einer kunstvoll ausgebildeten Persönlichkeit zum Ausdruck bringen. Die höchste Kunst, die wir lernen können, sind freundliche Umgangsweisen, Höflichkeit, die Art von Feinheit, die eine Persönlichkeit als harmonisch und schön ausweist. Diejenigen, die all diese Qualitäten vermissen lassen, zeigen ihren Mangel in allem, was sie tun: schreiben, lesen, gehen oder sitzen. In jeder Handlung beweisen sie, dass ihnen die künstlerische Fähigkeit fehlt. Wer ungelenk und grob im Verhalten ist, ist auch ungelenk und grob im Sprechen und im Tun. In diesen Eigenschaften kommt der Mangel an Harmonie zum Ausdruck. Feinheit und Schönheit können in jeglicher Form ausgedrückt werden. Diejenigen, die Schönheit lieben, Schönheit verehren und sich ganz der Schönheit hingeben, verwirklichen Schönheit in allem, was sie tun.

Um an dieses Ziel zu gelangen, für das jeder Mensch geboren wird, müssen wir weder besonders irdisch noch so spirituell wie ein Engel sein. Auf dieser irdischen Ebene wurden die Menschen nicht erschaffen, um Engel zu werden. Sie wurden erschaffen, damit sie vollkommene menschliche Wesen werden. Dieser Vollkommenheit nähern wir uns nicht nur durch tiefgründiges Denken, tiefgründige Erkenntnisse, sondern indem wir die Harmonie entwickeln, die die Erfüllung des ganzen Lebens ist. Menschen, die sich mit anderen, mit denen sie zusammenleben, nicht vertragen, die nicht in Harmonie mit anderen in ihrer Umgebung leben können, die nicht in Einklang mit Leuten kommen können, denen sie begegnen, diese Menschen sind noch nicht zu der Harmonie erwacht, die eine entwickelte Persönlichkeit charakterisiert.

Es ist gerade so, wie wenn jemand ein Bild malt, das niemand bewundert, das keinem gefällt. Es ist, wie wenn auf einer Geige so unharmonisch gespielt wird, dass alle den Raum verlassen möchten. Die größte Kunst ist die Kunst der Persönlichkeit. Wenn wir andere Menschen durch unsere Güte, Freundlichkeit, Feinheit, durch unsere Bereitschaft zu vergeben und unser Verständnis anziehen können, dann kennen wir die höchste Kunst, die existiert.

Es wird von spirituellen Persönlichkeiten berichtet, die nicht nur auf andere Menschen, sondern auch auf wilde Tiere und Vögel anziehend wirkten. Auch heutzutage können wir die Kraft entwickeln, von der die Bibel spricht: Daniel gegenüber, der in eine Berghöhle, in die sogenannte Löwengrube geworfen wurde, verhielten sich die sonst so grausamen Löwen plötzlich ganz ruhig und taten ihm nichts zuleide. Die wahrhaft Großen besaßen so viel Zauber in ihrer Persönlichkeit, dass sie damit die ganze Welt beeindruckten. Seit tausend Jahren lesen Millionen von Menschen ihre Schriften, erinnern sich an ihre Namen und bezeichnen sie als Heilige. Was hatten sie zu bieten? Sie besaßen die Kunst der Persönlichkeit. Als Jesus Christus zu den Fischern sprach: „Kommt zu mir, ich werde euch zu Menschenfischern machen“[1], welche Lehren wollte er ihnen erteilen? Es war die Kunst der Persönlichkeit.

Heute ist die Zeit gekommen, da die Menschheit zu einem höheren Ideal erweckt werden sollte, und es könnte kein besseres Mittel geben, das menschliche Ideal anzuheben, als die Idee von Liebe, Harmonie und Schönheit.

1 Matthäus 4:19

DIE GÖTTLICHE KUNST

Menschen verschiedener Glaubensrichtungen machen sehr oft den Fehler, dass sie die Kunst als etwas betrachten, das außerhalb der Religion liegt. Tatsache ist aber, dass die gesamte Schöpfung die Kunst Gottes als Schöpfer bzw. Schöpferin ist. Wir erkennen die Vollkommenheit der göttlichen Kunst in der Göttlichkeit des Menschen. Das zeigt, dass auf dem Grunde der Quelle der ganzen Schöpfung der Geist der Kunst wirksam ist. Zu allen Zeiten haben Menschen ihre künstlerischen Fähigkeiten entwickelt, und sie versuchen, sich in der Kunst zu vervollkommnen. Aber wohin gelangen sie am Ende? Sie bleiben weit davon entfernt, an die Schönheit der Natur oder die Kunst der Schöpfung heranzureichen. Die menschliche Kunst kann niemals der göttlichen Kunst gleichen.

Der Ursprung einer jeden Seele ist der Geist der Kunst, und die Kunst ist Geist. Alles, was aus diesem Geist hervorgegangen ist, hat sich in Form von Kunst manifestiert. Je öfter und intensiver wir die Natur betrachten, desto mehr geraten wir ins Staunen über die Kunst, die in allem wirksam ist: im Himmel; in der Schönheit der Sterne und Planeten; in den Wolken und der Sonne, wenn sie aufgeht und untergeht und wenn sie hoch am Zenit steht; im zunehmenden und abnehmenden Mond; in den verschiedenen Farbschattierungen, die wir am Himmel sehen.

Wenn wir allein mit der Natur sind, am Meeresstrand, am Flussufer, in den Bergen, im Wald, in der Wüste, dann überkommt uns ein Gefühl, das wir niemals in einer Menschenmenge spüren, nicht einmal, wenn wir uns viele Jahre darin aufhalten. Sobald wir der wahren Kunst Gottes gegenüberstehen, taucht in uns augenblicklich ein besonderes Gefühl auf, als hätte unsere Seele etwas geschaut, das sie seit je bewundert und verehrt hat. Dann beginnt die Seele das Eine zu erkennen, das sie stets im Stillen verehrt hat. In diesem Augenblick erfährt sie im Anschauen der Kunst Gottes die Gegenwart der mächtigen göttlichen Schöpferin, des mächtigen göttlichen Künstlers. Viele erleben das, aber nur wenige bringen es zum Ausdruck. Niemand kann von einer solchen Erfahrung zurückkehren, ohne dass sie einen tiefen Eindruck hinterlassen hat, ohne dass beim Betrachten der göttlichen Kunst etwas im Bewusstsein erwacht ist.

Es ist ein Zeichen, dass diese Schöpfung, diese Manifestation, die vor uns liegt, nicht mechanisch gemacht, nicht blind oder unbewusst erschaffen wurde. Der große persische Dichter Saadi sagt: „Je intensiver wir die Natur betrachten, umso mehr spüren wir die vollkommene Weisheit, die vollkommene Kunstfertigkeit, die dies alles erschaffen hat. Und es wird unzählige Jahre brauchen, bis die Menschheit diese Kunst nachbilden kann. In Wirklichkeit werden die Menschen niemals die Fähigkeit entwickeln, die göttliche Kunst vollkommen nachzuahmen."

Wenn wir das Reich der Blumen, Pflanzen, Mineralien, Vögel, Insekten, Würmer und Mikroben studieren, die Vielfalt der Tiere in ihren Formen und Farben und die Schönheit, die jede Form ausstrahlt, dann werden wir mit Sicherheit – so wie die alten Propheten – erkennen, dass die Welt durch den Geist erschaffen wurde. Der göttliche Geist erschuf sie mit weit offenen Augen und lässt die vollkommene Weisheit dahinter und die vollkommene Kunstfertigkeit darin aufleuchten. Der göttliche Geist zeigt uns eine so vollkommene Schönheit in der Schöpfung, die kein Mensch je erreichen kann. Jetzt taucht die Frage auf: „Was ist ein menschliches Wesen?" Ein menschliches Wesen ist eine Miniatur Gottes, und alle Menschen haben eine künstlerische Neigung als göttliche Erbschaft erhalten.

Aus diesem Grund müssen alle die Schönheit der Kunst anerkennen, sofern sie mit Intelligenz und Zartgefühl ausgestattet sind, die den Menschen erst zum normalen menschlichen Wesen machen. Wir sind alle mit einem Sinn für Schönheit geboren. Jedes Kind wird geboren mit der Liebe zur Schönheit. Das zeigt sich darin, dass schon der Säugling sich von buntem Spielzeug und schönen Farben angezogen fühlt. Auch Linien erregen seine Aufmerksamkeit. Das Erste, was Kleinkindern gefällt oder wonach sie greifen, ist alles Farbige und Bewegte. In diesem Lebensabschnitt zeigen sie sich beeindruckt von künstlerischen Dingen. Wenn Menschen später das Gespür für Kunst verlieren, so ist es, als wäre ihr Herz blind geworden. Das Herz kann die Kunst nicht mehr erkennen, weil die Wolken von Hässlichkeit, Abstoßendem und Unansehnlichem jeglicher Art es verhüllen. All diese Dinge und Eindrücke decken das Herz und die Seele zu und machen einen Menschen sozusagen blind für die Schönheit, blind für die Kunst. Aber das ist nicht der Normalzustand. Der Normalzustand eines gesunden Geistes in einem gesunden Körper mit zarten Gefühlen ist die Liebe zur Schönheit, die Bewunderung für die Kunst.

Zweifellos führen die Leute oft kein natürliches Leben. Das heißt, ihr Geschäft, ihr Beruf oder ihre Verantwortung hält sie im Griff. Ihre Arbeit oder irgendwelche Gedanken an ihre körperlichen Bedürfnisse nach Brot und Butter oder an sonstige alltägliche Bedürfnisse halten sie gefangen und besetzen ihr ganzes Denken, sodass es unbrauchbar wird für die Entdeckung der Schönheit, der Freude und des Glücks im Leben. Dadurch wird, wie wir es heutzutage überall um uns herum sehen, das Leben äußerst schwierig und ist erfüllt von Angst und Sorge und der Last der Verantwortung. Vom Morgen bis zum Abend sind die Menschen völlig überlastet mit ihren diversen Verantwortlichkeiten und schuften den ganzen Tag. Niemals haben sie einen Moment Zeit, an die Schönheit in der Kunst zu denken. Da die Kunst aber den ersten Schritt darstellt, der zum göttlichen Ursprung der Kunst führt, wie können dann Menschen, die nie die Schönheit der Kunst bewundert oder verstanden haben, hoffen, Gott als Künstler oder Künstlerin zu bewundern oder zu verstehen?

Auf diese Weise bleibt Gott unerkannt, und es ist nicht Gottes Schuld, sondern die Schuld der Menschen. Der Schöpfer hat in der Rolle eines Künstlers wunderschöne Kunst geschaffen, die den Augen der Menschen zugänglich ist. Aber die Menschen sind völlig in ihre Gedanken vertieft und von ihren Beschäftigungen beansprucht, die allesamt nichts mit dieser Kunst zu tun haben. Ihre gesamte Zeit, ihr ganzes Denken und Mühen widmen sie ihren Tätigkeiten, sodass sie keinen Augenblick frei haben, um an Kunst zu denken und sie zu bewundern, sie zu verstehen und wertzuschätzen. Natürlich bleiben sie auf diese Weise in einem Zustand, als wären ihre Augen verhangen und ihr Blick auf die göttliche Künstlerin verstellt.

Die Menschen werden nicht geboren, um sich für Brot und Butter abzurackern. Darin liegt nicht der wahre Sinn des menschlichen Lebens. Der wahre Sinn liegt auch nicht darin, dass Menschen habgierig sind und mit ihren Mitmenschen konkurrieren und sie hassen und einander durch die Brille ihrer Vorurteile betrachten und ihre ganze Zeit in einer Atmosphäre von Rivalität und Leistungswettbewerb verbringen. In all dem haben Harmonie, Freude oder Frieden keinen Platz. Mit der notwendigerweise immer weiter wachsenden Habgier verschwindet alle Schönheit, nach der sich die Seele doch beständig sehnt.

Es wäre keine Übertreibung zu behaupten, dass all die unangenehmen Ereignisse, die auf dieser Welt geschehen – Kriege, Krankheiten und dergleichen –, aus einem Mangel an künstlerischer Einstellung im Leben hervorgehen. Sie entstehen, wenn der Schönheitssinn abhandengekommen ist und die Vision fehlt, die die ganze Menschheit in einem einzigen Zentrum vereint. Dieses Zentrum ist Gott. Wenn wir unsere Augen für die Schönheit verschließen, werden wir nie daran denken, das Schöne zu suchen, obgleich die Schönheit ständig an unserer Seite ist. Und hinter dieser Schönheit steht Gott, von dem der Koran sagt: „Gott ist schön und liebt die Schönheit."[1]

Die natürliche Neigung, Schönheit zu lieben und zu bewundern, ist eine göttliche Erbschaft. Es ist ein geistiges Streben, das zur Spiritualität führt. Mit dieser Neigung erfüllen wir unsere spirituelle Pflicht im Leben. Wenn sie verloren gegangen ist und die Religion ohne die Kunst zurückbleibt, dann kann die Religion allenfalls für eine kunstlose Gesellschaft von Nutzen sein, aber sie wird dann zu bloßer Formalität. Man erledigt das eine und dann das andere. So wie die Arbeit an Wochentagen erledigt wird, so erledigt man auch die Sonntagspflicht.

Die Menschen trennen häufig die Natur von der Kunst. Sie sehen vor allem die Unterschiede zwischen Natur und Kunst. Sie betrachten die eine als höherwertig und die andere als minderwertig. Aber in Wahrheit spielt die Kunst aufgrund der von Gott geerbten künstlerischen Neigung eine wichtige Rolle in der Menschheit. Gott arbeitet in der Natur, hat mit eigenen Händen im Verborgenen die Natur erschaffen und offenbart in der Natur die göttliche Kunst. In dem anderen Bereich der Kunst, den wir als Kunst bezeichnen, erschafft Gott Schönheit durch die Hände und den Geist des Menschen und vollendet auf diese Weise das, was in der Natur noch nicht vollendet ist, aber vollendet werden muss. Daher geht die Kunst einerseits einen Schritt weiter über die Natur hinaus, andererseits ist sie im Vergleich mit der Natur sehr begrenzt. Die Natur hat keine Grenzen, aber sie wird gleichzeitig durch die Kunst verschönert.

Aus metaphysischer Sicht ist der künstlerische Geist Gottes zufrieden, wenn er seine künstlerische Neigung in der Kunst des Menschen verwirklicht sieht. Deshalb sehen diejenigen, die Kunst von einem höheren Standpunkt betrachten, den künstlerischen Impuls nicht nur als menschlichen Impuls an, nicht nur als Wirken des Verstandes, sondern als wahren künstlerischen Impuls, als reine Inspiration. Doch was ist notwendig, um den Geist für den künstlerischen Impuls vorzubereiten? Braucht es

1 Hadith, in der Sammlung Sahih Muslim

dazu ein bestimmtes Wissen oder eine Art Ausbildung? Muss zunächst ein Vorbereitungsstudium absolviert werden? Nein. Erforderlich ist eine gewisse Einstimmung. Wir müssen uns innerlich einem Objekt annähern, auf dessen Schönheit unser Herz antworten kann, und uns öffnen für eine Schönheit, die unser Herz zu würdigen versteht. Wenn das Herz sich auf Schönheit konzentrieren kann, dann arbeitet es sich hoch auf eine gewisse Schwingung oder Stimmungslage, denn Inspiration stellt sich nicht ein, indem man an ihr zerrt wie an einem Seil. Inspiration stellt sich nur ein, wenn das Herz auf das Objekt eingestimmt ist, wenn es vorbereitet ist, die Inspiration zu empfangen. Inspirierte Künstlerinnen und Künstler sind gottbegnadet. Der Geist der Kunst ist ein und derselbe, auch wenn es so viele verschiedene Künste gibt. Sobald das Herz auf die richtige Höhe eingestimmt ist, schätzt es nicht nur die Kunst in einem bestimmten Bereich und kann darin kreativ tätig sein, sondern ist empfänglich und kreativ in allen Bereichen.

So finden wir zum Beispiel Kunst in der Architektur. Begabte Architekten können in ihre Arbeit sehr viel Schönheit hineinbringen. Das gilt ebenso für das Malen, Sticken, Färben und Nähen. In Wahrheit kann in alles, was Menschen tun, die Kunst einfließen, sofern sie wissen, wie sie sich auf die entsprechende Schwingungsebene erheben, in der die Kunst zum Ausdruck kommen kann. Die Poesie ist ebenfalls eine Kunst. Wenn Menschen nicht auf die richtige Höhe eingestimmt sind, können sie ihr ganzes Leben lang Gedichte schreiben, und doch werden ihre Gedichte weder ihnen selbst noch anderen wirklich gefallen. Ähnliches gilt für Malerinnen und Musiker, die Geige, Klavier oder andere Instrumente spielen: Sie werden in ihrem Leben weder sich selbst noch anderen Personen wirkliche Freude bereiten, wenn sie nicht auf die passende innere Schwingungsebene eingestimmt sind.

Dies alles zeigt, dass die Frage, welche Entwicklungsstufe ein Mensch erreicht hat, auf jedem Lebensweg Bedeutung hat. Ob jemand ein Maler, eine Bildhauerin, ein Architekt, eine Designerin, ein Sänger oder eine Tänzerin ist, gleich welchem Weg sie folgen, es gibt keine bessere Inspirationsquelle in der Natur, von der sie ihre Eingebungen empfangen, als im Medium der Kunst. Je kultivierter unser Sinn für Kunst ist, desto größer ist unsere Fähigkeit, auf die Schönheit in der Kunst zu antworten und selbst etwas Schönes zu kreieren. Je mehr wir in Berührung mit dem göttlichen Geist kommen, der ständig jeder Seele hilft, sich der Schönheit weiter anzunähern, desto mehr Schönheit können wir erschaffen. Alles, was dem Menschen hilft, der Schönheit Gottes näherzukommen, ist heilig. Deshalb kann die Kunst zur Religion werden. Es wäre nicht übertrieben zu sagen, dass es keine bessere Religion gibt als die Kunst.

Wenn wir diesen Grad der Einsicht und dieses tiefe Kunstverständnis erreicht haben, von dem wir profitieren können, wenn unser Herz eingestimmt ist auf die Höhe, von der aus wir die Kunst wirklich erkennen und wertschätzen können, und wenn wir unsere Lebenseinstellung so verändert haben, dass wir in der Schönheit der Kunst die Schönheit des göttlichen Seins sehen, dann können wir in der wahren Kunst weitere Fortschritte machen.

Hieraus lernen wir, bewusst oder unbewusst, dass es die Kunst ist, was unsere Seele wirklich sucht. Und doch vermeiden wir sehr oft genau das, was wir wirklich suchen. Der richtige und der falsche Weg liegen so nahe beieinander. Wir merken, dass wir auf dem richtigen Weg sind, wenn wir bei jedem Schritt sagen können: „Ich sehe die Zeichen, die mir dabei helfen weiterzugehen und die mir versprechen, dass das Ziel vor mir liegt." Befinden wir uns dagegen auf dem falschen Weg, spüren wir bei jedem Schritt: „Ich bin nicht auf dem richtigen Weg. Ich muss zurückgehen. Dies ist nicht der Weg, auf dem ich sein sollte."

Bewusst oder unbewusst sehnt sich jede Seele nach Schönheit. Und wenn wir glauben, dass die Schönheit uns empfangen will und uns auf jedem Schritt unseres Weges begegnen wird, ist unsere Seele zufrieden und voller Hoffnung, weil sie weiß, dass der Weg der richtige für uns ist und wir irgendwann an unserem Ziel ankommen werden. Wer bei jedem Schritt denkt: „Ich bin nicht auf dem rechten Weg, mir gefällt das nicht, ich bin nicht zufrieden", kommt nicht voran. Die Schönheit, die diese Person sucht, bleibt auf der Strecke. Diese Person bewegt sich in die Gegenrichtung zu dem erwarteten Ziel.

Wir sehen also, dass die Beurteilung, ob unser Lebensweg der rechte oder falsche ist, von unserer Wertschätzung der künstlerischen Seite des Lebens oder dem Mangel an Wertschätzung abhängt. Aber das ist nicht so zu verstehen, dass jeder Mensch notwendigerweise ein Künstler oder eine Künstlerin werden muss oder einen bestimmten Bereich in der Kunst erlernen muss. Es soll lediglich bedeuten, dass in jeder Seele der Funke einer künstlerischen Begabung vorhanden ist. Es gibt keine einzige Seele, die diesen Funken nicht in sich trägt. Einige haben mehr davon, einige weniger. Aber dieser Funke muss nicht von allen Menschen in solchem Ausmaß genutzt werden, dass sie zu Kunstschaffenden werden. Keineswegs. Doch sollten wir diese Fähigkeit auf irgendeine Art in unserem Alltagsleben nutzen und zum Ausdruck bringen. Unsere künstlerische Anlage kann in alles, was wir tun, einfließen, sogar in die Art, wie wir unser Zimmer aufräumen oder Staub wischen oder eine Maschine warten. In all diesen verschiedenen Bereichen können wir die Kunst zum Ausdruck bringen. Wir brauchen keinen Palast, um Kunst zu verwirklichen. Wer die Schönheit wahrhaftig liebt, kann in ganz geringen Dingen sein künstlerisches Talent beweisen.

Hierin zeigt sich die Tatsache, dass die Seele im Außen verwirklicht, was sie in ihrem Inneren trägt. Wir geben der Schönheit, die in unserem Inneren wohnt, im Außen eine Gestalt. Wir zeigen unsere künstlerische Fähigkeit im Umgang mit Freundinnen und Freunden und mit allen Menschen in unserer Nähe. Eine Person, die keinen Sinn für Kunst hat, wird als grob, rücksichtslos, gedankenlos, dumm, einfach-gestrickt, ungehobelt und derb bezeichnet.

Es ist nicht viel Geld nötig, um Kunst zum Ausdruck zu bringen. Kunst lässt sich in vielen verschiedenen Situationen verwirklichen. Selbst die ärmsten Menschen auf der Welt können der Schönheit ihrer Seele eine Gestalt geben, wo immer und in welchem Zustand sie sich auch befinden mögen. Die Schönheit will nicht im Verborgenen bleiben. Sie kommt besonders in unseren Worten zum Ausdruck.

Ob im Geschäftsleben, in der Familie, unter Freundinnen und Freunden, wir wissen gar nicht, wie viele Male am Tag wir die Gefühle anderer Menschen verletzen. Wir nehmen ihre Gefühle noch nicht einmal wahr. Selbst bei Personen mit hoher Bildung und Kompetenz kann sich ein Mangel an künstlerischem Feingefühl zeigen. Sogar liebevolle, freundliche, gütige Menschen werden Mühe haben, die Güte, die in ihrem Herzen verborgen ist, zum Ausdruck zu bringen, wenn ihnen das Empfinden für Kunst fehlt.

Wenn Jesus Christus in der Bergpredigt sagte: „Gesegnet sind die, welche sanftmütig, bescheiden, demütig und arm im Geiste sind“[2], welche Lehre erteilt er uns damit? Es ist eine Lektion über die Kunst. Es ist die Lektion: Gestalte deine Persönlichkeit. Bringe Schönheit in deine Persönlichkeit. Sogar sogenannte Künstler, Musikerinnen, Dichter, Male-

2 Matthäus 5:1-7

rinnen kennen diese Art von Kunst nicht, sofern sie nicht gepflegt wurde. Sie verstehen die Kunst der Persönlichkeit nicht, wenn die Kunst keinen Eindruck in ihrer Seele hinterlassen hat oder ihre Seele nicht weiß, wie sie die Schönheit dieser Kunst ausdrücken kann. Dann bleiben sie im Bereich des Weltlichen und erheben den Anspruch, etwas zu sein, was sie nicht sind.

Ich habe viel über dieses Thema nachgedacht und bin speziell an Kunst interessiert. Ich hatte Kontakt mit vielen Künstlerinnen und Künstlern aus verschiedenen Ländern im Osten und Westen. Immer hat es sich erwiesen, dass diejenigen, die in ihrer Kunst eine gewisse Größe erlangt haben, auch in ihrer Persönlichkeit Anzeichen von Kunst erkennen lassen. Das zeigte sich in ihren Worten, in der Art, wie sie mich empfangen haben, und in der Weise, wie sie mit mir umgingen: mit Herzensgüte, Freundlichkeit und Interesse an meinen Angelegenheiten. In solchen Persönlichkeiten waren alle Anzeichen von Kunst sichtbar und spürbar. Auch wenn Menschen nicht Künstlerinnen und Künstler im wörtlichen Sinne sind – Maler, Sängerinnen, Dichter –, welchen Beruf, welche Tätigkeit sie auch ausüben, all das spielt keine Rolle, solange sie in diese Tätigkeit Schönheit hineinbringen und die Schönheit wahrnehmen, die sie umgibt, und alles, was sie als schön erachten, um sich herum angesammelt haben. Und wenn sie das alles dann in ihrer Persönlichkeit zum Ausdruck bringen, verwirklichen sie die wahre Kunst.

In der Sprache der Hindus werden aus philosophischer Sicht zwei Haltungen unterschieden: *hamsadi* und *sukradi*. *Hamsadi* ist die Haltung des Paradiesvogels, eines mystischen Vogels der Hindus, der Hamsa genannt wird. Stellt man dem Hamsa Milch und Wasser hin, so wird er die Milch trinken und das Wasser stehen lassen. Die *sukradi*-Haltung ist die der gewöhnlichen Leute. Es ist die Tendenz, stets danach Ausschau zu halten, ob es irgendwo einen Schmutzfleck gibt, und sich dann mitten hineinzusetzen. Das ist eine Neigung der Menschen im Allgemeinen. Sie suchen nach allem, was an anderen Menschen falsch ist, und freuen sich, wenn sie etwas Negatives über sie hören. Sie haben großes Interesse daran, über die Fehler anderer zu sprechen und zu erfahren, dass die andern bloßgestellt oder auf irgendeine Weise beleidigt wurden. Diese Personen wollen stets das Schlechte in ihrer Umgebung sehen, in welcher Form es auch auftaucht.

Ihre Freude daran wächst, bis das ganze Leben zur Last wird, denn die Gegenwart des Übels übt einen negativen Einfluss auf sie selbst aus. Schlechte Gedanken sammeln sich rund um diese Personen, und die Gedanken verbreiten sich, so wie eine Grammofon-Aufzeichnung Klänge in die Umgebung aussendet. Diese Personen werden zu einer Schallplatte für das Böse, das sie sammeln. Während sie darüber sprechen, setzen sich die schlechten Gefühle in ihnen fest, und dann verbreiten sie diese üble Atmosphäre überall, wohin sie gehen. Niemand mag derartige Personen, ebenso wenig wie sie selbst irgendwelche anderen Menschen mögen. Es wird die Zeit kommen, da mögen sie nicht einmal mehr ihr eigenes Selbst.

Der *hamsadi*-Charakter dagegen übersieht alles, was nicht harmonisch erscheint. Er schaut nur nach dem Guten in jedem Menschen und findet sogar in der schlimmsten Person auf der Welt noch etwas Gutes. Diese Menschen suchen stets nach dem Guten und lassen sich von dem Wunsch leiten, es zu sehen, wo immer es zu finden ist. Auf diese Weise sammeln sie beständig gute Eindrücke. Aber was ist das Gute? Das Gute ist Schönheit. Und was ist Schönheit? Schönheit ist Gott.

Was ist Tugend? Tugend ist Schönheit. Was schön ist, ist auch tugendhaft. Es ist nicht nötig, aus Büchern, Heiligen Schriften oder von anderen Menschen zu lernen, was gut ist und was schlecht ist. Unser eigener Sinn für Kunst kann es uns lehren. Je ausgeprägter unser Sinn für Kunst ist, desto genauer wird er uns zeigen, was richtig und falsch, was gut und schlecht ist. Sobald unsere Sinne beginnen, sich zu entwickeln und zu verstehen, womit die Schönheit verscheucht und womit sie angelockt wird, werden wir überall Schönheit pflücken, so wie wir Blumen pflücken. Menschen mit Sinn für Schönheit heißen andere Menschen in Schönheit willkommen, sie bringen Schönheit zum Ausdruck und lassen die andern daran teilhaben. Sie lieben ihre Mitmenschen und werden von ihnen geliebt. Sie leben, bewegen sich und sind mit ihrem ganzen Sein in der Liebe, so wie es in der Bibel heißt: „Sie leben, bewegen sich und haben ihr Sein in Gott."[3] Diejenigen, die in der Liebe leben, sich bewegen und mit ihrem ganzen Sein in der Liebe sind, werden mit Sicherheit auch leben, sich bewegen und ihr Sein in Gott haben.

Diese Haltung können wir als göttliche Kunst bezeichnen. Um die göttliche Kunst müssen wir uns bemühen, wir müssen sie genau untersuchen und erlernen. Daneben gibt es die Kunst, die alle Menschen anstreben und

---

3 Apostelgeschichte 17:28

in ihrem eigenen Wesen entwickeln sollten. Es ist das wesentliche Anliegen und Ziel der Botschaft des Sufismus an die westliche Welt, die Menschen aufzuwecken und den Geist der Menschheit von allen Gedanken der Feindseligkeit und des gegenseitigen Hasses zu befreien. Es geht darum, das Gefühl menschlicher Geschwisterlichkeit zu entwickeln, sodass alle Menschen, gleich welcher Nation, welcher ethnischen Gruppe oder Religion sie angehören, sich an einem Ort treffen können, in einem Zentrum, nämlich im Gedanken an Gott. Damit wir uns zu diesem Ideal erheben und unsere Seele auf die entsprechende Höhe einstimmen können – was von Anfang bis Ende äußerst notwendig ist –, ist es erforderlich, den Pfad der Schönheit einzuschlagen und in der Schönheit das Wesen Gottes zu erkennen.

DIE GÖTTLICHKEIT DER KUNST

Was bedeutet Göttlichkeit? Zweifellos ist die Fähigkeit, zwischen Gott und Göttlichkeit zu unterscheiden, ein sehr wichtiges Thema.

Gott kann auf zwei Arten verstanden werden: zum einen als Same oder Keim der Schöpfung und zum andern als Frucht der Schöpfung. Der Same der Schöpfung ist Gott, und die Frucht der Schöpfung ist Göttlichkeit. Um die Göttlichkeit zum Ausdruck zu bringen, war Gott gezwungen, sich im Menschen zu manifestieren. Diese Lehre führt uns zum Geheimnis der Seele Christi und hilft uns zu verstehen, was die Seele Christi war. Genau genommen befindet sich in jedem menschlichen Wesen ein göttlicher Funke, denn der Mensch ist die Frucht des Baumes, dessen Same Gott ist.

Das englische Wort *divine* (göttlich) stammt von dem Sankrit-Wort *doa*, das „hell" oder „licht" bedeutet. Der Begriff *deva* mit der Bedeutung *divine* leitet sich aus derselben Wurzel ab. Der Plural von *deva* ist *devan*, was fast dasselbe wie *divine* ist. Das zeigt uns, wo der göttliche Funke im Menschen zu finden ist, nämlich im Licht der Intelligenz. Und wenn das Licht verhüllt ist, so ist es vergleichbar mit dem Bild einer „Lampe unter dem Scheffel", wie es in der Heiligen Schrift[1] erwähnt ist. In der Bibel lesen wir auch „Hebe dein Licht hoch"[2]. Das bedeutet: Erhebe deine Intelligenz, indem du sie von irdischen Dingen loslöst. Im Koran heißt es über die Göttlichkeit: „Gott ist das Licht des Himmels und der Erde."[3] All das zeigt, dass kein Prophet die Tatsache ignoriert hat, dass die menschliche Intelligenz einen göttlichen Funken enthält.

Es gibt noch einen weiteren Aspekt zu diesem Thema. Intelligenz bedeutet nicht nur wahrnehmen und verstehen, Intelligenz ist die Schönheit an sich. Wenn wir ein kluges Tier betrachten – zum Beispiel einen Hund, ein Pferd oder einen Vogel, – so erkennen wir, dass dieses Tier schöner ist als andere. Sein ganzes Verhalten, seine Bewegungen offenbaren Schönheit, und das ist das Zeichen für seine Intelligenz. Und der

1 Matthäus 5:15 „Man zündet auch nicht ein Licht an und setzt es unter einen Scheffel, sondern stellt es auf einen Leuchter."

2 Jesaja 60:1 „Mache dich auf, werde Licht."

3 Koran 24:35

Mensch bekundet als vollkommenstes aller Wesen in der Schöpfung Intelligenz im höchsten Grad. Die Intelligenz zeigt sich in der gesamten Schöpfung, doch im Menschen erreicht sie ihre höchste Ausprägung. Genau diese höchste Form ist das, was wir Kunst nennen.

Oft betrachten diejenigen, die nichts von der Göttlichkeit der Kunst wissen, die Kunst als nebensächlich. Es ist jedoch nicht falsch zu sagen: Wenn die Natur das Thema in der Komposition Gottes ist, so ist die Kunst die Improvisation Gottes zu diesem Thema. Was Gott, der große schöpferische Geist, gemacht hat, wird vollendet von menschlichen Händen, das heißt in der Kunst. Das ist der Grund, warum in den ältesten Sprachen der Gottheit der Name „Künstler" oder „Künstlerin" gegeben wurde.[4] Ohne Zweifel führt der Missbrauch von Dingen zu ihrem Verfall. Das gilt für die Kunst ebenso wie für die Religion. Um den Wert der Dinge zu erkennen, ist es notwendig, dass wir angemessen mit ihnen umgehen und versuchen, sie zu verstehen. Hinter allem ist Geist, und dieser Geist muss als göttlicher Geist erkannt werden. Wenn wir diese Wahrheit nicht beachten, dann fehlt in allem, was wir tun, das Leben.

Es stimmt, dass die Natur durch die Kunst noch schöner gemacht wird, doch wenn die Kunst sich zu sehr von der Natur entfernt, zerreißt sie das Band, das sie mit der Schöpfung verbindet. In der Geschichte der Welt sind zu allen Zeiten unverständliche Werke entstanden, wenn die Kunst sich zu weit von der Natur entfernt hat. Natur und Kunst ergänzen einander, sie müssen Hand in Hand gehen. Je größer die Kluft zwischen ihnen ist, desto schwieriger wird es, die Kunst zu verstehen.

Betrachten wir jetzt die Psychologie der Kunst. Wodurch wird die Kunst erschaffen? Kunst wird von der Seele erschaffen, und die Inspiration dazu kommt von der Natur. Wenn die Seele fast vollständig von ihren Sorgen und irdischen Freuden absorbiert ist, kann sie nicht sehr hoch aufsteigen. Die Seele wird lebendig durch die Verbindung mit der Göttlichkeit, mit der schöpferischen Kraft Gottes. Und diese Verbindung kann erhalten bleiben, wenn wir Gott als den Samen der Schöpfung betrachten, deren Frucht die Menschheit ist. Ein persischer Dichter sagt: „Von dir lernte die Nachtigall ihren melodiösen Gesang, von dir erhielt die Rose die feinen Farbschattierungen ihrer Blütenblätter." Daraus geht hervor, dass Göttlichkeit sich in allen Dingen widerspiegelt. Menschen mit offenen Augen sehen die Refle-

4 Einer der neunundneunzig Schönen Namen Gottes ist musawwir, d. h. Künstler(in)

xion der Schönheit in allen Dingen. Wenn Künstlerinnen und Künstler diese Wahrheit erkennen, können sie von allem inspiriert werden, weil sie in allen Dingen die Göttlichkeit gespiegelt finden.

Es ist nicht nur die Schönheit, die Menschen, die zu sehen verstehen, in Ekstase versetzt. Vielmehr nehmen sie hinter dieser Schönheit die Quelle aller Liebe wahr. Ein Hindu-Dichter sagte: „Wenn keine Hand da wäre, die mir den Kelch reicht, was bedeutet es dann schon, dass das ganze Haus voller Wein ist?" Niemand hätte großes Interesse an der Ausübung der Kunst, wenn hinter all den Kunstwerken nicht die Göttlichkeit verborgen wäre.

Im täglichen Leben spüren wir manchmal den Impuls, ein Lied zu summen, so als würde eine gewisse Schönheit versuchen, zum Ausdruck zu kommen. Dahinter steckt ein göttlicher Impuls, der sich in Form von Schönheit offenbaren will. Kleine Kinder, die noch nicht von Konventionen gehindert werden, stehen plötzlich auf und fangen an zu tanzen. Wir sind so sehr von den Sorgen des Lebens vereinnahmt, dass wir diese Impulse ignorieren. Aber genau diese Impulse sind die Quelle aller Kunst. Wann immer sich die Kunst in der Geschichte der Welt verwirklicht hat, so ist es den reinen und unverbildeten Seelen zuzuschreiben, die diesen göttlichen Impuls gespürt haben und ihm gefolgt sind. Die großen Musiker, die großen Dichterinnen, die sich die Reinheit ihrer Seele erhalten haben und diesem Impuls nachgegangen sind – sie waren die Tänzer und Tänzerinnen am Hof Gottes.

Das beweist, dass die großen Musiker nicht gekommen sind, um wundervolle Musik zu machen, und auch die großen Malerinnen nicht, um schöne Bilder zu malen, sondern um die Schöpfung zu vollenden. Je mehr wir über das Wesen der Kunst nachdenken, umso mehr verstehen wir, dass wir diesem göttlichen Impuls erlauben müssen, in jeder möglichen Form seinen Ausdruck zu finden. Kunst ist in allen Dingen enthalten. In der Architektur, der Literatur, der Wissenschaft, in vielen Tätigkeiten in unserem Leben können wir Kunst entdecken, sofern wir dem göttlichen Impuls in den Tiefen unserer Seele folgen. Menschen, die diesem Impuls in allem, was sie tun, nachgeben, bringen Kunst hervor. Gelehrte, Philosophinnen, religiöse Personen oder Arbeitende, sie alle geben dem Gefühl Ausdruck, das auf dem Grunde ihres Herzens lebt. Zweifellos kann die Kunst in der Musik, der Poesie, der Malerei am besten zum Ausdruck kommen. In der Malerei, Poesie und Musik und allen Arten der Kunst ist jede wahre Manifestation der Kunst zugleich eine wahre Manifestation der Schönheit. Die Schönheit benutzt dabei alle Mittel, die zur Verfügung stehen. Ein Herz, das vom Geist der Kunst entflammt ist, offenbart den Geist der Schönheit in allem. Menschen, die keinen Sinn für Kunst haben, verhalten sich unbeholfen oder unfreundlich gegenüber ihren Nächsten. Wenn die Aufrichtigkeit in der Kunst fehlt, fehlt auch die Schönheit. Zum Beispiel können Leute höflich und kultiviert sein, ohne jemals ihr inneres Wesen, ihre Essenz, zu offenbaren.

Kunst muss lebendig sein. Hat sie kein Leben, ist sie keine Kunst. Dichter können Verse schreiben, aber etwas fehlt darin. Auch Malerinnen können Bilder malen, in denen etwas fehlt. Ebenso kann man in der Musik bestimmter Komponisten etwas vermissen. Was dieses Etwas ist, lässt sich schwer erklären. In all diesen Fällen fehlt das Leben. Das Leben ist in der Kunst unverzichtbar. Es gibt Poetinnen, Maler und Musikerinnen, deren Werke nie altern, denen die Jahrhunderte nichts anhaben können. Das ist so, weil ein Hauch göttlichen Lebens sie durchzieht. So wie das Göttliche für unsere Augen unsichtbar ist, weil es keine Form hat, ist auch dieses Etwas unsichtbar und unfassbar.

In Bezug auf Kunst und Göttlichkeit scheint es, dass sich heutzutage der Zustand der Welt immer weiter verschlechtert hat. Zwar sehen wir in bestimmten Dingen einige Fortschritte, doch in vielen anderen Bereichen fehlt etwas. Die Kunst ist wie von einer Art Rost überzogen, der aus dem Materialismus und der Kommerzialisierung stammt. Es gibt zwei Arten von Gütern: göttliche und irdische. Das Werk des Himmels kann keinen angemessenen Ausdruck finden, weil es jenseits allen Verstehens ist. Wenn Schönheit für Geld verkauft wird, wenn sie an der Tür warten muss, analysiert und zergliedert wird, dann geht ihr eigentlicher Sinn verloren. Es gab eine Zeit, da fand dieses Thema große Beachtung. In früheren Zeiten in Indien wurde die Schönheit als göttlich angesehen, und alle Künste – besonders Erzählungen aus der Geschichte, Dichtung und Musik – wurden überall als göttliche Künste betrachtet und heiliggehalten. In Zeiten, in denen solche Ideen hoch angesehen waren, kam die Kunst zu ihrer schönsten Blüte. In diesen Zeiten hatte die Kunst einen großen Einfluss auf die Gemeinschaft.

Sehr oft wirkt sich zu viel Uniformität im Leben ungünstig auf die Entwicklung der Kunst aus. Die Freiheit der Kunst beruht darauf, dass sie sich ungehindert entwickeln kann, während Uniformität die Kunst behindert und ihre Entfaltung einengt. Das wirkt zerstörerisch auf die Kunst.

Dient die Kunst allein dem Zweck, Freude ins Leben zu bringen, oder hat sie ein höheres Ziel? Das erste Ziel besteht darin, dass die Kunst die göttliche Schönheit in der Welt zum Ausdruck bringt. Als zweites zielt die Kunst darauf, den Menschen zu helfen, von der äußeren Schönheit zur Quelle aller Schönheit aufzusteigen. In allen religiösen Traditionen der Menschheit wurden die Lehren stets in poetischer Form übermittelt, sei es von Krishna, Buddha, Moses, Jesus oder Mohammed. Wahre Weisheit drückt sich immer in einer schönen Form aus, weil die Weisheit schön ist.

In dem Bild der Göttin der Schönheit, die mit einer Vina auf einem Lotus sitzt, liegt eine große symbolische Schönheit. In China und Japan sind die Buddha-Statuen immer wunderschön und an herrlichen Orten aufgestellt. Die Botschaft Gottes wird stets in schönen Worten vermittelt und bestätigt damit die Worte im Koran: „Gott ist schön und liebt die Schönheit."[5] Wenn die Bedeutung dieser Aussage in einer Religion verloren geht, trocknet die Religion aus, welche es auch sein mag. Sobald eine Religion die Schönheit aufgibt, gibt sie das Leben auf.

Einzelne Völker, Menschen verschiedener ethnischer Herkunft wenden sich gegeneinander aufgrund unterschiedlicher religiöser Zugehörigkeit. Auch nach diesem fürchterlichen Krieg[6] sieht es nicht so aus, dass wirklich Frieden herrscht. All das sind Zeichen für einen Mangel an künstlerischem Feingefühl im menschlichen Geist. Etwas muss neu geboren werden. Sind die Kirchen und die verschiedenen ethnischen Gruppen dafür verantwortlich? Nein, jeder und jede von uns ist verantwortlich. Wir können neue Lebensbedingungen schaffen, anstatt zuzulassen, dass die bestehenden noch schlechter werden. Wir sind die Welt, wir müssen uns den Wert unserer Seele und unsere Verantwortung bewusst machen. Der Auftrag der Sufis ist es, das Bewusstsein für diese Dinge in der Menschheit zu erwecken. Der göttliche Geist in uns kann uns helfen zu erkennen, wer wir sind und was unsere Aufgabe in diesem Leben sein sollte. Jeder und jede von uns kann die eigene Verantwortung erkennen. Wir müssen verstehen, dass wir Teil eines größeren Ganzen sind. Wenn wir alle nur fünf Minuten am Tag über die Möglichkeiten meditieren würden, Gutes in die Welt zu bringen, dann könnten wir eine Menge bewirken. Wenn dagegen alle einschliefen, was würde dann geschehen? Deshalb: Anstatt für weltliche Ziele zu arbeiten, lasst uns lieber Schönheit, Harmonie und Frieden schaffen.

---

5 Hadith
6 Der 1. Weltkrieg

Der Inhalt des Buches „Die Kunst der Musik“ wurde aus den bislang unveröffentlichten „Ergänzenden Schriften“ („Supplemental Papers“) zusammengestellt und ergänzt durch die Kapitel „Komposition“ („Composition“), „Musik, Astrologie und Alchemie“ („Music, Astrology, and Alchemy“) und „Die Religion der Harmonie“ („The Religion of Harmony“), die der Ausgabe „The Complete Works of Pir-o-Murshid Hazrat Inayat Khan: Original Texts, Lectures on Sufism 1922“, vol. 1, 314, 361, 386-87 entnommen wurden. Hinzugefügt wurde noch „Indische Musik 1“ („Indian Music 1“) aus „The Complete Works of Pir-o-Murshid Hazrat Inayat Khan: Original Texts, Lectures on Sufism 1922”, vol. 2, 197-201.

DIE KUNST DER MUSIK

INDISCHE MUSIK 1

In der indischen Musik wird die Wirkung, wenn mehrere Instrumente zusammenspielen, nicht hervorgerufen durch den Akkord oder die Harmonie, sondern durch die Melodie. Jedes Instrument trägt die Melodie. Wenn die Musik vor tausend oder zehntausend Menschen gespielt wird, dann werden natürlich viele Instrumente gebraucht. Im Westen wird die Musik brillant, eindrücklich und lebendig durch die Akkorde. Wir in Indien rufen dieselbe Wirkung hervor allein durch die Melodie. Wird die Musik vor einigen wenigen Zuhörenden gespielt, sind drei oder vier Instrumente notwendig, oft auch nur ein einziges. Wird die Musik zur Konzentration benutzt, reicht ein Instrument oder eine Stimme völlig aus. Denn wenn von zehn Instrumenten ein jedes einen Ton spielt, kann keine Konzentration entstehen. Der Geist wird von den zehn Tönen angezogen und zerstreut.

Die Mystiker, besonders die Sufis, haben Musik in ihren Gebeten und Meditationen eingesetzt. Sie war ein Teil ihrer Andacht. Khwaja Moinuddin Chishti[1] und Khwaja Banda Nawaz[2] haben in großem Ausmaß Musik verwendet. Ich habe selbst den Einsatz von Musik in der Meditation praktiziert und damit Erfahrungen gemacht. Dabei habe ich verstanden, dass Musik das beste Mittel der Meditation ist, die schnellste Möglichkeit, das Bewusstsein zu befreien.

Klang wurde im Vedanta Gott, Nada Brahma, genannt. Im Evangelium des Johannes wird er als „das Wort"[3] bezeichnet, aus dem alles Seiende entstanden ist. Wenn Dichter und Dichterinnen sich einen See und einen Berg vorstellen, haben sie die Formen des Sees und des Bergs vor den Augen ihres Geistes. Wenn Musikerinnen und Musiker an eine Melodie denken, haben sie keine Form, keinen Namen vor sich. Sie befinden sich

1 Khwaja Moinuddin Chishti (1141-1236), islamischer Mystiker und Gründer des Chishti-Ordens. Sein Grabmal (dargah) liegt in Ajmer im Bundesstaat Rajasthan und ist einer der wichtigsten Wallfahrtsorte in Indien. Aufgrund seiner religiösen Toleranz war Chisthi auch bei den Hindus sehr beliebt.

2 Khwaja Banda Nawaz (1321-1422), berühmter Sufi-Heiliger des Chishti-Ordens und Autor vieler Bücher, u. a. über Ibn Arabi und Suhrawardi. Dadurch machte er ihre Werke den indischen Gelehrten zugänglich.

3 Johannes 1:1

auf einer höheren Ebene als die Dichter und Dichterinnen. Am Anfang gab es den Klang. Gott war Klang; und von diesem Klang, durch diesen Klang kam die ganze Welt in die Manifestation.

Eine Geschichte erzählt von der Erschaffung des Menschen. Zunächst weigerte sich die Seele, in den Körper einzutreten. Sie sagte: „Das ist ein Gefängnis, es ist dunkel darin, und ich war immer frei." Da befahl Gott den Engeln zu singen. Als sie sangen, geriet die Seele in eine so hohe Ekstase, dass sie, ohne zu bemerken, wohin sie sich bewegte, in den Körper eintrat. Und so kann sie auch durch Musik vom Körperbewusstsein befreit werden. Die Stimme der Mutter, wenn sie sagt: „Schlaf, schlaf", lässt das Kind einschlafen, und es wird von ihrer Stimme am Morgen wieder aufgeweckt.

In alten Zeiten war Musik die heilige Kunst. Die großen Musiker waren große Mystiker, unter ihnen Tansen[4], dessen Wunder überall in Indien bekannt sind, sowie Narada[5] und Tumbara[6].

Musik führt zu hoher Ekstase. Sogar bei Musikern, die keine Mystiker waren, wie zum Beispiel Beethoven oder Paderewski[7], sehen wir, dass ihre Ekstase so groß war, dass keine Aufmerksamkeit für anderes übrig blieb, nicht einmal mehr für das Ordnen ihrer Frisur. Selbst ihren Mantel abzubürsten wurde zu einer sehr schwierigen Angelegenheit für sie. Das ist so im Westen wie im Osten. Im Osten kann man beobachten, wie ein Musiker ausgeht, um irgendwo zu spielen, und seine Sitar zu Hause liegen lässt. Er ist so geistesabwesend, dass er selbst sein Instrument vergisst.

Musik kann sehr viel schneller zum höchsten Zustand von Samadhi führen als jedes andere Mittel. Es gibt viele verschiedene Übungen, doch die Musik ist die beste mystische Übung.

Derzeit ist der Standard der Musik im Osten sehr tief gesunken. Sie wird als Unterhaltung und Zeitvertreib betrachtet. Sie wird als nationales Eigentum und als Quelle des Stolzes und der Überheblichkeit für das Ego,

---

4 Tansen (1506-1589) war Hofmusiker des Mogulkaisers Akbar I. Er gilt als Begründer der heutigen nordindischen Kunstmusik und als einer der bedeutenden indischen Musiker.

5 Narada ist ein vedischer Weiser, der in den Hindu-Traditionen als reisender Musikant und Erzähler von Geschichten bekannt ist, in denen er erleuchtende Weisheit übermittelt.

6 Tumbara ist in der Hindu-Mythologie der beste unter den himmlischen Musikern und leitet als hervorragender Sänger die Gandharvas, die himmlischen Sänger, in ihrem Gesang an.

7 Ignacy Jan Paderewski (1860-1941), polnischer Pianist und Komponist

für die *nafs*, angesehen. Das Erbe der Vorfahren, das mit so großem Einsatz, solch großer Sorgfalt aufgebaut wurde, ist heutzutage verloren gegangen durch Achtlosigkeit und Nachlässigkeit. Auch im Westen ist das Niveau der Musik gesunken. Die Musiker, die viel Werbung für sich machen, werden als große Künstler angesehen. Wer keine Werbung macht, ist nichts. Bei allem, was sie machen, geht es ums Geld. Alles wird kommerzialisiert und entwertet. Das, was am höchsten eingeschätzt werden sollte, wird auf ein niederstes Niveau gebracht.

Meine Arbeit besteht nicht nur darin, zu reden, Vorträge zu halten, die Sufi-Botschaft in Büchern und Vorträgen zu verbreiten, sondern sie auch in Form von Musik zu übermitteln, zu spielen, zu singen, die Wahrheit als Musik darzubringen. In früheren Zeiten war es äußerst schwierig, offen über die Wahrheit zu sprechen. Die Regierungen waren so strikt, die Religionen so eng in ihren Interpretationen und in ihrem Verständnis. Das war besonders schwer für die Sufis. Viele von ihnen wurden enthauptet, weil sie die Wahrheit gesagt haben. Deshalb erfanden die Mystiker eine Möglichkeit, wie sie die Wahrheit in Musik zum Ausdruck bringen konnten. Sie benutzten Worte, die keine Bedeutung im üblichen Sinne hatten, wie *tum, dim, tarana, la,* die nur von den Eingeweihten verstanden wurden. Für die Nichteingeweihten waren sie lediglich Lieder ohne Bedeutung. In unserer Zeit gibt es selbst im Osten viele Menschen, die nicht wissen, dass solche Worte einen Sinn haben. Sie wissen nur, dass eine Art von Gesang *tarana* genannt wird, aber sie haben keine Ahnung, was es bedeutet.

INDISCHE MUSIK 2

Die Wissenschaft indischer Musik gründet auf einer ganz natürlichen Basis. Ein Klang ist abgestuft in Töne, Halbtöne und Mikrotöne. Die Zeit ist unterteilt in sechs feinere Abstufungen, neben den gewöhnlichen sechs. In der Mystik des Klangs sind jedem Ton eine Farbe, ein Planet und ein Element zugeordnet. Unsere Musik beruht auf dem Prinzip von Ragas, Tonskalen. In mystischer Sicht unterliegen sie der Zeit und der Jahreszeit, und jeder Raga hat einen Einfluss auf die Sphären. Ragas haben auch ihre eigenen poetischen Bilder. Sie werden idealisiert als *ragas* (Männer), *raginis* (Frauen), *putras* (Söhne) und *bharjas* (Töchter). Mathematisch haben sie sich von einem hin zu unzähligen Ragas entwickelt. Aus künstlerischer Sicht wurden sie aus der natürlichen Musik verschiedener Völker übernommen. Wissenschaftlich gesehen unterscheidet man fünf Untergruppen: Ragas mit sieben Tönen, sechs Tönen, fünf Tönen, mit gleichbleibenden Tönen und wechselnden Tönen.

Besonders beachtenswert ist in der Kunst der indischen Musik die Gesangskultur, und viele Jahre intensiven Studiums sind erforderlich, um sie zu beherrschen. Als fast ebenso wichtig wie die Vokalmusik wird die Instrumentalmusik angesehen. Die Vina ist das älteste Instrument in der Weltgeschichte der Musik. Sie ist auch das einzige Instrument für korrekte Darbietungen der indischen Musik. Der indische Tanz folgt denselben Prinzipien wie die Vokal- und Instrumentalmusik. Indische Musiker und Musikerinnen werden hauptsächlich geschätzt für die inspirierende Schönheit, die in ihren Improvisationen Ausdruck findet. Aus diesem Grund sind indische Komponisten viel weniger bekannt, weil ihre Kompositionen von jedem Künstler und jeder Künstlerin unterschiedlich gespielt werden. Nur die Grundlage und die Poesie bleiben dieselbe. Künstlerinnen und Künstler müssen die Komposition erlernt haben, bevor sie ihre Kunst ausüben können. Selbst wenn eine Künstlerin nur ein einziges Lied singt, wird es jedes Mal ganz anders sein. Deshalb ist ein einheitliches Notensystem in Indien erst spät eingeführt worden, als Maula Bakhsh[1], der

1 Maula Bakhsh (1833-1896) war der Großvater von Hazrat Inayat Khan. Er war einer der besten Sänger und Vina-Spieler in Indien und erster Direktor der von ihm gegründeten Musikschule in Baroda.

große Komponist, ein solches für Anfänger entwickelte und eine Schule nach modernen Gesichtspunkten im Staat Baroda unter der Herrschaft des Maharadschas Gaeckwar[2] gründete.

---

2 Sayaji Rao Gaekwar III. war von 1875 bis 1939 Maharadscha des Staates Baroda. Er führte Reformen ein und förderte die Kunst, bes. die Musik.

KOMPOSITION

Komposition ist eher eine Kunst als eine schematische Anordnung von Noten. Menschen, die Musik komponieren, liefern einen eigenen kleinen Beitrag zum Programm der Natur – als schöpferisch Tätige. Da die Musik die erhabenste unter allen Künsten ist, ist ihre Arbeit nicht geringer als die Tätigkeit von Heiligen. Die bloße Kenntnis technischer Einzelheiten, der Harmonie, der Theorie reicht nicht aus. Komponistinnen und Komponisten brauchen ein zartfühlendes Herz, offene Augen für jede Art von Schönheit, Bereitschaft, die Schönheit auf sich wirken zu lassen, eine feinsinnige Wahrnehmung von Klang und Rhythmus und der Art, wie sie in der menschlichen Natur zum Ausdruck kommen. Musik komponieren bedeutet, eine eigene Welt in Form von Klang und Rhythmus zu erschaffen. Aus diesem Grund ist die Tätigkeit derer, die komponieren, keine Arbeit, sondern Freude, eine Freude auf höchstem Niveau.

Es ist nicht die rechte Art, wenn Komponistinnen und Komponisten Musik schreiben, nur weil sie irgendetwas schreiben müssen. Erst wenn ihr Herz dazu bereit ist, wenn ihr Herz singt, ihre Seele tanzt, wenn ihr ganzes Wesen harmonisch schwingt, sollten sie beginnen, Musik zu schreiben. Dann ist der richtige Zeitpunkt dafür gekommen. Menschen, die komponieren wollen, dürfen sich beim Schreiben nicht anstrengen. Stattdessen sollten sie versuchen, zu einem vollkommenen Kanal zu werden, durch den das, was aus ihrem inneren Wesen entspringt, frei herausfließen kann. Dann können sie all diese Empfindungen und Stimmungen, die als Inspiration auftauchen, in Form von Musik zum Ausdruck bringen.

MUSIK, ASTROLOGIE UND ALCHEMIE

Die Mystiker und Mystikerinnen haben einen Zusammenhang zwischen Tönen und Planeten gefunden. Die Astrologie ist eine Wissenschaft, die die Gesetze über das Wirken der Natur aufzeigt. Entsprechend ist der Teil der Musikwissenschaft, der sich mit dem Einfluss der Natur beschäftigt, die astrologische Seite der Musik. Die verschiedenen Zeiten üben einen bestimmten Einfluss auf den Menschen aus, und bestimmte Ragas wirken sich zu bestimmten Zeiten wohltuend auf die körperliche Gesundheit, den Zustand des Geistes und die Verfassung der Seele aus.

Die moderne Wissenschaft hat die Materie untersucht und ihre verschiedenen Elemente analysiert. Ähnlich haben die Mystiker und Mystikerinnen in früheren Zeiten die Elemente als Schwingungen analysiert, die alle ihre eigene Farbe aufweisen: Gelb für Erde, Grün für Wasser, Rot für Feuer, Blau für Luft und Grau für Äther. Ebenso haben sie die verschiedenen Wirkungen von Tönen untersucht: warm, kühl, feucht oder trocken. Zweifellos haben diejenigen, die sich in der Alchemie der Schwingungen auskannten, durch die Kraft der Musik Wunder vollbracht.

IMPROVISATION

Die indische Musik ist dadurch gekennzeichnet, dass sie abhängig ist vom kreativen Improvisationstalent des einzelnen Musikers bzw. der jeweiligen Musikerin. Die Komponisten und Komponistinnen bieten lediglich einen Entwurf an, der von den Musizierenden je nach ihrem Belieben ausgefüllt wird. Sehr wenig wird in der Komposition vorgegeben, nur die Grundstruktur, und alles Übrige ist der Interpretation der Sängerin oder des Sängers überlassen. Es ist Ausdruck ihrer Gefühle zur Zeit der Darbietung. Musik wurde in Indien nie als Unterhaltung eingesetzt, sondern als Hilfe für die mystische Entwicklung. Deshalb haben die Instrumente einen leisen und sanften Klang. Selbst wenn mehrere Instrumente zusammen spielen, entsteht die Wirkung nicht durch den Akkord, den harmonischen Zusammenklang, sondern durch die Melodie. Jedes Instrument spielt die Melodie.

Es gibt aus vielerlei Gründen im Osten sehr wenig schriftlich fixierte Musik. In Sanskrit-Handschriften existiert ein Notensystem, aber nur sehr wenige lesen es. Das System muss notwendigerweise äußerst kompliziert sein, doch das ist nicht das Hindernis. Die strikte Vorgabe der Noten würde die Musikerinnen und Musiker hindern und ihnen die Freiheit nehmen, das zu singen und zu spielen, was ihre Seele sagt. In Indien singen die Sängerinnen und Sänger zu Beginn ihres Gesangs als erstes den Grundton. Sie wiederholen dann diesen Ton immer und immer wieder, um sich so innig mit dem Instrument zu verbinden und in Gleichklang mit ihm zu kommen, dass ihre Stimme und der Klang des Instruments eins werden. Danach bewegen sie sich ein wenig weiter weg, kehren aber zum Grundton zurück. Allmählich gehen sie noch ein wenig weiter weg, aber immer wieder kehren sie zum Grundton zurück.

Die Musizierenden können einen einzigen Raga auswählen und diesen stundenlang spielen, oder sie wechseln von einem Raga zu einem anderen. Je länger sie einen einzigen Raga spielen, desto mehr geben sie sich dieser Musik hin, desto stärker wird der Eindruck, den der Raga auf ihre Seele ausübt, und desto mehr entdecken sie darin. Die Ragas wurden manchmal als Tonleitern verstanden. Sie sind jedoch keine Tonleitern, sondern Muster von Tönen innerhalb der Oktave. Es gibt vier unterschiedliche Arten von

Ragas: Ragas aus sechs Tönen, Ragas aus sieben Tönen, Ragas, deren Töne im Auf- und Abstieg gleich sind oder wechseln.

Zu verschiedenen Tageszeiten wurden stets unterschiedliche Ragas gespielt. Der innere Grund dafür ist, dass jede Tageszeit ihre eigene Atmosphäre hat und ihren besonderen Einfluss auf uns ausübt. Es gibt auch noch einen äußeren Grund: So wie zum Bankett festliche Kleidung angesagt ist, weil sich unsere Augen seit langer Zeit an diesen Anblick gewöhnt haben, so haben sich auch unsere Ohren seit langem daran gewöhnt, bestimmte Ragas nur am Abend, in der Nacht oder am Mittag zu hören. Einige Ragas werden gewöhnlich vor Sonnenaufgang gesungen. In Indien gehen die Leute zu dieser frühen Stunde zur Arbeit oder zur Andacht. Bei der Andacht erfahren sie den stärkenden und hilfreichen Einfluss der Stille durch die feineren Schwingungen. Die Mittagszeit ist beherrscht von lautem Lärm überall in der Umgebung, sodass kräftigere Töne notwendig sind. Die Ragas für die Mittagszeit bestehen alle aus natürlichen Tönen. Die Ragas der Nacht enthalten wechselnde Töne. Die Ragas für den frühen Morgen verwenden erniedrigte Töne.

Ich habe selbst erlebt, wenn ich die Vina spielte und den *raga jogiya* am frühen Morgen sang, dass die Menschen auf ihrem Weg zum Tempel oder zur Moschee manchmal stehen blieben und lauschten und ganz in die Musik versunken waren. Spielte ich denselben Raga zu einer anderen Tageszeit, hatte er nicht dieselbe Wirkung, sogar bei mir selbst nicht, je nach der Stimmung, in der ich war. Legenden aus alten Zeiten berichten, dass Musik nicht nur auf Menschen oder Tiere eine starke Wirkung ausübte, sondern sogar auf Dinge, auf Objekte und auf die Elemente. Flammen loderten aus dem Feuer und das Wasser hörte auf zu fließen, wenn Musik gesungen oder gespielt wurde. In dem Gedicht von Tansen, das hier oft gelesen und rezitiert wurde, hören wir, dass es tatsächlich so war. Da könnte die Frage aufkommen: „Ist das eine Übertreibung, oder ist die Musik heute anders als früher, oder haben wir diese Kunst verloren?" Ich möchte dazu sagen, dass ich solche Sänger und Sängerinnen, wie ich sie als Kind in Indien singen gehört habe, in der nächsten Generation nie mehr gehört habe.

In alten Zeiten wurde derselbe Raga, dasselbe Lied, hundert Mal, tausend Mal, eine Million Mal gesungen. Nur durch ständige Wiederholung desselben, durch Assoziation, können wir die kreative Kraft in uns entwickeln. Einen großen Wissensschatz angesammelt zu haben, so und so viele Lieder, so und so viele Ragas, bedeutet nichts. Große Bedeutung hat allein die Kraft, etwas aus sich selbst heraus zu erschaffen, aus dem Innern heraus zu kreieren. Die indische Musik profitierte sehr stark durch den Kontakt mit der persischen Musik. Sie gewann an Anmut und erwarb die Ausdruckskraft der persischen Musik. Und sie übernahm viel von der Schönheit des arabischen Rhythmus. Nach dem Aufstieg des Mogulreichs war die indische Musik weitaus schöner als zuvor.

Der hohe Entwicklungsgrad indischer Musik zeigt sich auch im Rhythmus. Es gibt Fünfer-Rhythmen und Siebener-Rhythmen, die schwer zu spielen sind. Und es gibt Gesänge, in denen einige Takte lang kein Rhythmus angegeben ist. Der Musiker oder die Musikerin behält den Rhythmus jedoch im Kopf, und nach einigen Takten nimmt er oder sie den richtigen Rhythmus wieder auf. Einige Rhythmen, die nicht im Takt auf dem Schlag beginnen, leiten die Zuhörenden stets in die Irre. Es gibt vier verschiedene Gesangstile: *dhrupad, qawwal, tumri* und *ghazal*. Ebenso wie nicht alle Sängerinnen und Sänger für den Operngesang geeignet sind, erfordert *dhrupad* ein spezielles Training der Stimme. *Qawwal* bedeutet Imagination, das Lied der Imagination.

DIE WIRKUNG DER MUSIK

Wenn wir über die Wirkung der Musik auf Tiere sprechen wollen, so ist es am besten, sich auf Experimente mit Tieren zu beziehen, die sehr auf den Menschen bezogen sind, wie zum Beispiel Pferde, Hunde, Kühe und Ochsen und Haustiere wie Papageien und Kakadus. Durch den Umgang mit Menschen spiegeln diese Tiere einige menschliche Eigenschaften wider. Ein Pferd, das mit Menschen verbunden ist, zeigt viel mehr Freundlichkeit, Zutraulichkeit und Verständnis als ein Pferd im Dschungel. Ein Hund, der mit Menschen zusammenlebt, wird treu und gehorsam. Ein wild lebender Hund dagegen ist ein sehr gefährliches Tier.

Ich habe mit Kühen experimentiert und herausgefunden, dass sie sehr gern Musik hören. Es gab da insbesondere einen alten Ochsen, der, wenn er den Klang eines Instruments hörte, seine Futterkrippe verließ und herbeikam, um zu lauschen. Vögel mögen Musik besonders gern. Ich habe einen Pfau gesehen, der, sobald Musik gespielt wurde, zuhörte, mit seinem Schweif ein Rad schlug und zu tanzen begann. Er folgte mir und kam jeden Tag ein wenig näher. Er freute sich so sehr an der Musik, dass er beim Tanzen alles andere vergaß. Als ich aufhörte zu spielen und wegging, kam er und klopfte mit seinem Schnabel gegen die Vina, um mich zum Umkehren und Weiterspielen zu bewegen. Auch Schlangen fühlen sich von Musik angezogen, von der indischen Flöte oder der Vina. Aber die Vina-Spieler sind ernsthafte Menschen, die lieber Menschen als Schlangen mit Musik bezaubern wollen. Um Schlangen zu beschwören, wird ein besonderer Raga gewählt.

Die Yogis und Sufis setzten immer Musik für ihre Meditationen ein. Musik ist das größte Mysterium auf der Welt. Die ganze Manifestation besteht aus Schwingungen, und diese Schwingungen enthalten alle das Geheimnis der Manifestation. Die Schwingungen der Musik befreien die Seele und entlasten die Menschen von der Erdenschwere, die sie gefesselt hält.

Es besteht ein gewisser Unterschied zwischen Sufis und Yogis bzw. allen anderen Mystikern. Ihre Ideen, ihr Denken und ihr Leben sind ziemlich gleich, aber die Sufis sieht man manchmal in Tränen und manchmal voller Freude. Weltlich ausgerichtete Personen halten sie für verrückt, und andere Mystiker denken vielleicht, sie befänden sich zu sehr an der Oberfläche und nicht auf derselben Ebene wie sie selbst. Für Sufis ist Selbstmitleid – Tränen über das, was mit dem Ego geschieht – *haram*, das heißt nicht zulässig. Jedoch sind Tränen beim Gedanken an den göttlichen Geliebten oder die göttliche Geliebte oder bei der Erkenntnis einer Wahrheit erlaubt. Auch überschwängliche Freude über etwas, was das Ich erlebt, ist nicht gestattet, aber Freude beim Gedanken an Gott ist akzeptabel, denn dabei wird das Herz berührt. Der Gedanke an Gott bewegt unser Herz. Das ist der Augenblick, wenn die Derwische zu tanzen anfangen. Manchmal ist der Tanz ein Ausdruck für das Handeln Gottes, manchmal zeigt sich im Tanz das Gesicht des oder der Geliebten.

Sufis bedienten sich der Musik, aber nicht zur Unterhaltung, sondern zur Reinigung, als Gebet zu Gott. Eine ganz besondere Bedeutung hat die Musik für die Sufis im Chishti-Orden. Dieser Orden existiert hauptsächlich in Indien, stammt jedoch aus Russland.[1] *Chishti* bedeutet auf Russisch „rein", und *sufi, safa* bedeutet ebenfalls „rein". Es gibt verschiedene Mittel zur Reinigung. Aus unserer Sicht erscheint entweder alles gut oder alles schlecht. Ein altes griechisches Motto dagegen besagt: „Schlecht ist nur etwas für diejenigen, die Schlechtes denken." Musik erreicht die Seele sofort, ebenso schnell wie der Telegraf von hier New York erreicht. Was als Vergnügen erscheinen mag, als etwas Leichtes, ist in Wahrheit ein Gebet zu Gott. Es gibt verschiedene Möglichkeiten, zu Gott zu beten. In Zeiten, als die Welt besonders interessiert war an Musik, Kunst, Wissenschaft und Unterhaltung, wurde all das als Mittel benutzt, um den Menschen die Idee von etwas Höherem nahezubringen. Musik und Schauspiel wurden eingesetzt, und selbst die Kirchen veranstalteten eine Art Show.

Wenn wir uns unter Leuten aus anderen Berufen aufhalten, empfinden wir sie oft als kalt. Sie schenken uns wenig Aufmerksamkeit und sprechen kaum ein Wort mit uns. Aber das Herz von Musikerinnen und Musikern, die ständig mit Klängen umgehen, ist vom Klang erwärmt.

1 Zu der Zeit, als dieser Vortrag gehalten wurde, war Zentralasien noch ein Teil Russlands.

INNERER UND ÄUSSERER RHYTHMUS

Musik ist die Harmonie des Lebens in Miniatur, verdichtet als Klang. Personen, die auf der körperlichen Ebene keinen Rhythmus haben, können nicht gut gehen und stolpern oft. Personen, die auf der emotionalen Ebene keinen Rhythmus haben, neigen leicht zu Anfällen, etwa zu Lach- oder Angstanfällen, Tränen- oder Wutausbrüchen. Wir sollten Rhythmus in unser Leben bringen. Einerseits sollten wir nicht so geduldig und nachgiebig sein, dass ein jeder uns übervorteilen kann, aber andererseits uns auch nicht von unserem Enthusiasmus und unserer freimütigen Offenheit hinreißen zu lassen, Dinge zu sagen, die in unserer Gesellschaft unangemessen sind. Ebenfalls sollten wir nicht so unterwürfig und sanft sein, dass wir in Schmeichelei, Zaghaftigkeit und Feigheit verfallen. Dadurch wird es nach und nach möglich, zunächst den Rhythmus der Empfindungen, dann den Rhythmus des Denkens und dann den Rhythmus des Fühlens zu verstehen. Schließlich entwickeln wir eine Beziehung zum inneren Rhythmus, der der wahre Sinn der Welt ist.

TANZ UND BEWEGUNG

Das Wort „Tanz“ ist sehr stark entwertet worden, weil der Tanz nur von Entertainern eingesetzt wurde, die aus ihm ein Mittel zur Unterhaltung gemacht haben. Daran sehen wir, dass stets alle Dinge, wenn sie nur noch dem Vergnügen dienen, ihren Wert verlieren und verflachen. Wenden wir uns der indischen Musik zu, so finden wir drei Teilbereiche: Gesang, instrumentales Spiel und Tanz. Die Stimme, die aus den Lungen und dem Bauchraum kommt, gelangt nicht zu ihrem vollen Ausdruck ohne Beteiligung der Schädelknochen, der Lippen, der Zähne, der Zunge und des Gaumens. Daran erkennen wir, dass der ganze Körper das Instrument für den Klang ist. Wenn der Baum im Wind schwingt, gibt jedes Blatt einen Ton. Der Windhauch kann nicht allein den vollen Klang erzeugen. Die Blätter des Baumes rascheln und werden zu einem Instrument für die Luft. Das zeigt, dass das ganze Gefüge dieser Welt ein Klangkörper ist.

Würde ich, während ich zu Ihnen spreche, still stehen wie eine Statue, hätten meine Worte eine sehr viel geringere Wirkung, als wenn sie von Gesten begleitet werden. Sagt jemand: „Verschwinde von hier“ und bewegt sich nicht entsprechend dazu, haben diese Worte keine große Ausdruckskraft. Macht die Person jedoch gleichzeitig eine Bewegung mit den Armen, wirken die Worte sehr viel stärker. In Indien lernen Studierende des Gesangs, mit Gesten zu singen. Diese Gesten treten an die Stelle einer Notenschrift und leiten die Studierenden an. Vielleicht denken einige: „Die Notenschrift wäre doch eine viel klarere Methode.“ Aber die indische Musik ist so kompliziert, dass keinerlei Notenschrift sie exakt erfassen kann. Mit Gesten werden auch die Zwischenräume (Intervalle) ausgefüllt. Die Bewegungen der Hand und des Armes können mehr ausdrücken und steuern als geschriebene Zeichen.

Der dritte Bereich der Musik ist das Tanzen. Hierzu gehört nicht nur der eigentliche Tanz, sondern ganz allgemein der Ausdruck durch Bewegung. Selbst Mahadeva, der größte Avatar, tanzte. Wenn jemand vor einem Derwisch singt oder spielt, kann es sein, dass der Derwisch anfängt, seinen Kopf und seine Hände zu bewegen. Ein großer indischer Dichter beschreibt, wodurch ein Sänger oder eine Sängerin sich auszeichnen:

Sängerinnen und Sänger
brauchen eine gute Stimme,
müssen die Ragas kennen
und sie zu singen verstehen.
Sängerinnen und Sänger
müssen sich anmutig bewegen können,
ruhig und besonnen sein
und sich von den Zuhörenden
nicht beeinträchtigen lassen,
sondern die Zuhörenden
beeindrucken.

Wir sind im Leben so beschäftigt, dass uns wenig Zeit bleibt, um Tiere zu beobachten. Täten wir das, würden wir sehen, dass ihre Sprache vor allem aus Bewegung besteht. Sie sprechen wenig miteinander, sondern drücken sich durch ihre Bewegungen aus. Wenn wir einen Hund rufen, wird der Hund sofort anfangen, mit seinem Schwanz zu wedeln. Sein ganzer Körper wird in Bewegung kommen, um seiner Freude und Zuneigung Ausdruck zu verleihen. Wird der Hund streng angesprochen, zeigen sich seine Gefühle ebenfalls in Bewegungen seines ganzen Körpers. Wir vergeuden viel Energie mit sinnlosem Gerede. In ethnischen Gruppen älterer Zeiten können wir erkennen, dass eine Bewegung mit den Händen oder eine Neigung des Kopfes in vielen Situationen die Stelle von Worten einnimmt.

Sobald eine Person den Raum betritt, lässt sich an ihren Bewegungen, an ihrem Gang ablesen, was für eine Person es ist, wie kultiviert sie ist. Vergleichen wir ein Pferd, das fünftausend Guineen[1] kostet, mit einem Pferd, das fünfzig Guineen kostet, so sehen wir, dass sich der große Unterschied vor allem in ihren Bewegungen zeigt. Das Pferd zum Preis von fünftausend Guineen musste seine Art zu gehen nicht lernen, es ist seinem Wesen nach elegant in all seinen Bewegungen. Beim Pfau können wir beobachten, dass die Schönheit, die diesem Vogel verliehen wurde, ihn zu graziösen Bewegungen inspiriert hat.

Der Tanz ist eine wunderbare Erscheinung und in sich selbst eine große Bestätigung für die Mystik. Wir tragen alle in uns die Natur eines Vogels und die Natur eines wilden Tieres. Es liegt im Wesen des Vogels, zu

1 Die Guinee war eine von 1663 bis 1816 in Umlauf befindliche britische Goldmünze.

fliegen. Das Wesen des wilden Tieres ist es zu springen. Ein Tiger würde von hier bis hoch auf die Mauerkrone springen. Wenn wir es ihm nicht gleichtun können, dann liegt es daran, dass wir durch Essen, Trinken, Schlafen die Kraft dazu verloren haben. Diejenigen, die im Sessel sitzen und sich beim Aufstehen mit den Armen hochstützen müssen, die viel essen, trinken und schlafen, sind dabei so schwer geworden, dass sie nicht mehr die sind, die sie sein sollten. Eine vernünftige Regierung weiß, was ihre Bürger tun. Ebenso regiert unser Geist über den Körper. Unser Geist sollte jeden Muskel, jedes Atom des Körpers unter Kontrolle haben. Wenn wir uns aufrichten, muss alles sich aufrichten. Wenn wir uns nach rechts bewegen, muss alles sich nach rechts bewegen. Wenn wir uns nach links wenden, muss alles sich nach links wenden. In Indien gibt es einen Tanz, den Tigertanz. Er wird nur auf den religiösen Festen getanzt. Die Tänzer bemalen sich, so dass sie wie Tiger aussehen, und führen den Tigertanz vor. Dieser Tanz kam als heiliger Tanz ursprünglich aus Ägypten.

DIE RELIGION DER HARMONIE

In Bezug auf die Harmonie der Musik möchte ich sagen: Wahre Harmonie in der Musik geht aus der Harmonie der Seele hervor. Nur die Musik kann als wahr bezeichnet werden, die aus der Harmonie der Seele als ihrer wahren Quelle entspringt. Wenn sie aus dieser Quelle fließt, spricht sie alle Seelen an. Alle Seelen unterscheiden sich bezüglich ihrer Wahl im Leben; der Wahl ihres Weges, den sie einschlagen sollen. Diese Unterschiede beruhen auf den Unterschieden im Geist, in ihrer Essenz jedoch sind die Seelen nicht verschieden. Deshalb gibt es kein besseres Mittel als die Musik, um die verschiedenen Menschen im Geist in Harmonie zu bringen. Es wäre nicht übertrieben zu sagen, dass allein die Musik die Möglichkeit bietet, die Seelen von verschiedenen ethnischen Gruppen, Nationen und Familien, die heutzutage getrennt sind, eines Tages zu vereinen. Deshalb ist die Lehre, die Musikerinnen und Musiker ihren Mitmenschen im Leben erteilen können, sehr bedeutsam. Die Musik drückt sich nicht über Sprache aus, sondern durch die Schönheit des Rhythmus und Klangs, die weit über die Sprache hinausreichen. Je mehr Musizierende sich ihres Auftrags im Leben bewusst sind, desto größer ist der Dienst, den sie der Menschheit erweisen können.

Was die Gesetzmäßigkeiten der Musik in den verschiedenen Nationen angeht, so gibt es natürlich unterschiedliche Methoden, wenngleich in der Auffassung von Schönheit keine Unterschiede bestehen. Die Unterschiede kommen zustande, wenn die Musik „von Menschen gemacht" ist. In der „von Seelen gemachten" Musik gibt es sie nicht. Stellen wir uns vor, Menschen aus dem Fernen Osten, dem hohen Norden, dem Süden oder Westen kommen zusammen. Wo immer sie die Schönheit der Natur sehen, können sie nicht anders als sie zu bewundern und zu lieben. Ebenso schätzen und bewundern Musikliebende, aus welchem Land sie auch kommen mögen und welche Musik sie auch hören, alle Musik, sofern sie Seele hat und sofern die Musik Liebenden nach der Seele in der Musik suchen. Außerdem hat die Musik einen Auftrag, und zwar nicht nur für eine Vielzahl von Menschen, sondern für Individuen. Dieser Auftrag, den sie für Einzelpersonen erfüllt, ist ebenso notwendig und bedeutend wie der Auftrag für die Allgemeinheit.

Alle Probleme auf der Welt und all die verheerenden Folgen, die daraus entstehen, gehen auf einen Mangel an Harmonie zurück. Heutzutage braucht die Welt mehr denn je Harmonie. Wenn die Musikerinnen und Musiker das verstehen, erkennen sie, dass die ganze Welt ihr Klient ist. Wenn Menschen Musik studieren, müssen sie nicht notwendigerweise Musiker oder Musikerinnen werden und auf diese Weise eine Quelle der Freude und des Genusses für ihre Mitmenschen sein. Nein, vielmehr müssen sie, indem sie Musik hören, spielen und lieben, Musik in ihrer eigenen Persönlichkeit entwickeln. Der wahre Zweck der Beschäftigung mit Musik besteht darin, musikalisch in den eigenen Gedanken, Worten und Taten zu werden. Wir müssen die Fähigkeit erwerben, in jedem Augenblick die Harmonie zu verströmen, nach der jede Seele verlangt und sich immer sehnt. Alle Tragödien auf der Welt, im individuellen wie im gemeinschaftlichen Leben, resultieren daraus, dass die Harmonie fehlt. Und wir können am besten Harmonie verbreiten, indem wir in unserem eigenen Leben Harmonie schaffen.

Es gibt verschiedene Arten von Musik, von denen jede ganz bestimmte Seelen anspricht, je nach ihrem Entwicklungsstand. Zum Beispiel freuen sich Kinder auf der Straße sehr, wenn sie auf Blechdosen trommeln, weil dieser Rhythmus eine bestimmte Wirkung bei ihnen auslöst. Mit zunehmender Entwicklung sehnen sich die Menschen nach feineren Harmonien. Der Grund, warum Menschen andere mögen oder nicht mögen, liegt in ihrem unterschiedlichen Entwicklungsstand. Die eine Person schätzt eine bestimmte Art von Musik, die ihrem Entwicklungsstand entspricht; eine andere, die höher entwickelt ist, mag lieber eine andere Musik, die ihrem Reifegrad angemessener ist. Ähnlich ist es in der Religion: Einige halten an bestimmten Glaubenssätzen fest und wollen sich nicht weiter entfalten. Auch in der Musik ist es möglich, dass Menschen, die Musik lieben, versucht sind, bei einer bestimmten Musik zu bleiben und sich nicht weiter zu entwickeln. Der wahre Entwicklungsweg durch die Musik ist aber die freie Entfaltung, das heißt, voran zu gehen, ohne sich darum zu kümmern, was andere denken. Auf diese Weise können die Menschen in ihrer musikalischen Entwicklung ihr Seelenleben, ihre Umgebung und all ihre Angelegenheiten im Leben in Harmonie bringen.

Auf meinen Reisen durch die ganze Welt habe ich an vielen verschiedenen Orten die Musik der dort ansässigen Bevölkerung gehört, und immer habe ich die intime Freundschaft und menschliche Verbundenheit gespürt, die die Musik ermöglicht. Und ich empfand die ganze Zeit große Hochachtung für ihre Musik und für die Menschen, die diese Musik liebten. Von einer Sache bin ich fest überzeugt und fand dafür auch immer wieder Bestätigung, als ich noch in Indien lebte und Menschen begegnete, die einen gewissen Grad an Perfektion in der Musik erreicht hatten: Nicht nur in ihrer Musik, sondern auch in ihrem Leben ist die Harmonie zu spüren, an der sich wahre Vollkommenheit messen lässt. Wer sich an der Harmonie als Grundlage in der Musik orientiert, braucht keine äußere Religion. Eines Tages wird die Musik als Mittel dienen, um einer universellen Religion Ausdruck zu geben. Es wird noch Zeit brauchen, aber der Tag wird kommen, da die Musik und die ihr zugrunde liegende Philosophie zur Religion der ganzen Menschheit werden wird.

DIE GÖTTLICHE KUNST DER MUSIK

Warum wird die Musik als göttliche Kunst bezeichnet und alle anderen Künste nicht? Gewiss können wir Gott in jedem Bereich von Kunst und Wissenschaft erkennen, aber nur in der Musik nehmen wir Gott frei von aller Form und allen Gedanken wahr. Jeder Gedanke, jedes Wort hat seine eigene Form, allein die Musik ist frei von Form. In jeder anderen Kunst gibt es auch Bilderverehrung. Jedes poetische Wort lässt ein Bild in unserem Geist entstehen, allein der Klang lässt keine Objekte vor unserem inneren Auge auftauchen. Alle Menschen hören lieber Musik als einen Vortrag. Durch Klang wurde die Welt erschaffen. Im Vedanta wird von Nada Brahma, dem Gott des Klangs, gesprochen.

Ein persischer Dichter sagt: „Es heißt, die Engel sangen für die Seele, um zu bewirken, dass sie ein Mensch wurde. In Wirklichkeit aber war die Seele Klang." Die Dichter sagten, dass die Engel mit ihrem Gesang die Seele dazu bewegten, in den menschlichen Körper einzuziehen. Denn die Seele war immer frei und daher nicht willens, in den Körper zu kommen. In Wahrheit ist die Seele vor ihrer Inkarnation Klang. Aus genau diesem Grund lieben wir Klänge. Der Atem, das Sprechen, das Gehen, alles folgt einem Rhythmus. Alle Religionen haben die Musik als Teil ihres Gottesdienstes integriert. Besonders die Sufis lieben Musik und nennen sie *ghiza-i ruh*, Nahrung für die Seele.

GOTT ALS MUSIKER UND MUSIKERIN

Ich habe meine Musik aufgegeben, weil ich alles von ihr bekommen hatte, was ich bekommen sollte. Um Gott zu dienen, müssen wir das, was uns am liebsten ist, opfern. Ich opferte meine Musik, die für mich das Liebste war. Ich hatte Lieder komponiert, auf der Vina gespielt und dazu gesungen. Durch das Praktizieren dieser Musik erreichte ich eine Ebene, auf der ich die Musik der Sphären berührte, jede Seele für mich zu einem Ton und das ganze Leben zu Musik wurde. Ich war davon inspiriert und begann dann, zu den Menschen zu sprechen, und diejenigen, die sich von meinen Worten angezogen fühlten, hörten mir zu, anstatt meinem Gesang zu lauschen. Jetzt dient alles, was ich tue, dazu, Seelen anstatt Instrumente zu stimmen. Ich bringe nicht mehr Töne in Einklang, sondern Menschen.

Wenn irgendetwas in meiner Philosophie wichtig ist, dann ist es das Gesetz der Harmonie. Das bedeutet, dass wir in Harmonie mit uns selbst und mit anderen kommen müssen. Ich habe in jedem Wort einen bestimmten musikalischen Wert gefunden, in jedem Gedanken eine Melodie und in jedem Gefühl Harmonie. Und ich habe versucht, denen, die mir beim Musizieren zuhörten, genau das in klaren und einfachen Worten zu erklären. Ich spielte die Vina, bis mein Herz sich in das Instrument verwandelte. Dann bot ich dieses Instrument dem göttlichen Musiker an, dem einzigen wahren Musiker, der existiert. Seitdem wurde ich Gottes Flöte, und wenn Gott will, spielt sie darauf göttliche Musik. Die Menschen geben mir dafür Anerkennung, aber in Wirklichkeit gebührt ihr Lob nicht mir, sondern der göttlichen Musikerin, die auf ihrem eigenen Instrument spielt.

Gott segne Sie.

HAZRAT INAYAT KHAN
KURZBIOGRAFIE

Hazrat Inayat Khan wurde 1882 in Baroda, Indien, geboren. Schon als Kind erhielt er eine Ausbildung in klassischer hindustanischer Musik und wurde schon in jungen Jahren Musikprofessor. Auf ausgedehnten Reisen durch den indischen Subkontinent gewann er große Anerkennung am Hofe der Maharadschas und bekam vom Nizam von Hyderabad den Titel Tansen-uz-Zaman verliehen.

In Hyderabad wurde Hazrat Inayat Khan Schüler von Sayyid Abu Hashim Madani, der ihn in die Traditionen der Chishti-, Suhrawardi-, Qadiri- und Naqshbandi-Abstammungslinien des Sufismus einführte und ihm schließlich seinen Segen erteilte für den Auftrag, „in die Welt hinaus zu reisen".

Im Jahre 1910 begab er sich per Schiff in die Vereinigten Staaten von Amerika, begleitet von seinem Bruder Maheboob Khan und seinem Vetter Mohammed Ali Khan. Im Laufe der anschließenden sechzehn Jahre unternahm er weite Reisen durch die Vereinigten Staaten und Europa, wo er lehrte und den ersten Sufi-Orden im Westen gründete.

In London heiratete Hazrat Inayat Khan Ora Ray Baker. Sie hatten vier Kinder, die während des Ersten Weltkriegs in London und danach in Suresnes, Frankreich, aufwuchsen, wo um ihr Wohnhaus mit dem Namen Fazal Manzil herum eine kleine Sufi-Siedlung entstand.

Die Türen des Sufi-Ordens[1] standen offen für Menschen jeglichen Glaubens. Hazrat Inayat Khans Vorträge und spirituelle Anleitungen sprachen

1 Heute unter dem Namen „The Inayatiyya", deutsch „Inayatiyya Deutschland"

stärker die eigene Erfahrung seiner Zuhörer und Zuhörerinnen an als ihre religiösen Überzeugungen. Sie beleuchteten vor allem zwei miteinander verbundene Themen: die Gegenwart Gottes in der Tiefe der menschlichen Seele und die Vernetzung aller Menschen. Zahlreiche Bücher wurden sowohl während seiner Lebenszeit als auch posthum aus seinen Lehrreden zusammengestellt.

Im September 1926 nahm Hazrat Inayat Khan Abschied von seiner Familie und seinen Anhängern und Anhängerinnen und kehrte nach Indien zurück. Am 5. Februar 1927 starb er und wurde in New Delhi begraben.

DAS HERZ MIT FLÜGELN[1]

Das Symbol des Sufi-Ordens und der Sufi-Bewegung[2] ist ein Herz mit Flügeln. Das Herz ist sowohl irdisch als auch himmlisch. Es ist ein Gefäß des göttlichen Geistes auf Erden; und indem es den göttlichen Geist in sich trägt, steigt es himmelwärts.

Die Flügel stellen dieses Emporstreben dar.

Die Mondsichel im Herzen symbolisiert die Aufnahmefähigkeit des Herzens. Nur das Herz, das den Geist Gottes aufnimmt und darauf antwortet, kann sich erheben.

Der zunehmende Mond ist ein Symbol für die Empfänglichkeit des Herzens. Je mehr sich die Mondsichel dem Sonnenlicht öffnet, desto voller wird sie.

Das Licht der Mondsichel ist das Licht der Sonne. Je empfänglicher der Mond ist, desto heller leuchtet er, und umso mehr wird er vom Licht der Sonne erfüllt.

Der Stern im Herzen der Mondsichel stellt den göttlichen Funken dar, der sich im menschlichen Herzen als Liebe widerspiegelt und der dem wachsenden Mond zu seinem ganzen Volumen verhilft.

1 The Sufi Message of Hazrat Inayat Khan, Vol. IX, The Unity of Religious Ideals, p. 19-20

2 Zum heutigen Zeitpunkt ist das geflügelte Herz das Symbol aller Sufi-Gemeinschaften, die auf Hazrat Inayat Khan zurückgehen.

DER ÖLBAUM

„Mein Herz, hüte das Öl, das die Flamme des Lichts erhält." Hazrat Inayat Khan, Vadan

„Im Safran erstrahlt das Licht Deiner Majestät. Safran ist die Farbe Deiner königlichen Würde." Hazrat Inayat Khan, Naturmeditationen

Erkennen Sie die Olive bzw. den Ölbaum auf der Vorderseite des Buches? Diese zeigt die Konturen einer reduzierten Olivenbaum-Illustration – im Hintergrund ist sanft die Maserung von echtem Olivenholz zu erkennen. Die Farbe Safrangelb symbolisiert im Osten das Glück und wird als königliches Zeichen betrachtet.

Die Inspiration für die Covergestaltung der 13 Bände kam von der Grafikerin und Illustratorin Martina Berge: „Ich hatte beim Lesen der Gathas von Inayat Khan eine erste inhaltliche Idee für die Covergestaltung der 13 Bände – das kam sozusagen als Inspiration angeflogen. Da ging es um das Ölopfer für Hanuman. Eines meiner Lieblingsthemen, auch aus dem ten Hove Buch ‚Die Seele der Blumen':

Der Ölbaum gilt als Sinnbild für Alter, Weisheit, spirituelle Essenz. ‚Das Öl macht die Rückkehr zur Seelenwelt möglich', besänftigt das Raue der niederen Natur. Durch das Öl kann die Lampe brennen und das Licht in die Welt kommen."

Der Ölbaum besitzt eine starke religiöse Symbolik. Nicht nur in der jüdischen, christlichen und islamischen Welt, sondern auch bei den antiken Griechen und Römern wurde ihm fast magische Bedeutung zugesprochen. Unter einem Olivenbaum das Licht der Welt zu erblicken galt in der Mythologie als Zeichen göttlicher Abkunft – wie bei Artemis und Apollo oder auch Romulus und Remus. Athene, die griechische Göttin der Weisheit, pflanzte nach einem griechischen Mythos in einem Wettstreit mit Poseidon auf der Akropolis einen Ölbaum. Bis heute wächst an dieser Stelle ein Olivenbaum. Athene wurde Schutzgöttin und Namensgeberin von Athen. Früher wurden Könige und Priester mit geweihtem Olivenöl gesalbt, und bis heute hat sich der Brauch erhalten, das Öl bei wichtigen religiösen Zeremonien einzusetzen.

Der Olivenbaum verbreitete sich später auch in Nordafrika und gelangte im 7. Jh. v. Chr. nach Italien. Neben dem Getreide wurden Oliven zum wichtigsten Nahrungsmittel. Auch zu dieser Zeit wurde das Öl bei Opfergaben, als Brennöl sowie zu kosmetischen und medizinischen Zwecken verwendet. Ebenso wird Olivenöl heutzutage wieder als wirksames Heilmittel entdeckt und empfohlen. Die kräftigen und robusten Bäume mit ihren silbern raschelnden Blättern und grünen und schwarzen Früchten haben eine schier unauslöschbare Vitalkraft.

Im Alten und Neuen Testament finden sich zahlreiche Hinweise auf die besondere Kraft des Olivenbaums. Der wohl bekannteste ist, wie die Taube einen Olivenzweig in ihrem Schnabel zu Noah in die Arche brachte. Als Zeichen der Hoffnung, Rettung und der Gnade Gottes (Genesis 8:11).

Im Buch Exodus 27:20 weist Gott durch Moses Israel an, „feinstes, kalt gepresstes Öl der Oliven für die Lampe zu bringen, damit diese ständig leuchten kann. Sie soll von abends bis morgens vor Ihm brennen. Dies ist eine unabänderliche Vorschrift für alle Generationen Israels."

Der Name Christus, „der Gesalbte" kommt vom griechischen Wort Chrisam, „mit Öl salben".

Der Olivenbaum und vor allem sein Öl haben ebenso eine große Bedeutung in der islamischen Religion. „Gott ist das Licht der Himmel und der Erde. Sein Licht ist wie eine Nische, in der eine Fackel ist. Die Fackel ist in einem Glas. Das Glas ist, als wäre es ein funkelnder Stern. Ihr Brennstoff kommt von einem gesegneten Baum. Einem Ölbaum, der weder östlich noch westlich ist, dessen Öl beinahe schon Helligkeit verbreitete, auch wenn das Feuer es nicht berührte. Licht über Licht." (Sure 24:35)

Die Olivenöl-Lampen symbolisieren gleichsam das Licht in der Welt, um die Menschen aus der Welt der Schatten ins Licht zu führen.

Der Ölzweig war und wurde im Laufe der Zeit überdies das Symbol des Friedens. Besiegte, die um Frieden baten, trugen als Zeichen ihrer friedlichen Absicht Ölzweige in den Händen.

Als allgemein anerkanntes Sinnbild des Friedens umrahmen zwei Olivenzweige den Erdkreis auf der Flagge der UNO.

Mit Freude sind wir der Inspiration unserer Grafikerin gefolgt und haben die Symbolik des Ölbaums für das Gesamtwerk von Hazrat Inayat Khan gewählt.

Der Ölbaum als Metapher und Sinnbild für Weisheit und spirituelle Essenz. Und die Botschaft der spirituellen Freiheit des Universalen Sufismus als ein interreligiöser Beitrag zum Frieden auf dieser Erde.

VERZEICHNIS DER VERWENDETEN NAMEN UND BEGRIFFE

Akbar (1542-1605): Abul-Fath Jalal ad-Din Mohammed Akbar, Mogul-Herrscher in Indien, der für seine Toleranz im Dialog mit den wichtigsten Glaubensrichtungen bekannt ist

adharma (Sanskrit): Mangel an Religion oder Glauben, wörtlich: „Das, was nicht mit dem Dharma übereinstimmt."

Amir Khusrau (1253-1325): Amir Khusrau Dehlavi, Sufi-Dichter und Musikwissenschaftler in Delhi

apsaras (Sanskrit): himmlische Tänzerinnen, halb göttliche, halb menschliche Wesen, die im Palast des Indra leben

Banda Nawaz (1321-1422): Sayyid Mohammed Husayni Gisu Daraz, Sufi-Heiliger im Chishti-Orden, der sich für Verständnis, Toleranz und Harmonie in den Religionen einsetzte

Bernhardt, Sarah (1844-1923): berühmte französische Schauspielerin, einer der ersten Weltstars

bodhisattva (Sanskrit): Erleuchtungswesen im Buddhismus (bodhi = Erleuchtung, Erkenntnis, sattva = Wesen), nach höchster Erkenntnis strebende Wesen, die die Vollkommenheit der Weisheit und des Mitgefühls verkörpern und sich für das Heil aller Lebewesen einsetzen

buddhi (Sanskrit): bedeutet in der indischen Philosophie Erkenntnisvermögen, intuitive Intelligenz, höherer Verstand

chauda tabac (Urdu): vierzehn Ebenen der Existenz

Derwisch: Ableitung aus dem persischen Wort darwisch mit der Bedeutung „auf der Türschwelle Stehender", Angehöriger einer Sufi-Gemeinschaft

deva (Sanskrit): Gottheit, Engelseele, himmlisches Wesen

dharma (Sanskrit): Pflicht, Religion, Gesetz, Lehre

doa (arabisch): Gebet

fana (arabisch): Entwerden, Vernichtung, Auslöschung

fikr (arabisch): wörtlich „Gedanke", „Denken", stiller zikr, stille Meditation

gandharvas (Sanskrit): himmlische Wesen, die Musik spielen und singen

ghaws (persisch; arabisch: ghawth): wörtlich „Verteidiger", Helfer, Befreier von Schwierigkeiten; Stufe in der spirituellen Hierarchie

ghiza-i-ruh (persisch): Nahrung der Seele

hadith (arabisch): wörtlich „Tradition"; Ausspruch, der dem Propheten Mohammed zugeschrieben wird

Hafis (um 1320-1390): Khwaja Shams ad-Din Mohammed Hafis Shirazi: persischer Sufi-Dichter

hamsadi: Suche nach Schönheit und Güte

haram (arabisch): wörtlich „verboten", unantastbar, tabu

Hatha Yoga (Sanskrit): eine Form des Yoga, die auf Körperübungen, Atemübungen und Meditation basiert (hatha = Kraft, Hartnäckigkeit)

Indra (Sanskrit): Hindu-Gottheit, Herrscher über die devas

jalal (arabisch): Kraft

jamal (arabisch): Schönheit

kamal (arabisch): wörtlich „vollkommen", „vollendet", Zustand angehaltener Aktivität

kibriya (arabisch): wörtlich „göttliche Erhabenheit, Pracht", auf Menschen bezogen: Größe, Würde, aber auch Eitelkeit, Arroganz, Größenwahn

Krishna (Sanskrit): gilt im Hinduismus als achter Avatar des Gottes Vishnu, bezaubert die Menschen mit seinem Flötenspiel

Mahadeva (Sanskrit): wörtlich „großer Gott", ein anderer Name für den Gott Shiva

Mahmud Ghaznavi (971-1030): Mahmud von Ghazni, berühmtester Herrscher aus der türkischstämmigen Ghaznavidendynastie. Er errichtete ein islamisches Großreich, das vom heutigen Iran über Afghanistan, Pakistan bis nach Nordwestindien reichte

manu (Sanskrit): wörtlich „Mensch", Bezeichnung für den archetypischen Menschen, der die positiven menschlichen Qualitäten in höchster Form verkörpert

Maula Bakhsh (1833-1896): Indischer Musiker und Sänger, Großvater von Hazrat Inayat Khan

Mohammed Husayni Gisu Daraz, auch bekannt als Khawa Banda Nawaz (1321-1422): Sufi-Heiliger im Chishti-Orden

Moinuddin Chishti (1142-1236): Sufi-Heiliger, der den Chishti-Orden in Indien begründete

murid (arabisch): wörtlich „suchend, sich sehnend, bereit, willens", Bezeichnung für Eingeweihte (Schüler-/innen) in eine Sufi-Gemeinschaft

murshid(a) (arabisch): wörtlich „auf dem rechten Weg sein", Bezeichnung für Anleiter-/innen und Wegbegleiter-/innen (guides) bzw. fortgeschrittene Lehrer-/innen

nabi (arabisch): wörtlich „erhoben", Bezeichnung für einen Propheten oder eine Prophetin

Nada Brahma (Sanskrit): nada = Klang, Ton. Nada Brahma = Gott ist Klang. Brahma steht auch für alles Erschaffene, daher die Übersetzung „die Welt ist Klang"

nafs (arabisch): das Ego, das Ich, das niedere oder kleine Selbst (als Abgrenzung zum höheren oder wahren Selbst)

Narada: In den Hindu-Schriften ein mythischer Weiser, Sänger und Musiker. Er gilt als der mythische Erfinder der Vina und ist der Herr der Gandharven

namaz (persisch): Gebet, besonders die 5mal am Tag gesprochenen Gebete der Muslime

nazul (arabisch): absteigend, das Ende eines Zyklus

nur (arabisch): Licht

Omar Khayyam (1048-1131): persischer Wissenschaftler, Philosoph und Dichter, weltweit bekannt durch seine Vierzeiler (Rubaiyyat)

Parvati: Im Hinduismus verehrte Göttin, Partnerin des Gottes Shiva

qutub (Urdu, arabisch: qutb): wörtlich „Pol", Spitzenposition in der spirituellen Hierarchie

rajas (Sanskrit): wörtlich „Nebel, Dunkelheit, Unreinheit"; in der Hindu-Philosophie einer der drei gunas (Eigenschaften in der Natur) mit der Bedeutung Unruhe, Gier ,Getriebenheit

rasul (arabisch): wörtlich „Überbringer", Bezeichnung für Botschafter(in) oder Prophet(in)

Rama: Siebenter Avatar des Gottes Vishnu im Hinduismus, Gatte von Sita

Rumi (1207-1273): Jalal ad-Din Rumi (Beiname: Maulana), persischer Sufi-Mystiker, Gelehrter und einer der bedeutendsten persischsprachigen

Dichter des Mittelalters, Begründer des Mevlevi-Ordens, in dessen Mittelpunkt der Drehtanz steht

Saadi aus Shiraz (um 1210- um 1292): bedeutender persischer Sufi-Dichter und Mystiker

safa (arabisch): wörtlich „rein"

Shams-e Tabrizi (1164 oder 1185-1248): persischer Mystiker und spiritueller Mentor von Jalal ad-Din Rumi

Shiva (Sanskrit): Gott, der das Prinzip der Zerstörung verkörpert; Gatte der Göttin Parvati

sattva (Sanskrit): wörtlich „Reinheit", höchster der drei gunas (Eigenschaften in der Natur), da sattva den Menschen Wahrhaftigkeit und Weisheit und den Dingen Reinheit verleiht

sukradi: nach dem Schlechten suchen

tamas (Sanskrit): Dunkelheit, Trägheit, einer der drei gunas, der verwirrend und entwicklungshemmend wirkt

Tansen (um 1506-1589): Miyan Tansen, berühmter klassischer Musiker und Sänger Nordindiens

Tulsidas (1532 oder 1543-1623): indischer Dichter und Heiliger, dessen Hauptwerk eine freie Übertragung und Umdeutung des Ramayana aus dem Sanskrit in die Landessprache Hindi ist mit dem Titel „Ramacharitmanasa" („See der Taten des Gottes Rama")

Tumbara: gilt in der Hindu-Mythologie als bester Sänger unter den gandharvas, den himmlischen Musikern

uruj (arabisch): aufsteigend, Beginn eines Zyklus

vairagya (Sanskrit): Pfad des Gleichmuts und der Losgelöstheit (Indifferenz)

wali (arabisch): Meister-/in (Betonung auf der ersten Silbe), Freund-/in (Betonung auf der zweiten Silbe)

zikr (persisch, arabisch: dhikr): wörtlich: „Erinnerung", Sufi-Übung des Erinnerns an die göttliche Einheit

QUELLENANGABEN

Nachstehend sind die Quellen des Textes für die im vorliegenden Band 3 enthaltenen Texte im englischen Original aufgeführt. Es wird angegeben, wo sie in der Buchreihe der Werkausgabe „The Complete Works of Pir-o-Murshid Hazrat Inayat Khan, Source Edition“[1], zu finden sind. Die Quellen anderer Textstellen werden in den betreffenden Abschnitten angegeben.

DIE ENTWICKLUNG DES CHARAKTERS

Willenskraft	1923 Vol. 2, 340-44
Die Musik des Lebens	1923 Vol. 2, 351-56
Selbstkontrolle	1923 Vol. 2, 366-71
Zwischenmenschliche Beziehungen	1923 Vol. 2, 390-94
Feinsinnigkeit	1923 Vol. 2, 402-7
Klagen und lächeln	1923 Vol. 2, 419-26
Im Stillen wirken	1923 Vol. 2, 433-35, 442-43
Neugier	1923 Vol. 2, 444-46, 475-76
Klatsch und Tratsch	1923 Vol. 2, 480-81
Großzügigkeit	1923 Vol. 2, 488-92

DIE KUNST DER PERSÖNLICHKEIT

Dankbarkeit	1923 Vol. 2, 501-6
Die Kunst der Persönlichkeit	1923 Vol. 2, 515-20
Feingefühl	1923 vol. 2, 533-37
Die Neigung, andere zu überreden	1923 Vol. 2, 554-58
Eitelkeit	1923 Vol. 2, 566-72

1 Omega Publications, Richmond, Virginia; www.omegapub.com. Sie können kostenlos heruntergeladen werden unter www.nekbakhtfoundation.org

Selbstachtung	1923 Vol. 2, 579-83
Das Ehrenwort	1923 Vol. 2, 589-94
Güte	1923 Vol. 2, 106-8
Ökonomischer Umgang mit Zeit und Energie	1923 Vol. 2, 601-6
Gerechtigkeit	1923 Vol. 2, 617-20
Genau hinhören und den richtigen Ton treffen	1923 Vol. 2, 628-63
Eine freundliche Haltung	1923 Vol. 2, 639-42
Einigung und Versöhnung	1923 vol. 2, 118-20

BEWUSSTSEIN UND PERSÖNLICHKEIT

Können wir unser Schicksal lenken?	1925 vol. 1, 37-42

KUNST, KÜNSTLERINNEN UND KÜNSTLER

Die Göttlichkeit der Kunst	1922 vol. 1, 19-24

DIE KUNST DER MUSIK

Indische Musik 1	1922 vol, 2, 197-201
Komposition	1922 vol. 2, 314
Musik, Astrologie und Alchemie	1922 vol. 2, 361
Die Religion der Harmonie	1922 vol. 2, 386-87

STICHWORTVERZEICHNIS

A

Adam 93, 151
Adel 57, 102, 121
Adel der Seele 102
adharma 120, 270
Ägypten 82, 259
Akbar, König 29, 245, 270
Akkord 244, 251
Alchemie 8, 242, 250, 275
Alias 77
alif 209
alpha 209
Amir Khusrau 174, 270
Angst 71, 119, 153, 221, 229
Anhänger 27, 59, 94
apsaras 70, 115, 270
Architekten 231
Architektur 231, 239
Arroganz 84, 118, 271
asketisch 29, 77, 155
Astrologen 88, 195
Astrologie 8, 39, 88, 242, 250, 275
Atem 24, 28, 50, 51, 71, 75, 221, 263
atma 75
Atom 154, 167, 171, 181, 190, 259
Aufrichtigkeit 146, 153, 240
Aufstieg 65, 163, 253
Augen 11, 32, 66, 75, 84, 86, 102, 121, 125, 136, 142, 145, 149, 150, 151, 157, 167, 168, 174, 182, 183, 189, 195, 197, 203, 215, 216, 228, 229, 230, 238, 240, 244, 252
Avatar 257, 271, 272
Ayaz 65, 66

B

Banda Nawaz, siehe Mohammed Husayni Gisu Daraz 244, 270, 271
Barmherzigkeit 64, 140, 141
Baroda 247, 248, 265
Beethoven, Ludwig van 224, 245
Begrenzung 54, 87, 130
Beobachtung 7, 121, 148, 170, 202, 207, 209, 215
Berg 35, 138, 244
Bergpredigt 103, 233
Bernhardt, Sarah 18, 270
Beruf 140, 225, 229, 234
Bescheidenheit 50
Betrachtung 156, 159
Bewegung 8, 87, 110, 197, 202, 257, 258, 267
Bewusstsein 7, 23, 27, 28, 45, 72, 76, 81, 113, 116, 137, 154, 156, 164, 165, 166, 167, 172, 179, 185, 227, 241, 244
Beziehungen 31
bharjas 247
Bibel 22, 27, 43, 44, 57, 150, 154, 197, 226, 235, 237
Bild 17, 37, 38, 73, 100, 150, 170, 177, 182, 194, 195, 203, 211, 216, 217, 222, 226, 237, 241, 263
Bilder 167, 181, 216, 239, 240, 247
Bilderverehrung 263

Bildhauer 222, 225
Blume 45
Bodhisattva 73
Bonaparte, Napoleon 80
Botschaft, Botschafter 1, 3, 9, 44, 45, 53, 76, 89, 90, 109, 198, 217, 219, 236, 241, 246, 269, 272
Brahmanen 182
Bruder 265
Buckingham Palast 28
Buddha 34, 241
buddhi 75, 270

C

Carter, Howard 82
Charakter 17, 19, 38, 41, 55, 64, 69, 92, 95, 111, 114, 116, 121, 124, 151, 177, 189, 203, 208, 217, 235
chauda tabaq 72
Chava 96
China 121, 144, 241
Chishti-Orden 255, 270, 271, 272
Christen 27
Christus 43, 69, 103, 162, 226, 233, 269

D

Daniel 187, 226
Dankbarkeit 5, 27, 36, 60, 64, 65, 67, 68, 274
Delhi 29, 96, 266, 270
Demokratie 103
Demut 50
Depression 45, 57, 78, 80, 167, 169, 172
Derwisch 29, 30, 102, 103, 257, 270
deva 237, 270
dharma 120, 270
dhrupad 253
Dichter 33, 38, 39, 64, 77, 81, 93, 148, 161, 174, 198, 222, 228, 233, 234, 238, 239, 240, 244, 245, 257, 263, 270, 271, 272, 273
Dichterinnen 224, 239, 244, 245
Dichtung 27, 150, 198, 222, 240
Diener 49, 144, 145, 154
Dienerschaft 144
Dirigent, Dirigentin 20
doa 237, 270
Dschinn 72, 76, 135
Dschinnebene 72, 76
Dummheit 59, 92
Dunkelheit 42, 118, 173, 272, 273

E

Ebene 23, 75, 108, 121, 149, 177, 225, 245, 255, 256, 264
Echo 56, 68, 137, 155
Ego 15, 16, 65, 67, 77, 84, 93, 132, 148, 149, 183, 184, 245, 255, 272
Egoismus 58, 77, 93, 142, 143
Ehre 36, 66, 78, 96, 131, 135, 161
Ehrenwort 5, 95, 96, 97, 107, 275
Eindruck 92, 114, 188, 227, 234, 251
Einfluss 7, 19, 46, 56, 60, 69, 74, 78, 82, 87, 88, 97, 148, 187, 207, 222, 223, 235, 240, 247, 250, 252
Eingeweihte 272
Einheit 99, 107, 116, 181, 189, 273
Einigung 5, 124, 275
Einsamkeit 32, 34
Eitelkeit 5, 84, 85, 98, 118, 136, 139, 271, 274

Ekstase 239, 245
Elemente 183, 250, 252
Eltern 34, 53, 100, 107, 113, 117, 140, 144, 146
Emotionen 186, 217
Energie 5, 41, 80, 105, 134, 188, 258, 275
Engel 21, 58, 69, 72, 225, 263
Engelebene 75, 76
Enthusiasmus 256
Entsagung 6, 10, 34, 154, 155, 156, 157, 158, 159, 160, 161, 162, 163, 171
Entwicklung des Charakters 5, 9, 10, 12, 13, 14, 31, 48
Erde 16, 20, 21, 27, 36, 41, 42, 54, 70, 72, 78, 87, 96, 98, 103, 154, 166, 169, 183, 188, 209, 218, 221, 237, 250, 269
Erfolg 6, 17, 26, 49, 71, 117, 158, 159, 163, 175, 187, 191, 195, 196, 210, 213
Erfüllung 39, 53, 70, 72, 73, 79, 103, 116, 197, 199, 211, 224, 225
Erkenntnis 35, 65, 105, 112, 116, 125, 154, 155, 176, 188, 189, 191, 214, 215, 255, 270
Erleuchtung 270
Esel 49, 50, 59
Essenz 76, 83, 116, 148, 175, 240, 260, 268, 269
Ethik 6, 10, 128, 129, 134
Europa 265
Evolution 21, 166

F

Familie 266
fana 190, 270
Fantasie 217
Farbe 74, 80, 173, 174, 194, 202, 214, 215, 217, 247, 250, 268
Fasten 23, 31, 85
Fegefeuer 50
Fehler 32, 52, 53, 54, 55, 56, 72, 79, 94, 99, 112, 113, 114, 123, 131, 132, 138, 143, 151, 189, 191, 195, 196, 227, 234
Fehltritt 150
Feind 29, 41, 98, 120, 132, 133, 138, 139, 144, 152, 170
Feinde 6, 14, 32, 42, 131, 132, 133, 138, 139, 151, 152
Feindinnen 6, 132, 133, 138, 151, 152
Feindschaft 132, 133, 138, 139, 151, 152, 171
Feingefühl 5, 35, 74, 75, 76, 95, 145, 233, 241, 274
Feinheit 35, 37, 38, 222, 225, 226
Feinsinnigkeit 5, 35, 36, 37, 38, 39, 274
Felsen 29, 35, 166
Feuer 94, 125, 152, 154, 169, 171, 192, 250, 252, 269
fikr 170, 270
Firdausi 81
Fisch 26, 171
Flamme 111, 171, 197, 268
Fluss 35, 132, 166, 180
Form 32, 34, 50, 51, 57, 60, 64, 71, 79, 84, 85, 102, 104, 106, 116, 158, 162, 166, 170, 173, 174, 179, 200, 205, 212, 213, 214, 215, 216, 217, 218, 219, 221, 225, 227, 228, 234, 238, 239, 240, 241, 244, 246, 263, 271
Frankreich 10, 12, 18, 62, 265
freier Wille 39
Freiheit 9, 24, 39, 67, 79, 240, 251, 269

Freund, Freundin, Freundschaft 6, 23, 31, 32, 33, 36, 41, 42, 49, 64, 71, 73, 79, 83, 89, 92, 107, 109, 113, 120, 131, 132, 133, 134, 135, 137, 138, 139, 142, 143, 146, 147, 148, 152, 153, 155, 170, 188, 193, 223, 226, 234, 254, 261, 273
Frieden 14, 26, 37, 44, 48, 139, 144, 172, 229, 241, 269
Frucht 37, 153, 237, 238

G

Gaekwar aus Baroda, Maharadscha 248
Gandharvas 70, 115, 245
Gayan, Vadan, Nirtan 33, 40
Gebet 14, 66, 68, 255, 270, 272
Gedankenform 60
Geduld 48, 49, 79, 103, 104, 105, 112, 117, 124, 132, 134, 158, 188, 207, 208, 213, 215
Gefühl 7, 19, 25, 28, 29, 67, 81, 145, 151, 152, 157, 167, 169, 170, 191, 211, 217, 222, 227, 236, 239, 264
Gegenwart 266
Gegenwart Gottes 113, 121, 213, 266
Geheimnis 31, 48, 53, 87, 88, 89, 90, 111, 131, 133, 149, 219, 224, 237, 254
Gehirn 38, 167, 169, 170
Geige 226, 231
Geist 9, 26, 27, 46, 51, 52, 57, 68, 71, 72, 73, 75, 76, 80, 82, 84, 89, 96, 121, 123, 131, 134, 147, 154, 160, 163, 167, 168, 169, 170, 171, 172, 176, 178, 179, 180, 183, 185, 187, 196, 197, 202, 203, 205, 207, 211, 212, 215, 216, 217, 227, 228, 230, 231, 236, 238, 240, 241, 244, 259, 260, 263, 267
geistige Ökonomie 26
Geld 82, 88, 105, 157, 159, 161, 170, 192, 194, 233, 240, 246
Geliebte 33, 135, 174, 255
Geliebter 135, 153
Gesetz 6, 10, 19, 21, 23, 32, 34, 43, 130, 136, 138, 139, 142, 151, 154, 155, 217, 264, 270
Gesetz der Entsagung 6, 154
Gesetz der Gegenseitigkeit 6, 130, 136, 138, 139, 151
Geste 137
Gesundheit 177, 250
Gewinn 6, 29, 48, 120, 125, 147, 149, 152, 155, 156, 158, 159, 160, 163
ghaws 87, 271
ghazal 253
ghiza-i ruh 263
Gier 75, 157, 272
Gift 71, 92, 131, 133, 163
Glauben 27, 88, 117, 141, 185, 194, 270
Gleichgewicht 25, 26, 45, 50, 91, 123, 138, 141, 187, 208
Gleichmut 25, 77, 118, 190, 191, 192
Glück 16, 17, 26, 29, 42, 60, 85, 150, 160, 174, 183, 186, 198, 268
Glückseligkeit 110
Gnade 64, 141, 269
Gott 6, 8, 10, 11, 15, 16, 17, 22, 27, 32, 33, 35, 38, 40, 42, 43, 45, 46, 47, 53, 55, 57, 59, 64, 65, 68, 69, 70, 71, 72, 73, 78, 83, 84, 87, 88, 89, 90, 93, 94,

95, 99, 100, 101, 102, 107, 110, 112, 113, 116, 117, 118, 120, 135, 136, 141, 147, 149, 152, 153, 154, 155, 158, 162, 173, 178, 181, 185, 188, 190, 191, 193, 197, 205, 207, 208, 212, 214, 216, 221, 229, 230, 235, 236, 237, 238, 241, 244, 245, 255, 263, 264, 269, 271, 272, 273
Gottheit 216, 223, 224, 238, 270, 271
Göttlichkeit, göttlich 7, 15, 27, 188, 189, 227, 237, 238, 239, 240, 275
Griechen 72, 268
Großzügigkeit 5, 6, 57, 157, 158, 274
Guru 86
Güte 5, 6, 10, 36, 43, 44, 64, 66, 73, 79, 92, 102, 103, 113, 117, 122, 133, 134, 136, 138, 140, 141, 142, 143, 145, 148, 151, 152, 153, 155, 226, 233, 271, 275

H

Habgier 6, 58, 157, 229
hadith 271
Hafis, siehe Shams ad-Din Mohammed Hafis Shiraz 150, 271
Haltung 5, 29, 41, 57, 102, 113, 120, 121, 125, 142, 146, 212, 234, 235, 275
Hamsa 234
hamsadi 234, 235, 271
haram 255, 271
Harish Chandra 96, 107, 108, 109
Harmonie 8, 26, 31, 37, 46, 48, 139, 144, 173, 174, 187, 208, 215, 222, 223, 225, 226, 229, 241, 242, 244, 256, 260, 261, 262, 264, 270, 275
Hatha Yoga 71, 271
Hatim 96
Heilige 42, 43, 45, 58, 83, 86, 87, 122, 171, 175, 226
Heilung 37
Herz 8, 9, 19, 23, 26, 27, 32, 35, 37, 43, 57, 67, 69, 79, 83, 89, 90, 98, 111, 113, 134, 143, 153, 156, 167, 169, 170, 174, 204, 228, 231, 232, 240, 255, 264, 267, 268
Heuchelei 19, 36
Himmel 20, 21, 27, 41, 67, 154, 170, 188, 209, 215, 217, 218, 227, 269
Hinduismus 50, 72, 180, 271, 272
Hindu-Lehrer 44
Hingabe 16, 60, 176, 224
Hoffnung 42, 51, 160, 232, 269
Höflichkeit 79, 113, 225
Horoskop 88
Hund 160, 237, 254, 258

I

Iblis 58
Ich 9, 10, 15, 16, 17, 18, 20, 25, 28, 29, 30, 32, 33, 36, 37, 38, 44, 48, 49, 50, 56, 60, 69, 71, 76, 84, 85, 87, 89, 93, 94, 97, 98, 99, 100, 103, 106, 108, 116, 117, 122, 135, 142, 149, 168, 170, 171, 175, 176, 179, 183, 184, 185, 188, 192, 194, 196, 208, 212, 223, 224, 232, 234, 244, 252, 254, 255, 264, 268, 272

Ideal 52, 95, 97, 98, 100, 106, 108, 135, 136, 142, 143, 146, 152, 153, 175, 176, 226, 236
Illusion 7, 16, 141, 193, 216, 217
Illusionisten 211, 216
Imitation 205
Improvisation 8, 206, 238
improvisieren 205
Impulse 17, 19, 55, 71, 74, 82, 109, 133, 176, 186, 205, 230, 239
Indien 82, 107, 168, 170, 174, 189, 240, 244, 245, 247, 251, 252, 255, 257, 259, 262, 265, 266, 270, 272
Indische Musik 8, 242, 275
Individualität 9, 28, 69, 116, 177
Indra 70, 73, 115, 270, 271
Inkarnation 75, 263
inneres Gleichgewicht 26
Inspiration 35, 72, 73, 107, 178, 183, 217, 222, 230, 231, 238, 268, 269
Instrument 18, 72, 74, 174, 244, 245, 247, 251, 257, 264
Instrumentalmusik 247
Intelligenz 35, 36, 37, 75, 76, 82, 125, 138, 186, 191, 216, 228, 237, 238, 270
islamisch 99, 145, 244, 268, 269, 271

J

Jalal 33, 50, 86, 154, 171, 181, 185, 270, 272, 273
Jalal ad-Din Rumi 33, 154, 171, 181, 272, 273
jamal 50, 86, 185, 219, 271
Japan 168, 241
Jesus 27, 34, 43, 44, 46, 53, 59, 69, 103, 112, 162, 226, 233, 241
jogiya 252
Johannes, Heiliger 100, 112, 150, 244

K

kamal 50, 51, 123, 185, 271
Kamel 49, 50
Kampf 14, 29, 96, 159, 188
Karma 194
kibriya 84, 85, 118, 271
Kind 17, 23, 37, 39, 45, 49, 50, 99, 100, 103, 107, 109, 113, 116, 117, 145, 155, 182, 190, 193, 194, 195, 228, 245, 252, 265
Kirche 27, 44
Klagen 5, 41, 42, 274
Klang 86, 223, 244, 245, 247, 251, 254, 255, 256, 257, 263, 272
Klangkörper 257
Klatsch und Tratsch 5, 55, 274
Komponist 77, 245, 248
Komposition 238, 242, 247, 251, 275
Konflikt 215
Königin, König 29, 32, 33, 36, 65, 66, 81, 88, 89, 96, 97, 100, 102, 103, 108, 109, 115, 175, 191, 192
Konzentration 10, 67, 68, 107, 188, 202, 207, 209, 215, 244
Kopieren 208
Koran 135, 149, 154, 173, 230, 237, 241
Körper 27, 37, 71, 72, 80, 82, 86, 97, 167, 168, 171, 187, 197, 203, 205, 215, 221, 228, 245, 257, 258, 259, 263
Kosmos 86, 87
Kraft 14, 15, 41, 55, 74, 76, 83, 86, 88, 89, 91, 97, 99, 108, 120,

125, 132, 133, 134, 138, 153, 154, 156, 166, 168, 170, 171, 185, 186, 188, 193, 203, 207, 210, 217, 222, 226, 238, 250, 252, 253, 259, 269, 271
Krankheit 42, 45, 51, 114, 133, 177, 196
kreativ 49, 211, 216, 231
Kreuz 59, 190, 212
Krieg 14, 98, 241
Krishna 44, 241, 271
Kristall 86
Kunst 5, 7, 8, 10, 11, 17, 19, 35, 36, 38, 49, 55, 62, 63, 69, 70, 72, 74, 75, 84, 85, 91, 92, 97, 103, 111, 115, 120, 121, 198, 200, 201, 203, 204, 205, 207, 209, 210, 211, 212, 213, 214, 215, 216, 217, 219, 221, 222, 223, 224, 225, 226, 227, 228, 229, 230, 231, 232, 233, 234, 235, 237, 238, 239, 240, 241, 242, 243, 245, 247, 248, 252, 255, 263, 274, 275
Kunst der Musik 8, 115, 242, 263
Kunst der Persönlichkeit 5, 10, 69, 70, 74, 75, 84, 85, 91, 92, 103, 111, 115, 120, 224, 226, 234, 274
Kunst der Verschönerung 7, 210, 212, 213, 219
Kunstfertigkeit 205, 212, 216, 228
Künstlerin, Künstler 7, 28, 38, 70, 72, 113, 167, 194, 200, 201, 202, 203, 205, 206, 207, 208, 209, 211, 212, 213, 215, 216, 217, 219, 221, 223, 224, 225, 229, 231, 232, 233, 234, 238, 239, 246, 247
künstlerischer Impuls 205
Kunstschaffende 17, 205, 207, 214, 219

L

Lächeln, Lachen 19, 42, 43, 57, 80, 91, 137, 167, 170, 186, 274
Lamas, tibetische 67
Lampe 37, 237, 268, 269
Lebensglück 42
Lebenskampf 15, 43, 149, 163, 198
Lehrerin, Lehrer 22, 44, 86, 146, 149, 181, 272
Leichtsinn 91
Leiden 19, 54, 133, 198
Licht 42, 43, 51, 86, 109, 110, 111, 112, 113, 117, 118, 125, 134, 144, 158, 172, 175, 179, 181, 182, 183, 184, 202, 211, 221, 237, 267, 268, 269, 272
Liebe 15, 16, 26, 33, 38, 43, 44, 66, 77, 79, 82, 88, 93, 94, 107, 116, 121, 122, 134, 135, 139, 142, 143, 144, 145, 147, 152, 153, 162, 163, 169, 171, 191, 202, 204, 215, 226, 228, 235, 239, 267
Liebende 33, 135
Lied 18, 239, 247, 252, 253
Linie 14, 15, 20, 53, 65, 69, 74, 104, 113, 130, 137, 172, 188, 194, 202, 209, 211, 212
Literatur 239
Logos 84
lokas 72
London 265
Löwe 44, 45
Löwentor 216, 218
Luzifer 58

M

Macht 19, 42, 57, 69, 74, 88, 91, 94, 97, 120, 132, 133, 138, 139, 140, 145, 154, 160, 176, 216, 257
Magnetismus 41
Mahadeva 71, 75, 257, 271
Mahmud Ghaznavi, Kaiser 145, 271
maitreya 73
malen 17, 203, 239, 240
Malerei 74, 211, 222, 224, 239
Malerin 203, 207
Malerin, Maler 207, 231, 234, 240
manu 73, 271
manvantara 73
Märtyrer 44
Maschine 40, 196, 233
Materialismus 197, 199, 240
Maula Bakhsh 247, 271
Meditation 10, 16, 67, 72, 96, 170, 188, 244, 270, 271
Medizin 49
Meer 69, 91, 154, 179, 180, 181, 182, 210
Meister 35, 83, 86, 87, 107, 125, 146, 208, 273
Meisterin 16
Meisterschaft 26, 137, 159, 193, 194, 197, 224
Melodie 68, 244, 251, 264
Metaphysik 72, 83, 197
Mitgefühl 36, 41, 45, 54, 58, 67, 130, 134, 137, 143, 151
Mitleid 15, 29
Mitmenschlichkeit 130
Mogulreich 253
Mohammed Abu Hashim Madani 168, 265
Mohammed, der Prophet 9, 59, 96, 241, 271
Mohammed Husayni Gisu Daraz 270, 271
Moinuddin Chishti 244, 272
Mond 46, 64, 86, 87, 154, 227, 267
Moschee 59, 60, 252
Moses 33, 44, 241, 269
Murid 22, 23, 125, 126
Murshida, Murshid 9, 22, 23, 86, 87, 125, 168
Musée Guimet 121, 200
Musik 5, 8, 11, 19, 27, 28, 51, 66, 67, 70, 74, 115, 116, 173, 198, 217, 222, 224, 239, 240, 242, 243, 244, 245, 246, 247, 248, 250, 251, 252, 253, 254, 255, 256, 257, 260, 261, 262, 263, 264, 265, 271, 274, 275
Musik des Lebens 5, 19, 115, 274
Musikerin, Musiker 8, 17, 20, 74, 224, 231, 239, 244, 245, 246, 247, 251, 253, 260, 261, 264, 271, 272, 273
Mutter 82, 83, 113, 117, 134, 245
Mysterium 7, 35, 36, 181, 219, 254
Mystik 83, 86, 168, 247, 258
Mystikerin, Mystiker 10, 64, 107, 108, 148, 154, 162, 181, 183, 185, 196, 209, 217, 244, 245, 246, 250, 255, 272, 273

N

nabi 73, 87, 272
Nachbilden 7, 207
Nachbildung 207
Nächstenliebe 57, 58, 130
Nacht 27, 29, 32, 46, 149, 220, 252
Nada Brahma 244, 263, 272
nafs 183, 246, 272

namaz 68, 272
Name 269
Narada 245, 272
Natur 7, 11, 15, 19, 20, 25, 26, 29, 31, 35, 41, 43, 44, 46, 48, 51, 52, 57, 58, 69, 71, 75, 76, 99, 111, 116, 134, 148, 149, 151, 152, 154, 175, 177, 189, 190, 205, 206, 207, 208, 209, 210, 211, 212, 213, 214, 217, 218, 219, 221, 227, 228, 230, 231, 238, 250, 258, 260, 268, 272, 273
Naturell 28, 29
nazul 219, 220, 272
Nervosität 25, 36, 71
nirvana 34
Nizam von Hyderabad 265
Noah 141, 269
Note 251
Notensystem 247, 251
nur 183, 272

O

Offenbarung 11, 35, 183
Offenheit 36, 55, 256
Ohren 52, 68, 115, 195, 224, 252
Oktave 251
Om 85
Omar Khayyam 39, 119, 161, 272
Opfer 24, 27, 33, 96, 152, 158
Orchester 20
Osten 22, 74, 156, 182, 234, 245, 246, 251, 260, 268

P

Paderewski, Ignaz 245
Paris 121, 168, 200
parvana 192
Parvati 76, 272, 273
pata loka 72
Persien 81
Persische Dichter 228
Persönlichkeit 5, 7, 9, 10, 11, 35, 55, 56, 62, 63, 64, 69, 70, 74, 75, 79, 84, 85, 91, 92, 95, 103, 105, 106, 111, 115, 116, 117, 120, 121, 122, 124, 147, 164, 165, 166, 173, 179, 187, 224, 225, 226, 233, 234, 261, 274
Pfad 33, 35, 86, 107, 134, 236, 273
Pfau 118, 254, 258
Pferd 39, 237, 254, 258
Pflanzen 42, 80, 85, 166, 190, 205, 228
Pflicht 19, 21, 31, 66, 109, 120, 121, 122, 130, 131, 135, 143, 230, 270
Philosophie 17, 27, 75, 76, 83, 113, 117, 160, 181, 262, 264, 270, 272
Philosophinnen, Philosophen 52, 239
Pilgerreise 142
Planet 21, 247
Poesie 51, 97, 222, 224, 231, 239, 247
Politische Ökonomie 26
Priester 268
Prophetin, Prophet 9, 58, 60, 83, 96, 145, 237, 272
Psychologie 44, 45, 238
purusha 76
Purusha Shastra 181
putras 247

Q

qawwal 253
qutub 87, 272

R

Raga, Ragas 247, 250, 251, 252, 253, 254, 258
raginis 247
rajas 50, 272
Rama 44, 148, 272, 273
rasul 73, 87, 272
Raum 20, 52, 170, 183, 225, 226, 258
Rausch 120, 121, 145
Reflexion 82, 86, 123, 182, 183, 238
Reinheit 181, 188, 189, 239, 273
Reinigung 180, 255
Reise 15, 53, 58, 59, 65, 82, 125, 160, 162, 166
Religion 7, 8, 17, 21, 26, 31, 32, 44, 45, 83, 94, 95, 99, 101, 103, 106, 113, 117, 148, 154, 175, 176, 181, 190, 221, 222, 223, 227, 230, 232, 236, 238, 241, 242, 260, 261, 262, 269, 270, 275
reproduzieren 205
Respekt 36, 59, 91
Rhythmus 8, 49, 115, 123, 174, 210, 253, 256, 260, 261, 263
Rishi 96, 108, 109
Rücksicht 14, 31, 36, 74, 79, 104, 105, 106, 134, 153
Rumi 33, 53, 154, 171, 181, 272, 273
Russland 168, 255
Rustam 81

S

Saadi (Abu Muhammad Muslih ad-Din Shirazi) 64, 93, 228, 273
safa 255, 273
Samadhi 245
Sangam 180
Sängerin, Sänger 161, 231, 245, 247, 251, 252, 253, 257, 258, 271, 272, 273
Sanskrit 100, 180, 190, 251, 270, 271, 272, 273
Sarah Bernhardt 18
sattva 50, 270, 273
Schatten 118, 168, 181, 182, 183, 269
Schicksal 7, 88, 193, 194, 195, 196, 275
Schlange 71, 73, 82, 83, 109
Schmerzen 93, 96, 149, 198
Schönheit 7, 16, 24, 32, 36, 37, 39, 43, 50, 54, 64, 65, 67, 68, 69, 70, 74, 75, 86, 98, 103, 105, 106, 107, 115, 116, 117, 118, 121, 122, 164, 173, 174, 176, 187, 191, 197, 202, 203, 204, 205, 207, 208, 210, 211, 215, 216, 222, 223, 224, 225, 226, 227, 228, 229, 230, 231, 232, 233, 234, 235, 236, 237, 239, 240, 241, 247, 253, 258, 260, 271
Schöpferin, Schöpfer 113, 152, 153, 213, 227, 229
Schöpferkraft 160, 210, 211, 221
Schriftstellerin, Schriftsteller 167
Schülerin, Schüler 265
Schutzimpfungen 70
Schweigen 36
Schwert 44, 97
Schwingungen 60, 67, 92, 167, 169, 196, 208, 250, 252, 254
Seele 9, 19, 22, 26, 27, 28, 31, 32, 37, 38, 39, 41, 42, 43, 45, 48, 53, 56, 58, 64, 66, 67, 68, 70, 71, 72, 74, 75, 76, 77, 79, 80, 84, 87, 88, 95, 98,

102, 106, 109, 111, 112, 115, 116, 117, 118, 119, 121, 125, 132, 142, 153, 166, 170, 171, 172, 174, 175, 176, 179, 180, 183, 189, 193, 195, 203, 206, 221, 222, 223, 224, 227, 228, 229, 231, 232, 233, 234, 236, 237, 238, 239, 241, 245, 250, 251, 254, 255, 260, 261, 263, 264, 266, 268, 271
Seelenadel 57, 70, 102
Segen 28, 107, 131, 162, 163, 180, 265
Seherin, Seher 88, 89, 119
Sein 14, 99, 269
Selbst 14, 15, 20, 28, 30, 40, 53, 67, 74, 84, 95, 109, 112, 119, 122, 135, 137, 141, 143, 152, 153, 168, 172, 183, 191, 192, 197, 198, 224, 233, 235, 245, 247, 251, 257, 272
Selbstbeherrschung 14, 25, 74, 113
Selbstbewusstsein 18
Selbsterkenntnis 11, 14, 52
Selbstkontrolle 5, 25, 26, 113, 274
Selbstliebe 15
Selbstmitleid 15, 119, 255
Selbstverleugnung 14, 31
Shahnameh 81
Shakespeare 171
Shams-e Tabrizi 181, 273
Shiva Mahadeva 71
Sinfonie 19, 20
Singen 68
Sinn 28, 39, 40, 54, 69, 71, 75, 84, 86, 87, 105, 106, 111, 118, 120, 126, 174, 185, 195, 203, 217, 222, 228, 229, 231, 233, 235, 240, 246, 256
Sitar 245
Skulpturen 222
Sonne 16, 42, 64, 86, 87, 154, 170, 172, 183, 191, 227, 267
Sphären 27, 36, 67, 156, 247, 264
Spiegel 9, 56, 66, 182, 183
Spiritualität 30, 42, 76, 83, 95, 96, 98, 124, 188, 189, 198, 230
spirituelle Hierarchie 87, 109
Stärke 15, 50, 86, 118, 134, 136, 138, 140, 142, 157, 168, 176, 187, 191, 216
Statue 111, 223, 224, 257
Stern 267, 269
Stille 48, 49, 50, 59, 252
Stimme 68, 115, 192, 203, 224, 244, 245, 251, 253, 257, 258
Stolz 29, 30, 77, 84, 98, 116, 136, 144
Sufi 1, 3, 9, 10, 28, 33, 39, 76, 96, 128, 153, 170, 197, 198, 244, 246, 265, 267, 270, 271, 272, 273
Sufi-Bewegung 267
Sufi-Botschaft 1, 3, 9, 76, 198, 246
Sufi Movement 128
Sufi-Orden 265, 267
Sufis 10, 46, 64, 72, 84, 103, 112, 118, 124, 125, 134, 135, 136, 155, 159, 170, 178, 183, 190, 241, 244, 246, 254, 255, 263
Sufismus 9, 10, 38, 68, 236, 265, 269
sukradi 234, 273
Summan 132
Sure 269
Symbol 26, 34, 73, 86, 190, 212, 219, 267, 269
Symbologie 7, 217

T

Talmud 33
tamas 49, 50, 273
Tansen 245, 252, 265, 273
Tansen-uz-Zaman 265
Tanz 8, 36, 70, 247, 255, 257, 258, 259
Tanzen 38, 118, 254, 257
Tänzerin, Tänzer 231, 239, 259
Temperament 28, 29, 207, 219
Tibet 67
Tiere 148, 166, 190, 226, 228, 237, 252, 254, 258
Tiger 75, 259
Tod 21, 40, 43, 51, 60, 71, 95, 98, 114, 208
Toleranz 92, 130, 132, 136, 244, 270
Ton 5, 19, 115, 123, 174, 244, 247, 251, 257, 264, 272, 275
Töten 43
Trägheit 50, 51, 273
Trauer 27, 169
Traum 7, 177, 178
traurig 20, 91, 167, 170, 172, 191
Traurigkeit 20, 27, 42, 45, 53, 54, 57, 169, 170, 172, 191
Trunkenheit 118, 122
Tugend 24, 26, 32, 55, 58, 85, 95, 96, 98, 100, 109, 114, 118, 124, 149, 153, 158, 235
Tulsidas 148, 273
Tumbara 245, 273
tumri 253

U

Übeltäter 150
Übertreibung 50, 213, 229, 252
Unabhängigkeit 25, 77, 118, 134
Unendlichkeit 31
Ungerechtigkeit 40, 77, 112, 136
universal, universell 137, 185, 262, 269
Unschuld 7, 187, 188, 189
Unterhaltung 211, 245, 251, 255, 257
Urteil 55, 112, 136
uruj 219, 220, 273

V

Vairagya 7, 190, 191
Vater 81, 103, 113, 117, 134, 151
Vedanta 72, 75, 85, 181, 244, 263
Verantwortung 19, 20, 135, 229, 241
Vergebung 36, 44, 46, 64, 104, 114, 133
Verlangen 17, 39, 51, 53, 68, 82, 116, 117, 124, 175, 176, 191, 208
Verlust 6, 48, 120, 147, 149, 156, 158, 159, 160
Vernichtung 270
Verpflichtungen 32, 34, 120, 178
verschönern 7, 205, 210, 211, 213
Versöhnung 5, 36, 124, 275
Versprechen 99, 106, 108, 110, 138
Versuchung 46
Vertrauen 53, 65, 90, 97, 116, 117, 135, 160, 187
Verwirklichung 16, 154
Verzicht 44, 154, 156, 158
Vina 18, 241, 247, 252, 254, 264, 272
Vogel 17, 45, 103, 237, 258
Vollkommenheit 42, 54, 67, 73, 152, 154, 159, 160, 175, 205, 207, 212, 215, 219, 220, 225, 227, 262, 270
Vorherbestimmung 194, 195
Vorstellungskraft 7, 167

W

wahres Selbst 172, 198
Wahrheit 10, 27, 35, 37, 42, 43, 44, 65, 69, 70, 93, 100, 103, 107, 110, 118, 152, 154, 169, 173, 195, 198, 221, 230, 231, 238, 239, 246, 255, 263
wali 57, 87, 273
Wandel 114
Wasser 7, 21, 26, 35, 71, 76, 92, 154, 166, 169, 179, 183, 187, 190, 234, 250, 252
Wein 118, 119, 150, 161, 239
Weise 10, 17, 19, 21, 25, 26, 31, 32, 33, 41, 42, 46, 57, 59, 64, 65, 66, 67, 68, 79, 83, 94, 99, 113, 121, 122, 130, 132, 135, 136, 141, 145, 149, 158, 169, 171, 176, 192, 196, 198, 203, 206, 208, 213, 217, 221, 229, 230, 234, 235, 245, 261, 272
Weisheit 10, 16, 24, 54, 59, 65, 73, 91, 92, 110, 124, 125, 175, 187, 202, 205, 217, 228, 241, 245, 268, 269, 270, 273
Westen 28, 234, 244, 245, 246, 260, 265
westlich 269
Wille 7, 14, 16, 39, 52, 123, 124, 126, 186, 196, 205
Willenskraft 5, 14, 20, 25, 29, 274
Wissenschaft 10, 17, 26, 35, 49, 75, 181, 198, 214, 239, 247, 250, 255, 263
Wolken 16, 64, 119, 170, 172, 227, 228

Y

Yoga, Hatha 71, 271
Yogis 254

Z

Zarathustra 96
Zeichen 25, 26, 36, 49, 53, 57, 59, 71, 79, 92, 99, 116, 120, 137, 154, 159, 187, 189, 198, 207, 228, 232, 237, 241, 257, 268, 269
Ziel 15, 23, 28, 53, 56, 58, 70, 77, 92, 95, 157, 159, 160, 162, 175, 189, 197, 222, 225, 232, 236, 241
zikr 170, 270, 273
Zufriedenheit 37, 70, 77, 191, 203
Zuhörer 266
Zweck 51, 87, 158, 171, 221, 241, 261
Zwischenmenschliche 31
zwischenmenschliche Beziehungen 31, 34

DIE SUFI-BOTSCHAFT DER SPIRITUELLEN FREIHEIT

Centennial Edition

Hazrat Inayat Khan

13-bändige Jubiläumsausgabe

Die Werke von Hazrat Pir-o-Murshid Inayat Khan zählen zu den großen spirituellen Schätzen dieser Welt. Sie sind tief in der Sufi-Tradition verwurzelt und zugleich absolut einmalig in ihrem Erkenntnisgehalt und Ausdruck. Hazrat Inayat Khans Lehren sind heutzutage immer noch genauso wirkungsvoll und aussagekräftig wie vor einem Jahrhundert, als er sie zuerst vermittelt hat. Diese Lehren sprechen den Verstand und das Herz eines jeden Menschen sowie die Menschheit als Ganzes an.

„Worte, die die Seele erleuchten, sind wertvoller als Juwelen." PIR ZIA INAYAT-KHAN

Band 1 – Das innere Leben

Die Bücher der Sufi-Lehren sind ein kostbarer Schatz.

Das innere Leben
Die Seele – woher und wohin
Der Sinn des Lebens
Der Weg der Erleuchtung

Verlag Heilbronn 2018 | 477 Seiten | ISBN 978-3-936246-34-6

Band 2 – Die Mystik des Klangs

Wer das Geheimnis des Klangs kennt, kennt das gesamte Universum.

Die Mystik des Klangs
Musik
Die Macht des Wortes
Die Sprache des Kosmos

Verlag Heilbronn 2019 | 323 Seiten | ISBN 978-3-936246-39-1

Band 3 – Die Kunst der Persönlichkeit

Persönlichkeit ist die Weiterentwicklung der Individualität.

Die Entwicklung des Charakters
Die Kunst der Persönlichkeit
Ethik
Bewusstsein und Persönlichkeit
Kunst, Künstlerinnen und Künstler
Die Kunst der Musik

Verlag Heilbronn 2020 | ISBN 978-3-936246-44-5

Es ist geplant, jährlich einen der 13 Bände herauszubringen.
Weitere und aktuelle Informationen finden Sie unter: www.verlag-heilbronn.de

Hazrat Inayat Khan

Bücher für Menschen auf dem inneren Weg

Heilung aus der Tiefe der Seele

Mystik und geistige Heilung

In diesem Buch geht es vor allem darum, innerlich zur Ruhe zu kommen, das wahre Selbst in uns von falschen Identifikationen zu lösen und zu befreien, um es dann zu verwirklichen. Das wahre Selbst ist frei von jeglichen Krankheiten und Traumen, da es immer heil und göttlich ist.

Die Seele – woher und wohin

Die Reise der Seele

Hazrat Inayat Khan beschreibt den Weg der Seele, die sich als ein Lichtstrahl aus der Einheit Gottes löst, sich ein Gewand aus Gedanken und Gefühlen zulegt und dann einen physischen Körper, um den Zweck der Schöpfung zu erfüllen, alles mit göttlichem Bewusstsein zu durchdringen.

Die Gathas – Weisheit der Sufis

Lehren für Schülerinnen und Schüler

Ursprünglich waren die Gathas für die Innere Schule der Sufi-Bewegung bestimmt. Sie enthalten Anleitungen zu sieben verschiedenen Themen: Aberglaube, Bräuche und Volksglaube; Einsicht; Symbolik; Atem; Kultivierung des Herzens; Alltagsleben und Metaphysik.

Meisterschaft

Viele Leserinnen und Leser halten das Buch „Meisterschaft“ von Hazrat Inayat Khan für eines der hilfreichsten Werke seiner Lehren. Erfolgreich zu sein in weltlichen Angelegenheiten wird in diesem Band nicht als ein Hindernis auf dem spirituellen Pfad betrachtet. Vielmehr ist es ein geschicktes Mittel dafür, wie wir das erhalten, was wir uns wünschen. Dadurch erfüllen wir letztendlich auch die Bestimmung unseres Lebens.

Gayan Vadan Nirtan

Die Essenz der Sufibotschaft

Die Aphorismen in „Gayan Vadan Nirtan“ stellen die Essenz der Sufi-Botschaft von Hazrat Inayat Khan dar.

'Gayan' bedeutet die 'Musik des Schweigens', 'Vadan' heißt die 'göttliche Symphonie', und 'Nirtan' ist der 'Tanz der Seele'.

Hazrat Inayat Khan

Aus Musik wurde das Universum erschaffen

Musik - Aus mystischer Sicht

„Alle Formen der Natur, z. B. die Blumen, sind vollkommen in Form und Farbe; die Planeten, die Sterne und die Erde vermitteln uns die Vorstellung von Harmonie, von Musik. Die ganze Natur atmet … und das Zeichen des Lebens, das diese lebende Schönheit gibt, ist Musik."
Der Komponist Karlheinz Stockhausen schrieb über dieses Buch: „Es ist das Schönste, Wahrste und Hoffnungsvollste, was ich je über Musik gelesen habe."

Musik und kosmische Harmonie

Sie lieben Musik? Dann haben Sie das wahrscheinlich schon erlebt: Wer Musik liebt, kann die erhabensten geistigen Ebenen des Menschseins erreichen. Durch Musik wird die Harmonie mit dem Selbst und dem Unendlichen wieder hergestellt. Musik nährt die Seele und den Geist.
Dieses bereits in der 6. Auflage erhältliche Buch erklärt das Zusammenwirken von Seele, Natur und Kosmos und die heilende Wirkung von Musik.

Das innere Leben

Den Sinn des Lebens verwirklichen

„Die genaue Bedeutung des inneren Lebens besteht darin, dass wir nicht nur in unserem Körper leben, sondern auch in unserem Herzen und unserer Seele." HAZRAT INAYAT KHAN

Taschenbuchreihe Mystische Texte Band 1

Gebet – Atem der Seele

Beten ist das Atmen der Seele

Das Gebet ist die unmittelbarste Kommunikation des Menschen mit Gott. Es ist die geheimnisvollste und innerste Verbindung zwischen uns Menschen und dem schöpferischen Universum. Mit den hier vorgestellten interreligiösen Gebeten ist das Buch ein täglicher spiritueller Begleiter.

Taschenbuchreihe Mystische Texte Band 2

Die Sprache des Kosmos

Das ganze Weltall spricht zu uns

Dieses Buch ist ein Kompass, der aufzeigt, wie wir mit Denken, Vernunft, Wille und Inspiration unsere Intuition schulen und das eigene Herz kultivieren können.

Taschenbuchreihe Mystische Texte Band 3

Spiritualität • Mystik

Bücher für Menschen auf dem inneren Weg

Medizin des Herzens

99 Heilungswege der Sufis
von Wali Ali Meyer, Bilal Hyde, Faisal Muquaddam, Shabda Kahn

Das Buch führt in das Herz des Mysteriums der 99 Namen Gottes. Es ist ein Weg, um das Wesen der Grenzenlosigkeit Gottes zu verstehen und das göttliche Potential in jeder Seele zu entdecken. Ein Standardwerk.

Sufibuch des Lebens

99 Meditationen der Liebe | von Neil-Douglasd-Klotz

Neue Zugänge zum wichtigsten Schatz islamischer Mystik eröffnet Neil Douglas-Klotz in diesem Buch: Die 99 schönsten Namen Gottes. Sie stehen für 99 Wege zu innerer Klärung, Harmonie und Verbundenheit mit dem Universum. Die zeitlose Weisheit der Sufis hilft uns, diese Qualitäten im täglichen Leben umzusetzen und das Herz für die Liebe zu öffnen.

365 Tage Sufi-Weisheit

Ein spiritueller Begleiter für jeden Tag

Die Schale des Saki von Hazrat Inayat Khan
Mit Kommentaren von Samuel L. Lewis
Dieses Buch hat eine besondere Bedeutung für unsere Zeit. Die Worte sind Quellen der Kraft und der Besinnung, geben Impulse, nähren die innere Erkenntnis und öffnen das Herz für die Welt.

Musik und Meditation

von Pir Vilayat Inayat Khan
und Aeoliah Christa Muckenheim

Die Begegnung mit Pir Vilayat Inayat Khan verwandelt das Leben der professionellen Musikerin Aeoliah Christa Muckenheim. Ein Praxisbeispiel über die heilende und transformierende Kraft von Musik und Meditation.

Die Erleuchtung des Schattens

von Moineddin Jablonski

„Ein Buch mit einer feinen Botschaft, die ernsthaft Suchende herausfordern und anregen wird, unabhängig von ethnischem oder religiösem Hintergrund." Muneera Haeri
Es bietet einen einzigartigen Einblick in das Leben eines erleuchteten Mystikers, der im Westen geboren wurde.

Universaler Sufismus

Ein interreligiöser Weg zu spirituellem Wachstum

Ritterliche Tugenden im Alten Orient

Edelmut, Tapferkeit und mystische Suche

von Pir Zia Inayat-Khan

„Ritterliche Tugenden im Alten Orient ist eine geniale Darstellung der Sufi-Lehren, in kunstvoller Weise zum Ausdruck gebracht durch eine Gestalt aus dem tiefsinnigsten der mittelalterlichen Ritterromane rund um den Gral. Eine lohnende Leseerfahrung!" CARL W. ERNST

König Akbar und seine Tochter

Geschichten aus einer Welt von Noor Inayat Khan

Nacherzählungen großer europäischer Epen wechseln sich ab mit Parabeln, Fabeln und Anekdoten aus allen Himmelsrichtungen. Noor Inayat Khan fügt dieser poetischen Welterzählung auch ihre eigene Stimme, mit eigenen Geschichten und Gedichten hinzu.

Kunst- und liebevoll illustriert von Natsuyo Koizumi

Universaler Sufismus

Die Sufi-Botschaft von Hazrat Inayat Khan

von Hendrikus J. Witteveen

Eine inspirierende Reise durch die innere Weisheit des Universalen Sufismus. Sufismus bedeutet mehr als bloße Worte und Ideen - er ist eine Lebensweise, eine Einstellung dem Leben gegenüber. Dieses tiegründige spirituelle Buch ist eine Untersuchung der Lehren von Hazrat Inayat Khan.

Firos Holterman ten Hove

Das Heilige Buch der Natur – *Spirituelle Ökologie*

Die Seele der Blumen – *Heilende Blüten-Essenzen*

Die Seele der Steine – *Heilende Mineral-Elixiere*

EDITION KALIM – Geschenkbücher

Meditation – Ein Thema für jeden Tag

von Hazrat Inayat Khan und Pir Vilayat Inayat Khan

- **Bird Language**
  von Pir Zia Inayat-Khan
- **Gebet – Atem der Seele**
  von Hazrat Inayat Khan
- **Der Sinn des Lebens**
  von Hazrat Inayat Khan
- **Dem Einen entgegen**
  von Wim van der Zwan

Weitere Informationen erhalten Sie über folgende Links

Inayatiyya Deutschland e. V.
www.inayatiyya.de

Inayatiorden Österreich
www.sufiorden.at

Inayati Orden Schweiz
www.sufismus.ch

Sufi-Bewegung Deutschland
www.sufi-bewegung.de

Sufi Movement International
www.sufimovement.org

Sufi Ruhaniat Deutschland
www.ruhaniat.de

Sufi Ruhaniat Europe
www.sufiruhaniat.org

Tänze des Universellen Friedens
www.friedenstaenze.de

Abrahamic Reunion e. V.
www.abrahamicreunion.org

Musik für Frieden und Völkerverständigung e. V.
www.music-for-peace.net

Förderverein Sufi-Saint-School
www.sufi-saint-school-ev.de

Hope Project
www.hope-project.de

Buch und Mystik e. V.
www.buchundmystik.de

Verlag Heilbronn
www.verlag-heilbronn.de • info@verlag-heilbronn.de